U0128559

图书在版编目（CIP）数据

文字的源流 / 王国维著 . -- 北京：中国文史出版
社，2018.6
（文史存典系列丛书 . 文物卷）
ISBN 978-7-5205-0169-9

Ⅰ . ①文… Ⅱ . ①王… Ⅲ . ①汉字－古文字学－文集
Ⅳ . ① H121-53

中国版本图书馆 CIP 数据核字（2018）第 053541 号

出 品 人：刘未鸣　　　　责任编辑：窦忠如　张蕊燕
策 划 人：窦忠如　　　　责任校对：程铁柱
装帧设计：润一文化　　　实习编辑：孟凡龙　王　丰

出版发行　**中国文史出版社**
社　　址：北京市西城区太平桥大街 23 号　邮编：100811
电　　话：010—66173572　66168268　66192736（发行部）
传　　真：010—66192703
印　　装：廊坊市海涛印刷有限公司
经　　销：全国新华书店
开　　本：720 毫米 ×889 毫米　1/16
印　　张：18.75
字　　数：242 千字
版　　次：2018 年 10 月北京第 1 版
印　　次：2018 年 10 月第 1 次印刷
定　　价：79.00 元

《文史存典系列丛书》学术顾问委员会

（按照姓氏笔画排序）

出版说明

　　中华民族历史悠久，文化源远流长，各个领域都熠熠闪光，文史著述灿若星辰。遗憾的是，"五四"以降，中华传统文化被弃之如敝屣，西风一度压倒东风。"求木之长者，必固其根本；欲流之远者，必浚其泉源。"中华优秀传统文化是中华民族的精神命脉，也是我们在激荡的世界文化中站稳脚跟的坚实根基。因此，国人需要文化自觉的意识与文化自尊的态度，更需要文化精神的自强与文化自信的彰显。有鉴于此，我社以第五编辑室为班底，在社领导的统筹安排下，在兄弟编辑室的通力合作下，在文化大家与学术巨擘的倾力襄助下，耗时十三个月，在浩如烟海的近代经典文史著述中，将这些文史大家的代表作、经典等遴选结集出版，取名《文史存典系列丛书》（拟10卷），每卷成立编委会，特邀该领域具有标志性、旗帜性的学术文化名家为主编。

　　"横空盘硬语，妥帖力排奡。"经典不是抽象的符号，而是一篇一篇具体的文章，有筋骨、有道德、有温度，更有学术传承的崇高价值。此次推出第一辑五卷，包括文物卷、考古卷、文化卷、建筑卷、史学卷。文物卷特请谢辰生先生为主编，透过王国维、傅增湘、朱家溍等诸位先生的笔端，撷取时光中的吉光片羽，欣赏人类宝贵的历史文化遗产；考古卷特请刘庆柱先生为主编，选取梁思永、董作宾、曾昭燏先生等诸位考古学家的作品，将历史与当下凝在笔端，化作一条纽带，让我们可以触摸时空的温度；文化卷特请冯骥才先生为主编，胡适、陈梦家、林语堂等诸位先生的笔锋所指之处，让内心深处发出自我叩问，于夜阑人静处回响；建筑卷特请吴良镛先生为主编，选取梁思成、林徽因、刘敦桢等诸位哲匠的作品，遍览亭台、楼榭、古城墙，感叹传统建筑工艺的"尺蠖规矩"；史学卷特请李学勤先生为主编，跟随梁启超、陈寅恪、傅斯年等诸位史学大家的笔尖游走在历史的长河中，来一番对悠悠岁月的探源。

　　需要说明的是，限于我们编辑的学识，加之时间紧促等缘故，遴选的文章未必尽如人意，编选体例未必尽符规律，编校质量未必毫无差错，但是谨慎、认真、细致与用心是我们编辑恪守的宗旨，故此敬请方家不吝指谬。

中国文史出版社

2018年4月16日

目 录

 甲骨文

殷卜辞中所见先公先王考①

  甲寅岁莫，上虞罗叔言参事撰殷虚书契考释，始于卜辞中发见"王亥"之名。嗣余读山海经、竹书纪年，乃知王亥为殷之先公，并与世本作篇之"胲"、帝系篇之"核"、楚辞天问之"该"、吕氏春秋之"王冰"、史记殷本纪及三代世表之"振"、汉书古今人表之"垓"，实系一人。尝以此语参事及日本内藤博士。虎次郎。参事复博搜甲骨中之纪王亥事者，得七八条，载之殷虚书契后编。博士亦采余说，旁加考证，作王亥一篇，载诸艺文杂志，并谓"自契以降诸先公之名，苟后此尚得于卜辞中发见之，则有神于古史学者当尤巨"。余感博士言，乃复就卜辞有

---

① 选自王国维《观堂集林》（卷第九·史林一）。

所攻究。复于王亥之外，得"王恒"一人。案楚辞天问云："该秉季德，厥父是臧。"又云："恒秉季德。"王亥即"该"，则王恒即"恒"。而卜辞之"季"之即冥，罗参事说。至是始得其证矣。又观卜辞中数十见之⊞字，从甲，在囗中。十，古"甲"字。及通观诸卜辞，而知⊞即上甲微。于是参事前疑卜辞之⊠、⊡、⊡即"乙"、"丙"、"丁"三字之在〔或〕中者，与⊞字"甲"在囗中同意。即报乙、报丙、报丁者，至是亦得其证矣。又卜辞自上甲以降皆称曰"示"，则参事谓卜辞之"示壬"、"示癸"即主壬、主癸，亦信而有征。又观卜辞，王恒之祀与王亥同，太丁之祀与太乙、太甲同，孝己之祀与祖庚同，知商人兄弟，无论长幼与已立、未立，其名号、典礼盖无差别。于是卜辞中人物，其名与礼皆类先王而史无其人者，与夫"父甲"、"兄乙"等名称之浩繁、求诸帝系而不可通者，至是亦理顺冰释。而世本、史记之为实录，且得于今日证之。又卜辞人名中有⿰字，疑即帝喾之名。又有"土"字，或亦"相土"之略。此二事虽未能遽定，然容有可证明之日。由是，有商一代先公、先王之名不见于卜辞者殆鲜。乃为此考，以质诸博士及参事，并使世人知殷虚遗物之有裨于经史二学者，有如斯也。丁巳二月，海宁王国维[一]。

夋

卜辞有⿰字。其文曰："贞，夒古'燎'字。于⿰。"殷虚书契前编卷六第十八页。又曰："夒于⿰，囗牢。"同上。又曰："夒于⿰，六牛。"同上，卷七第二十页。又曰："于⿰夒，牛六。"又曰："贞，米[二]年于⿰，九牛。"两见，以上皆罗氏拓本。又曰："上阙。又于⿰"殷虚书契后编卷上第十四页。案：⿰、⿰二形[三]，象人首手足之形[四]。疑即"夋"字。说文解字夂部："夋，行夋夋也。一曰倨也。从夂，允声。"考古文"允"字作⿰，或⿰，本象人形。⿰字复于人形下加"夂"，盖即"夋"字。夋者，帝喾之名。史记五帝本纪索隐引皇甫谧曰："帝喾名夋。"初学记九引帝王世纪曰："帝喾生而神异，自言其名曰'夋'。"太平御览八十引作"逡"，史记正义引作"岌"。"逡"为异文，"岌"则讹字也。山海经又屡称"帝俊"[五]。大荒东经曰："帝俊生中容。"又曰："帝俊生帝鸿。"又曰："有神，人面、犬耳、兽身，珥两青蛇，名曰'奢比尸'。惟帝俊下友。"大荒南经曰："帝俊妻娥皇，生此三身之国，姚姓。"又曰："帝俊生季釐。"又曰："羲和者，帝俊之妻，生十日。"大荒西经曰："帝俊生后稷。"又曰："帝俊妻常羲，生月十有二。"海内经曰："帝俊生禺号。"又曰："帝俊赐羿彤弓、素矰。"又曰："帝俊生晏龙，晏龙是为琴瑟。"又曰："帝俊有子八人，实始为歌舞。"凡言"帝俊"者十有二。"帝俊"当即帝夋。郭璞注于[六]"帝俊生后稷"下曰："'俊'宜为'喾'。"余皆以为"帝舜"之假借[七]。然大荒经自有"帝舜"，不应用字前后互异。稷为喾子，世本及戴记帝系篇早有此说。又帝俊之子中容、季釐，即左氏传之仲熊、季狸，所谓高辛氏之"才子"也。有子八人，又左氏传所谓"高辛氏有才子八人"也。妃曰"常羲"，又帝王世纪所云"帝喾次妃，诹訾氏女，曰常仪，生帝挚"案：诗大雅生民疏引大戴礼帝系篇曰："帝喾下妃诹訾之女，曰常仪，生挚。"家语、世本其文亦然。然今本大戴礼及艺文类聚十五、太平御览一百三十五所引世本，但云"次妃曰诹訾氏，产帝挚"，无"曰常仪"三字，惟史记正义及类聚十一、御览八十引帝王世纪乃有"曰常仪"三字。故今据世纪，不据戴记、世本。者也。曰"羲和"，曰"娥皇"，皆"常羲"一语之变。三占从二，知郭注以"帝俊"为帝舜，不如皇甫谧以"夋"为喾名之当矣。喾为契父，乃商人所自出之帝，故商人祀之。鲁语曰："殷人禘舜韦注："'舜'当为'喾'字之误也。'而祖契。"祭法亦曰："殷人禘喾而郊冥。"然卜辞所记乃系特祭，与相土、冥、王亥、王恒诸人同。卜辞殷礼，不能以周秦以后之说解之，罗参事已详言之矣。

相土

殷虚卜辞有◊字。其文曰："贞，袁于◊，三小牢，卯一牛。"书契前编卷一第二十四页，又重见卷七第二十五页。又曰："贞，求年于◊，九牛。"铁云藏龟第二百十六页。又曰："贞，⟡袁于◊。"同上，第二百二十八页。又曰："贞，于◊求。"前编卷五第一页。◊即"土"字。盂鼎"受民受疆土"之"土"作⬥。卜辞用刀锲，不能作肥笔，故空其中作◊，犹夨之作夨、■之作口矣。"土"疑即相土。史记殷本纪："契卒，子昭明立。昭明卒，子相土立。""相土"之字，诗商颂、春秋左氏传、世本、帝系篇皆作"土"，而周礼校人注引世本作篇"相土作乘马"作"士"。杨倞荀子注引世本此条作"土"。而荀子解蔽篇曰"乘杜作乘马"，吕览勿躬篇曰"乘雅作驾"，注："雅，一作持。""持"、"杜"声相近，则"土"是"士"非。杨倞注荀子曰："以其作乘马，故谓之'乘杜'。"是"乘"本非名，相土或单名"土"，又假用"杜"也。然则卜辞之◊，当即相土。曩以卜辞有㞢◊前编卷四第十七页。字，即"邦社"，假"土"为"社"，疑诸"土"字皆"社"之假借字。今观卜辞中殷之先公有季、有王亥、有王恒，又自上甲至于主癸，无一不见于卜辞，则此"土"亦当为"相土"而非"社"矣。

季

卜辞人名中又有"季"。其文曰："辛亥卜，囗贞，季囗求王。"前编卷五第四十页两见。又曰："癸巳卜之于季。"同上，卷七第四十一页。又曰："贞之于季。"后编卷上第九页。"季"亦殷之先公，即冥是也。楚辞天问曰："该秉季德，厥父是臧。"又曰："恒秉季德。"则该与恒皆季之子。该即王亥，恒即王恒，皆见于卜辞。则卜辞之"季"，亦当是王亥之父冥矣。

王亥

卜辞多记祭王亥事。殷虚书契前编有二事，曰"贞，袁于王亥"，卷一第四十九页。曰"贞，之于王亥，卅牛，辛亥用"。卷四第八页。后编又有七事，曰"贞，于王亥求年"，卷上第一页。曰"乙巳卜，囗贞，之于王亥，十"，下阙。同上，第十二页。曰"贞，袁于王亥"，同上，第十九页。曰"袁于王亥"，同上，第二十三页。曰"癸卯，囗贞囗囗高祖王亥囗囗囗"，同上，第二十一页。曰"甲辰卜，囗贞，来辛亥袁于王亥，卅牛，十二月"，同上，第二十三页。曰"贞，登王亥羊"，同上，第二十六页。曰"贞，之于王亥，囗三百牛"。同上，第二十八页。[八] 观其祭日用辛亥，其牲用三十牛[九]、四十牛乃至三百牛，乃祭礼之最隆者，必为商之先王、先公无疑。案：史记殷本纪及三代世表商先祖中无"王亥"，惟云："冥卒，子振立。振卒，子微立。"索隐："'振'，系本作'核'。"汉书古今人表作"垓"。然则史记之"振"，当为"核"或为"垓"之讹也。大荒东经曰："有困民国，句姓而食。有人曰'王亥'，两手操鸟，方食其头。王亥托于有易河伯仆牛，有易杀王亥，取仆牛。"郭璞注引竹书曰："殷王子亥，宾于有易而淫焉，有易之君绵臣杀而放之。是故殷主甲微假师于河伯，以伐有易，克之，遂杀其君绵臣也。"此竹书纪年真本，郭氏隐括之如此。今本竹书纪年："帝泄十二年，殷侯子亥宾于有易，有易杀而放之。十六年，殷侯微以河伯之师伐有易，杀其君绵臣。"是山海经之"王亥"，古本纪年作"殷王子亥"，今本作"殷侯子亥"。又前于上甲微者一世，则为殷之先祖冥之子、微之父无疑。卜辞作"王亥"，正与山海经同。又祭王亥皆以亥日，则"亥"乃其正字。世本作"核"，古今人表作"垓"，皆其通假字。史记作"振"，则因与"核"或"垓"二字形近而讹。夫山海经一书，其文不雅驯，其中人物，世亦以子虚乌有视之。纪年一书，亦非可尽信者，而"王亥"之名竟于卜辞见之。其事虽未必尽然，而其人则确非虚构。可知古代传说存于周秦之间者，非绝无根据也。

王亥之名及其事迹，非徒见于山海经、竹书，周秦间人著书多能道之。吕览勿躬篇："王冰作服牛。"案：篆文"冰"作仌，与亥字相似，"王仌"亦"王亥"之讹。世本作篇："胲作服牛。"初学记卷二十九引，又御览八百九十九引世本："鲧作服牛。""鲧"亦"胲"之讹。路史注引世本："胲为黄帝马医，常医龙。"疑引宋衷注。御览引宋注曰："胲，黄帝臣也，能驾牛。"又云："少昊时人，始驾牛。"皆汉人说，不足据。实则作篇之"胲"即帝系篇之"核"也。其证也。"服牛"者，即大荒东经之"仆牛"，古"服"、"仆"同音也。楚辞天问："该秉季德，厥父是臧。胡终弊于有扈，牧夫牛羊？"又曰："恒秉季德，焉得夫朴牛？""该"即"胲"，"有扈"即"有易"，说见下。"朴牛"亦即"服牛"。是山海经、天问、吕览、世本皆以王亥为始作服牛之人。盖夏初奚仲作车，或尚以人挽之。至相土作乘马，王亥作服牛，而车之用益广。管子轻重戊云："殷人之王，立皂牢，服牛马，以为民利，而天下化之。"盖古之有天下者，其先皆有大功德于天下。禹抑鸿水，稷降嘉种，爰启夏、周。商之相土、王亥，盖亦其俦。然则王亥祀典之隆，亦以其为制作之圣人，非徒以其为先祖。周秦间王亥之传说，胥由是起也。

卜辞言"王亥"者九，其二有祭日，皆以辛亥，与祭大乙用乙日、祭大甲用甲日同例。是王亥确为殷人以辰为名之始，犹上甲微之为以日为名之始也。然观殷人之名，即不用日辰者，亦取于时为多。自契以下，若"昭明"、若"昌若"、若"冥"，皆含朝莫、明晦之意，而"王恒"之名，亦取象于月弦。是以时为名或号者，乃殷俗也。夏后氏之以日为名者，有孔甲，有履癸，要在王亥及上甲之后矣。

王恒

卜辞人名，于王亥外，又有王⚇。其文曰："贞之于王⚇。"铁云藏龟第一百九十九页及书契后编卷上第九页。又曰："贞，☙之于王⚇。"后编卷下第七页。又作"王⚇"，曰："贞，王⚇□。"下阙。前编卷七第十一页。案：⚇即"恒"字。说文解字二部："恒，常也。从心，从舟，在二之间上下。心以舟施，恒也。⚇，古文恒，从月。诗曰：'如月之恒。'"案：许君既云古文"恒"从月，复引诗以释从月之意，而今本古文乃作⚇，从二、从古文"外"，盖传写之讹，字当作⚇。又说文木部："极，竟也。从木，恒声。⚇，古文'极'。"案：古从月之字，后或变而从舟。殷虚卜辞"朝莫"之"朝"作⚇，后编卷下第三页。从日、月在茻间，与莫字从日在茻间同意；而篆文作"朝"，不从月，而从舟。以此例之，⚇本当作⚇。智鼎有⚇字，从心，从⚇，与篆文之"恒"从舟者同，即"恒"之初字。可知⚇、⚇一字。卜辞⚇字从二从☽，卜辞"月"字或作☽，或作☾。其为"舟"、"⚇"二字，或"恒"字之省无疑。其作⚇者，诗小雅："如月之恒。"毛传："恒，弦也。"弦本弓上物，故字又从弓。然则⚇、⚇二字确为"恒"字。王恒之为殷先祖，惟见于楚辞天问。天问自"简狄在台喾何宜"以下二十韵，皆述商事。前夏事，后周事。其问王亥以下数世事曰："该秉季德，厥父是臧。胡终弊于有扈，牧夫牛羊？干协时舞，何以怀之？平胁曼肤，何以肥之？有扈牧竖，云何而逢？击床先出，其命何从？恒秉季德，焉得夫朴牛？何往营班禄，不但还来？昏微遵迹，有狄不宁。何繁鸟萃棘，负子肆情？眩弟并淫，危害厥兄。何变化以作诈，后嗣而逢长？"此十二韵以大荒东经及郭注所引竹书参证之，实纪王亥、王恒及上甲微三世之事。而山海经、竹书之"有易"，天问作"有扈"，乃字之误。盖后人多见"有扈"，少见"有易"，又同是夏时事，故改"易"为"扈"。下文又云："昏微遵迹，有狄不宁。""昏微"即上甲微，"有狄"亦即有易也。古"狄"、"易"二字同音，故互相通假。说文解字辵部"逖"之古文作"逷"。书牧誓"逖矣，西土之人"，尔雅郭注引作"逷矣，西土之人"。书多士"离逖尔土"，诗大雅"用逷蛮方"，鲁颂"狄彼东南"，毕狄钟"毕狄不龚"，此"逖"、"逷"、"狄"三字异文同义。史记殷本纪之"简狄"，索隐曰："旧本作'易'。"汉书古今人表作"简逷"。白虎通礼乐篇："狄者，易也。"是古"狄"、"易"二字通，"有狄"即"有易"。上甲遵迹，而有易不宁，是王亥弊于有易，非弊于有扈。故曰"扈"当为"易"字之误也。"狄"、"易"二字，不知孰正孰借。其国当在大河之北，或在易水左右。孙氏之骁说。盖商之先，自冥治河，王亥迁殷，今本竹书纪年："帝芒三十三年，商侯迁于殷。"其时商侯即王亥也。山海经注所引真本竹书亦称王亥为"殷王子亥"。称"殷"不称"商"，则今本纪年此条，古本想亦有之。殷在河北，非亳殷。见余前撰三代地理小记。已由商丘越大河而北，故游牧于有易高爽之地，服牛之利，即发见于此。有易之人乃杀王亥，取服牛，所谓"胡终弊于有扈，牧夫牛羊"者也。其云"有扈牧竖，云何而逢？击床先出，其命何从"者，似记王亥被杀之事。其云"恒秉季德，焉得（失）〔夫〕[一〇]朴牛"者，恒盖该弟，与该同秉季德，复得该所失服牛也。所云"昏微遵迹，有狄不宁"者，谓上甲微能率循其先人之迹，有易与之有杀父之仇，故为之"不宁"也。"繁鸟萃棘"以下当亦记上甲事。书阙有间，不敢妄为之说。然非如王逸章句所说解居父及象事，固自显然。要之，天问所说，当与山海经及竹书纪年同出一源。而天问就壁画发问，所记尤详。恒之一人，并为诸书所未载卜辞之王恒与王亥同以"王"称，其时代自当相接。而天问之"该"与"恒"，适与之相当。前后所陈，又皆商家故事，则中间十二韵，自系述王亥、王恒、上甲微三世之事。然则王亥与上甲微之间，又当有王恒一世。以世本、史记所未载，山经、竹书所不详，而今于卜辞得之；天问之辞，千古不能通其说者，而今由卜辞通之。此治史学与文学者所当同声称快者也。

上甲

鲁语："上甲微，能帅契者也，商人报焉。"是商人祭上甲微，而卜辞不见"上甲"。郭璞大荒东经注引竹书作"主甲微"，而卜辞亦不见"主甲"。余由卜辞有𠂤、𠀠、𠄐三人名，其"乙"、"丙"、"丁"三字皆在匚或匚中，而悟卜辞中凡数十见之田或作宙、田。即"上甲"也。卜辞中凡田狩之"田"字，其囗中横、直二笔皆与其四旁相接。而人名之田，则其中横、直二笔或其直笔必与四旁不接，与"田"字区别较然。田中"十"字即古"甲"字。卜辞与古金文皆同。"甲"在囗中，与𠂤、𠀠、𠄐之"乙"、"丙"、"丁"三字在匚或匚中同意。亦有囗中横、直二笔与四旁接而与"田狩"字无别者，则上加一作宙，以别之。上加一者，古六书中指事之法。一在田上，与二字古文"上"字。之"一"在"一"上同意，去"上甲"之义尤近。细观卜辞中记田或宙者数十条，亦惟上甲微始足当之。卜辞中云"自田或作宙。至于多后衣"者五，书契前编卷二第二十五页三见，又卷三第二十七页、后编卷上第二十页各一见。其断片云"自田至于多后"者三，前编卷二第二十五页两见，又卷三第二十八页一见。云"自田至于武乙衣"者一。后编卷上第二十页。"衣"者，古殷祭之名。又卜辞曰："丁卯，贞，来乙亥，告自田。"后编卷上第二十八页。又曰："乙亥卜，宾贞，囗大御自田。"同上，卷下第六页。又曰："上阙。贞，翌甲囗𢽾自田。"同上，第三十四页。凡祭告皆曰"自田"，是田实居先公、先王之首也。又曰："辛巳卜，大贞，之自田元示三牛，二示一牛。十三月。"前编卷三第二十二页。又云："乙未贞，其米[一一]自田十又三示，牛。小示，羊。"后编卷上第二十八页。是田为"元示"及"十有三示"之首。殷之先公称"示"。"主壬"、"主癸",卜辞称"示壬"、"示癸"。则田又居先公之首也。商之先人,王亥始以辰名。上甲以降,皆以日名。是商人数先公当自上甲始。且田之为上甲,又有可(微)〔征〕[一二]证者。殷之祭先,率以其所名之日祭之。祭名"甲"者用甲日,祭名"乙"者用乙日,此卜辞之通例也。今卜辞中凡专祭田者,皆用甲日。如曰:"在三月甲子,囗祭田。"前编卷四第十八页。又曰:"在十月又一,即十有一月。甲申,囗酚祭田。"后编卷下第二十页。又曰:"癸卯卜,翌甲辰之田牛,吉。"同上,第二十七页。又曰:"甲辰卜,贞,来甲寅又伐田,羊五,卯牛一。"同上,第二十一页。此四事祭田有日者,皆用甲日。又云:"在正月囗囗此二字阙。祭大甲,凸田。"同上,第二十一页。此条虽无祭日,然与大甲同日祭,则亦用甲日矣。即与诸先王、先公合祭时,其有日可考者,亦用甲日。如曰:"贞,翌甲囗凸自田。"同上。又曰:"癸巳卜,贞,酚肜日,自田至于多后衣,亡它。自囗,在四月,惟王二祀。"前编卷三第二十七页。又曰:"癸卯,王卜贞,酚翌日,自田至多后衣,亡它。在囗,在九月,惟王五祀。"后编卷上第二十页。此二条以癸巳及癸卯卜,则其所云之"肜日"、"翌日",皆甲日也。是故田之名"甲",可以祭日用甲证之。田字为十古"甲"字。在囗中,可以戋、因、可三名乙、丙、丁在匚中证之。而此"甲"之即上甲,又可以其居先公、先王之首证之。此说虽若穿凿,然恐殷人复起亦无易之矣。

鲁语称商人"报"上甲微。孔丛子引逸书:"惟高宗报上甲微。"此魏晋间伪书之未采入梅本者。今本竹书纪年:"武丁十二年报祀上甲微。"即本诸此。报者,盖非常祭。今卜辞于上甲有合祭,有专祭,皆常祭也。又商人于先公皆祭,非独上甲。可知周人言殷礼已多失实。此孔子所以有文献不足之叹与?

报丁　报丙　报乙

自上甲至汤，<u>史记</u>殷本纪、三代世表，<u>汉书</u>古今人表有报丁、报丙、报乙、主壬、主癸五世，盖皆出于<u>世本</u>。案：卜辞有𝌆、𝌇、𝌈三人，其文曰："乙丑卜，□贞，王宾𝌆祭。"下阙，见书契后编卷上第八页，又断片二。又曰："丙申卜，旅贞，王宾𝌇□，亡固。"同上。又曰："丁亥卜，贞，王宾𝌈，肜日，亡□。"同上。其"乙"、"丙"、"丁"三字皆在匚或コ中，又称之曰"王宾"，与他先王同。罗参事疑即报乙、报丙、报丁，而苦无以证之。余案：参事说是也。卜辞又有一条曰："丁酉，酚燊中阙。𝌇三，𝌈三，示中阙。大丁十，大"下阙。见后编卷上第八页。此文残阙，然"示"字下所阙当为"壬"字。又自报丁经示壬、示癸、大乙而后及大丁、大甲，则其下又当阙"示癸"、"大乙"诸字。又所谓"𝌇三、𝌈三、大丁十"者，当谓牲牢之数。据此则𝌇、𝌈在大丁之前，又在示壬、示癸之前，非报丙、报丁奚属矣。𝌇、𝌈既为报丙、报丁，则𝌆亦当即报乙。惟卜辞𝌇、𝌈之后即继以"示"字，盖谓示壬，殆以匚、囘、コ为次，与史记诸书不合。然何必史记诸书是而卜辞非乎？又报乙、报丙、报丁称"报"者，殆亦取"报上甲微"之"报"以为义，自是后世追号，非殷人本称。当时但称𝌆、𝌇、𝌈而已。上甲之"甲"字在□中，报乙、报丙、报丁之"乙"、"丙"、"丁"三字在匚或コ中，自是一例。意坛墠或郊宗石室之制，殷人已有行之者与？

主壬　主癸

卜辞屡见"示壬"、"示癸"，罗参事谓即史记之"主壬"、"主癸"。其说至确，而证之至难。今既知田为上甲，则"示壬"、"示癸"之即主壬、主癸亦可证之。卜辞曰："辛巳卜，大贞，之自田元示三牛，二示一牛。"前编卷三第二十二页。又曰："乙未贞，其米[一三]自田十又三示，牛。小示，羊。"<u>后编卷上第二十八页</u>。是自上甲以降，均谓之"示"，则"主壬"、"主癸"宜称"示壬"、"示癸"。又卜辞有"示丁"，<u>殷虚书契菁华第九页</u>。盖亦即报丁。报丁既作⊟，又作"示丁"，则自上甲至示癸，皆卜辞所谓"元示"也。又卜辞称"自田十有三示"，而<u>史记诸书</u>自上甲至主癸，历六世而仅得六君。疑其间当有兄弟相及，而史失其名者。如王亥与王恒，疑亦兄弟相及，而史记诸书皆不载。盖商之先公，其世数虽传，而君数已不可考。又商人于先王、先公之未立者，祀之与已立者同，见后。故多至十有三示也。

大乙

汤名"天乙"，见于<u>世本书汤誓释文引</u>。及荀子成相篇，而史记仍之。卜辞有"大乙"无"天乙"，罗参事谓"天乙"为"大乙"之讹。观于"大戊"，卜辞亦作"天戊"。<u>前编卷四第二十六页</u>。卜辞之"大邑商"，周书多士作"天邑商"。盖"天"、"大"二字形近，故互讹也。且商初叶诸帝，如大丁、如大甲、如大庚、如大戊，皆冠以"大"字，则汤自当称"大乙"。又卜辞曰："癸巳，贞，又彐于伊其口大乙彤日。"<u>后编卷上第二十二页</u>。又曰"癸酉卜，贞，大乙伊其"，下阙。见同上。"伊"即伊尹，以"大乙"与伊尹并言，尤"大乙"即"天乙"之证矣。

唐

卜辞又屡见"唐"字，亦人名。其一条有唐、大丁、大甲三人相连，而下文不具。<u>铁云藏龟第二百十四页</u>。又一骨上有卜辞三，一曰："贞于唐，告吕方。"二曰："贞于大甲，告。"三曰："贞于大丁，告吕。"<u>书契后编卷上第二十九页</u>。三辞在一骨上，自系一时所卜。据此，则"唐"与大丁、大甲连文而又居其首，疑即汤也。说文口部："啺，古文'唐'。从口、易。"与"汤"字形相近。<u>博古图</u>所载齐侯镈钟铭曰："虩虩成唐，有严在帝所，尃受天命。"又曰："奄有九州，处禹之都。"夫"受天命"、"有九州"，非成汤其孰能当之？<u>太平御览</u>八十二及九百一十二引<u>归藏</u>曰："昔者桀筮伐唐，而枚占荧惑曰：'不吉。'"<u>博物志</u>六亦云："案：'唐'亦即汤也。"卜辞之"唐"必"汤"之本字，后转作"喝"，遂通作"汤"。然卜辞于汤之专祭必曰"王宾大乙"，惟告祭等乃称"唐"，未知其故。

羊甲

卜辞有"羊甲"，无"阳甲"。罗参事证以古"乐阳"作"乐羊"、"欧阳"作"欧羊"，谓"羊甲"即"阳甲"。今案：卜辞有"曰南庚，曰羊甲"六字，<u>前编卷上第四十二页</u>。"羊甲"在南庚之次，则其即"阳甲"审矣。

祖某　父某　兄某

有商一代二十九帝，其未见卜辞者，仲壬、沃丁、雍己、河亶甲、沃甲、廪辛、帝乙、帝辛八帝也。而卜辞出于殷虚，乃自盘庚至帝乙时所刻辞，自当无帝乙、帝辛之名。则名不见于卜辞者，于二十七帝中，实六帝耳。又卜辞中人名[一四]，若祖丙、<u>书契前编卷一第二十二页</u>。若小丁、<u>同上</u>。若祖戊、<u>同上，第二十三页</u>。若祖己、<u>同上</u>。若中己、<u>后编卷上第八页</u>。若南壬，<u>前编卷一第四十五页</u>。[一五]其名号与祀之之礼，皆与先王同，而史无其人。又卜辞所见"父甲"、"兄乙"等人名颇众，求之迁殷以后诸帝之父兄，或无其人。曩颇疑<u>世本</u>及<u>史记</u>于有商一代帝系不无遗漏。今由种种研究，知卜辞中所未见之诸帝，或名亡而实存。至卜辞所有而史所无者，与夫"父某"、"兄某"等之史无其人以当之者，皆诸帝兄弟之未立而殂者，或诸帝之异名也。试详证之。

一事。商之继统法，以弟及为主，而以子继辅之。无弟，然后传子。

自汤至于帝辛二十九帝中，以弟继兄者凡十四帝。此据史记殷本纪。若据三代世表及汉书古今人表则得十五帝。其传子者亦多传弟之子，而罕传兄之子。盖周时以嫡庶、长幼为贵贱之制，商无有也。故兄弟之中有未立而死者，其祀之也与已立者同。王亥之弟王恒，其立否不可考，而亦在祀典。且卜辞于王亥、王恒外又有"王矢"，前编卷一第三十五页两见，又卷四第三十三页及后编卷下第四页各一见。亦在祀典，疑亦王亥兄弟也。又自上甲至于示癸，史记仅有六君，而卜辞称"自田十有三示"，又或称"九示"、"十示"，盖亦并诸先公兄弟之立与未立者数之。逮有天下后亦然。孟子称"大丁未立"，今观其祀礼，与大乙、大甲同。卜辞有一节曰："癸酉卜，贞，王宾此字原夺，以他文例之，此处当有"宾"字。父丁𦥑三牛，罘兄己一牛，兄庚□□，此二字残阙，疑亦是"一牛"二字。亡□。"后编卷上第十九页。又曰："癸亥卜，贞，兄庚□罘兄己□。"同上，第八页。又曰："贞，兄庚□罘兄己其牛。"同上。考商时诸帝中，凡丁之子，无己、庚二人相继在位者，惟武丁之子有孝己、战国秦、燕二策，庄子外物篇，荀子性恶、大略二篇，汉书古今人表均有"孝己"。家语弟子解云："高宗以后妻杀孝己。"则孝己，武丁子也。有祖庚、有祖甲。则此条乃祖甲时所卜。"父丁"即武丁，"兄己"、"兄庚"即孝己及祖庚也。孝己未立，故不见于世本及史记，而其祀典乃与祖庚同。然则上所举"祖丙"、"小丁"诸人名与礼视先王无异者，非诸帝之异名，必诸帝兄弟之未立者矣。周初之制犹与之同。逸周书（克殷）〔世俘〕解[一六]曰："王烈祖太王、太伯、王季、虞公、文王、邑考以列升。"盖周公未制礼以前，殷礼固如斯矣。

　　二事。卜辞于诸先王本名之外，或称"帝某"，或称"祖某"，或称"父某"、"兄某"。罗参事曰："有商一代，帝王以'甲'名者六，以'乙'名者五，以'丁'名者六，以'庚'、'辛'名者四，以'壬'名者二，惟以'丙'及'戊'、'己'名者各一。其称'大甲'、'小甲'、

'大乙'、'小乙'、'大丁'、'中丁'者，殆后来加之以示别。然在嗣位之君，则径称其父为'父甲'、其兄为'兄乙'，当时已自了然。故疑所称'父某'、'兄某'者，即大乙以下诸帝矣。"余案：参事说是也。非独"父某"、"兄某"为然，其云"帝"与"祖"者，亦诸帝之通称。卜辞曰："己卯卜，贞，帝甲□中阙二字。其婴祖丁。"后编卷上第四页。案：祖丁之前一帝为沃甲，则"帝甲"即沃甲，非周语"帝甲乱之"之帝甲也。又曰："祖辛一牛，祖甲一牛，祖丁一牛。"同上，第二十六页。案：祖辛、祖丁之间惟有沃甲，则"祖甲"亦即沃甲，非武丁之子祖甲也。又曰："甲辰卜，贞，王宾 祖乙、祖丁、祖甲、康祖丁、武乙衣，亡□。"同上，第二十页。案：武乙以前四世，为小乙、武丁、祖甲、庚丁，罗参事以"庚丁"为"康丁"之讹，是也。则"祖乙"即小乙，"祖丁"即武丁，非河亶甲之子祖乙，亦非祖辛之子祖丁也。又此五世中名"丁"者有二，故于"庚丁"实"康丁"。云"康祖丁"以别之，否则亦直云"祖"而已。然则商人自大父以上皆称曰"祖"，其不须区别而自明者，不必举其本号，但云"祖某"足矣。即须加区别时，亦有不举其本号而但以数别之者，如云："□□于三祖庚。"前编卷一第十九页。案：商诸帝以"庚"名者，大庚弟一，南庚弟二，盘庚弟三，祖庚弟四，则"三祖庚"即盘庚也。又有称"四祖丁"者。后编卷上第三页，凡三见。案：商诸帝以"丁"名者，大丁弟一，沃丁弟二，中丁弟三，祖丁弟四。则"四祖丁"即史记之"祖丁"也。以名"庚"者皆可称"祖庚"，名"丁"者皆可称"祖丁"，故加"三"、"四"等字以别之，否则赘矣。由是推之，则卜辞之"祖丙"或即外丙，"祖戊"或即大戊，"祖己"或即雍己、孝己。此"祖己"非书高宗肜日之"祖己"。卜辞称"卜贞，王宾祖己"，与先王同。而伊尹、巫咸皆无此称，固宜别是一人。且商时云"祖某"者，皆先王之名，非臣子可袭用，疑尚书误。故"祖"者，大父以上诸先王之通称也。其称"父某"者亦然。"父"者，父与诸父之通称。卜辞曰："父甲一牡，父庚一牡，父辛一牡。后编卷上第二十五页。此当为武丁时所卜，"父甲"、"父庚"、"父辛"，即阳甲、盘庚、小辛，皆小乙之兄而武丁之诸父也。罗参事说。又卜辞凡单称"父某"者，有"父甲"，前编卷一第二十四页。有"父乙"，同上，第二十五及第二十六页。有"父丁"，同上，第二十六页。有"父己"，同上，第二十七页及卷三第二十三页，后编卷上第六、第七页。有"父庚"，前编卷一第二十六及第二十七页。有"父辛"。同上，第二十七页。今于盘庚以后诸帝之父及诸父中求之，则武丁之于阳甲，庚丁之于祖甲，皆得称"父甲"；武丁之于小乙，文丁之于武乙，帝辛之于帝乙，皆得称"父乙"；廪辛、庚丁之于孝己，皆得称"父己"。余如"父庚"当为盘庚或祖庚，"父辛"当为小辛或廪辛，他皆放此。其称"兄某"者亦然。案：卜辞云"兄某"者，有"兄甲"，前编卷一第三十八页。有"兄丁"，同上，卷一第三十九页，又后编卷上第七页。有"兄戊"，前编卷一第四十页。有"兄己"，前编卷一第四十及第四十一页，后编卷上第七页。有"兄庚"，前编卷一第四十一页，后编卷上第七页及第十九页。有"兄辛"，后编卷上第七页。有"兄壬"，同上。有"兄癸"。同上。今于盘庚以后诸帝之兄求之，则"兄甲"当为盘庚、小辛、小乙之称阳甲；"兄己"当为祖庚、祖甲之称孝己；"兄庚"当为小辛、小乙之称盘庚，或祖甲之称祖庚；"兄辛"当为小乙之称小辛，或庚丁之称廪辛。而"丁"、"戊"、"壬"、"癸"，则盘庚以后诸帝之兄在位者。初无其人，自是未立而殂者，与孝己同矣。由是观之，则卜辞中所未见之雍己、沃甲、廪辛等，名虽亡而实或存。其史家所不载之"祖丙"、"小丁"、此疑即沃丁或武丁。对大丁或祖丁言，则沃丁与武丁自当称"小丁"，犹大甲之后有"小甲"，祖乙之后有"小乙"，祖辛之后有"小辛"矣。"祖戊"、"祖己"、"中己"、"南壬"等，或为诸帝之异称，或为诸帝兄弟之未立者。于是卜辞与世本、史记间毫无抵牾之处矣。

余考①

由上文所考定[一七]殷以前之制度典礼有可征实及推论者如次：

一、商于虞夏时已称王也。诗商颂"玄王桓拨"，毛传[一八]曰："玄王，契也。"周语："玄王勤商，十有四世而兴。"荀子成相篇[一九]："契，玄王，生昭明。"是契之称玄王旧矣。世本之"核"，山海经作"王亥"，古本竹书纪年作"殷王子亥"。卜辞于王亥外又有王恒、王夨，是称王者不止一人。若云追王，则上甲中兴之主，主壬、主癸又[二〇]汤之祖父，何以不称王而独王始祖之契与[二一]七世祖之王亥、王恒乎？则玄王与王亥、王恒等自系当时本号。盖夏商皆唐虞以来古国，其大小强弱本不甚悬殊，所谓有天下者亦第以其名居诸侯之上，数世之后，即与春秋战国之成周无异。而商之先自相土时已大启土（字）〔宇〕[二二]，相土本居商丘，而其东都乃在东岳之下。春秋左氏定（九）〔四〕年[二三]传："取于相土之东都，以会王之东蒐。"是其地当近东岳，周以此分康叔[二四]，与郑人有泰山之祊同。商颂所云"相土烈烈，海外有截"[二五]，自系实录。及王亥迁殷，其地又跨河之南北[二六]，汤伐韦顾、灭昆吾、放桀南巢，不过成[二七]祖宗之业，王迹之兴，固不始于此[二八]矣。书汤誓于汤伐桀誓师时称王，文王亦受命称王，盖夏殷诸侯之强大者皆有王号，本与君公之称无甚县隔。又[二九]天子之于诸侯，君臣之分亦未全定。天泽之辨，盖严于周公制礼之后。即宗周之世，边裔大国尚有称王者，见余前撰三代地理小记。盖仍夏殷遗俗，不能遽以僭窃论矣[三〇]。

一、殷人[三一]兄弟无贵贱之别也。有商一代[三二]，二十九帝中以弟继兄者殆半[三三]，其兄弟之未立[三四]而殂者，亦以先王之礼祀之。盖殷人兄弟[三五]惟以长幼之次为嗣位先后之次，不以是为贵贱也。文王[三六]不立伯

---

① 殷墟卜辞中所见先公先王考初刊於廣倉學宭叢刊學術叢編第十四册，文末附有此餘考。然编入觀堂集林時，"删落不遺一字"（趙萬里静安先生遺著選跋）。今據廣倉學宭初刊本補入，以無遺珠之憾。

邑考〔子〕[三七]而立武王，与武王崩而周公摄政[三八]，亦用[三九]殷制。立子之法，盖[四〇]自周公反政成王始，遂为百世定制矣。

一、商[四一]时无分封子弟之制也。商时[四二]兄弟皆得在位，故开国时[四三]即无分封子弟之事。故[四四]其亡也，惟有[四五]微子以奉商祀，除宋以外，中原无一子姓之国。箕子封朝鲜，乃在荒裔。而夏后氏之后尚有杞、鄫，亦殷人不封子弟之证也。

一、殷人[四六]无女姓之制也。周时女皆称姓，自太姜、太任、太姒已然，而卜辞[四七]于先妣皆称妣甲、妣乙，未尝称姓，然则女姓[四八]之制亦起于周初。礼记大传曰："系之以姓而弗别，缀之以食而弗殊，虽百世而昏姻不通者，周道然也。"此其证也。

一、殷人祭祀之礼与周大异也。甲、殷之祭先王先公，有专祭[四九]有合祭。其专祭也，则先公先王及先妣皆以其名之日祭之。其合祭也，则或合先公先王而祭之，所谓"自田至于武乙衣"是也；或[五〇]合先公而祭之，所谓（之）[五一]"自田元示三牛二示二牛"及"其米自田十有三示牛小示羊"是也。又所谓"自田至于多㞢衣"者，"多㞢"盖亦先公兄弟之未立者[五二]，疑主癸之弟或天乙之兄，居十有三示之末者也。[五三]或合最近诸先王而祭之，所谓"米祖乙祖丁祖甲康祖丁武乙衣"及"自武丁至于武乙衣"是也。合先公之祭，略如周之坛墠；合先王之祭及合先公先王之祭，略如周之禘祫；而殷人皆谓之"衣"。衣者，殷也。书康诰"殪戎殷"，中庸作"壹戎衣"，郑注："齐人言殷声如衣。"吕氏春秋慎大览"亲郼如夏"，高诱注："郼读如衣。今兖州人谓殷氏皆曰衣。"汉之兖州正殷之[五四]故地，则殷人读殷亦当如衣。殷商[五五]之殷至周为卫，犹商之变为宋也。[五六]公羊文二年传"五年而再殷祭"，以禘祫为殷祭，盖犹商人遗语。大丰敦潍县陈氏藏。"王衣祀于丕显考文王"，则周初亦有衣祭，惟商为合祭，周则专祭耳。乙、殷之祭先，虽先公先王兄弟之未立者，无不有[五七]专祭。然其合祭之一种，又限于其所自出之五世，如所谓"米祖乙祖丁祖甲康祖丁武乙衣"者，此文丁时事，所祭惟小乙、武丁、祖甲、康丁、武乙五世，而祖甲之兄祖庚、康丁[五八]之兄廪辛，虽在帝位而非[五九]所自出，故不与焉。吕氏春秋谕大览引商书曰"五世之庙可以观怪"，于是可证。此周五庙七庙之制所从出也[六〇]。丙、殷之[六一]先公先王先妣祭日，皆如其名之日。如祭王亥以亥日，上甲以甲日，示壬、示癸以壬、癸日，自大乙以下诸帝无不然。其不以其名之日祭者，十无一二焉。然则商人以日为名，殆专为祭而设矣。又其祭先公先王先妣也[六二]，皆以其名之日卜，如卜祭大乙用乙日，卜祭大甲用甲日，其不以其名之日卜者，亦十无二三[六三]焉。凡祭必先卜，决不能至其日而后卜[六四]，然则卜之日必为祭之前十日。以周制言之，少牢馈食礼："少牢馈食之礼，日用丁己，筮旬有一日。"注："旬十日，以先月下旬之己筮来月上旬之己。"谷梁哀元年传："我以十二月下辛卜正月上辛，如不从，则以正月下辛卜二月上辛；如不从，则以二月下辛卜三月上辛；如不从，则不郊矣。"然则殷人卜祭其先亦当以祭之前十日卜。周人吉礼大改殷制，然卜日之期尚仍其故，所谓"损益可知"者，于是[六五]足征。此数事皆与先王先公相关，故附著之[六六]。

附 罗叔言参事二书

昨日下午，邮局送到大稿。灯下读一过，忻快无似。弟自去冬病胃，闷损已数月。披览来编，积疴若失。忆自卜辞初出洹阴，弟一见，以为奇宝，而考释之事未敢自任。研究十年，始稍稍能贯通。往者写定考释，尚未能自慊，固知继我有作者，必在先生，不谓捷悟遂至此也。"上甲"之释无可疑者。弟意田字即小篆甲字所从出。卜辞田字十外加口，固以示别，与𠃌、囧、回同例。然疑亦用以别于数名之十。周人尚用此字，兮伯吉父盘之"兮田"即"兮甲"也。小篆复改作甲者，初以十嫌于数名之十古"七"字。而加口作田，既又嫌于"田畴"之"田"而稍变之。秦阳陵虎符"甲兵"之字作ㄓ，变口为ᗡ，更讹ᗡ为凸，讹十为丁，如说文ㄓ字而初形全失，反不如隶书"甲"字尚存古文面目也。弟因考卜辞，知今隶颇存古文，此亦其一矣。又田或作田者，弟以为即"上甲"二字合文。许书"帝"古文作帝，注："古文诸ㅗ字皆从一，篆文皆从二。二，古文'上'字。"考之卜辞及古金文"帝"、"示"诸文，或从二，或从一。知古文二亦省作一。田者，"上甲"也。许君之注当改正为"古文诸ㅗ字或从一，或从二，一与二皆古文'上'"。或洨长原文本如此，后人转写失之耳。尊稿当已写定，可不必改正。或以弟此书写附大箸之后。奉读大稿，弟为忻快累日。此书寄到，公亦当揽纸首肯也。第一札。

前书与公论田即"上甲"二字合书，想公必谓然。今日补拓以前未选入之龟甲兽骨，得一骨，上有田字，则竟作"上田"，为之狂喜。已而检书契后编，见卷下第四十二页"上甲"字已有作田者[六七]。又为之失笑。不独弟忽之，公亦忽之，何耶？卜辞"上"字多作ᗄ，"下"字作ᗅ。"下"字无所嫌，二作ᗄ者，所以别于数名之"二"也。此田字两见，皆作ᗄ。又"上帝"字作ᗄ帝，其为"上"字无疑。田为田字之省，亦无可疑。不仅可为弟前说之证，亦足证尊说之精确。至今隶"甲"字全与田同，但长其直画。想公于此益信今隶源流之古矣。第二札。

丁巳二月，参事闻余考卜辞中殷先公、先王，索稿甚亟。既写定，即以草藁寄之。复书两通，为余证成"上甲"二字之释。第一札作于闰二月之望，第二札则二十日也。余适以展墓反浙，至沪读此二书，开缄狂喜，亟录附于后。越七日，国维记。

殷卜辞中所见先公先王续考

丁巳二月，余作殷卜辞中所见先公先王考，时所据者，铁云藏龟及殷虚书契前、后编诸书耳。逾月，得见英伦哈同氏戬寿堂所藏殷虚文字拓本，凡八百纸。又逾月，上虞罗叔言参事以养疴来海上，行装中有新拓之书契文字约千纸。余尽得见之。二家拓本中足以补证余前说者颇多。乃复写为一编，以质世之治古文及古史者。闰二月下旬。海宁王国维。

高祖夋

前考以卜辞之 𤔲 及 𤔲 为"夋"，即帝喾之名。但就字形定之，无他证也。今见罗氏拓本中有一条曰"癸巳，贞，于高祖 𤔲"，下阙。案：卜辞中惟王亥称"高祖王亥" <u>书契后编卷上第二十二页</u>。或"高祖亥"，<u>哈氏拓本</u>。大乙称"高祖乙"。<u>后编卷上第三页</u>。今 𤔲 亦称"高祖"，斯为 𤔲、𤔲 即夋之确证，亦为夋即帝喾之确证矣。

上甲　报乙　报丙　报丁　主壬　主癸

前考据书契后编上第八页一条，证 囝、冃 即报丙、报丁，又据此知卜辞以报丙、报丁为次，与<u>史记殷本纪</u>及<u>三代世表</u>不同。比观哈氏拓本中有一片，有 田、刁、"示癸"等字，而彼片有 囝、冃 等字。疑本一骨折为二者，乃以二拓本合之，其断痕若合符节，文辞亦连续可诵。凡殷先公、先王自上甲至于大甲，其名皆在焉。兹摹二骨之形状及文字如左：

右[六八]文三行。左行其辞曰"乙未，𤔲𤔲 𤔲 田十，刁三，囝三，刁三，示壬三，示癸三，大丁十，大甲十"。下阙。此中曰"十"、曰"三"者，盖谓牲牢之数。上甲、大丁、大甲十，而其余皆三者，以上甲为先公之首，大丁、大甲又先王而非先公，故殊其数也。示癸、大丁之间无大乙者，大乙为大祖，先公、先王或均合食于大祖故也。据此，一文之中先公之名具在。不独即上甲，乙、囚、卫即报乙、报丙、报丁，示壬、示癸即主壬、主癸，胥得确证；且足证上甲以后诸先公之次，当为报乙、报丙、报丁、主壬、主癸。而史记以报丁、报乙、报丙为次，乃违事实。又据此次序，则首"甲"、次"乙"、次"丙"、次"丁"，而终于"壬"、"癸"，与十日之次全同。疑商人以日为名号，乃成汤以后之事。其先世诸公生卒之日，至汤有天下后定祀典名号时，已不可知。乃即用十日之次序，以追名之。故先公之次，乃适与十日之次同。否则不应如此巧合也。

多后

卜辞屡云"自田至于多毳衣"，见前考。曩疑"多毳"亦先公或先王之名。今观戬寿堂所藏殷虚文字，乃知其不然。其辞曰："乙丑卜，贞，王宾毳祖乙□，亡尤。"又曰："乙卯卜，即贞，王宾毳祖乙、父丁肝，亡尤。"又曰："贞，毳祖乙古十牛，四月。"又曰："贞，毳祖乙古十物牛，四月。"以上出戬寿堂所藏殷虚文字。又曰："咸毳祖乙。"书契前编卷五第五页。又曰："甲□□贞，翌乙□禂彤日于毳祖乙，亡它。"后编卷上第二十页。则毳亦作毳。卜辞又曰："□丑，之于五毳。"前编卷一第三十页。合此诸文观之，则'多毳'殆非人名。案：卜辞毳字异文颇多，或作毳，前编卷六第二十七页。或作毳，同上，卷二第二

（七）〔十〕五[六九]页。或作龘、作龘、作龘，均同上。或作龘，同上，第二十五页。或作龘，后编卷上第二十页。字皆从女、从𠫓，倒"子"。或从母、从𠫓，象产子之形。其从ハ、ッ、ﾊﾞ、小者，则象产子之有水液也。或从𠆢者，与从女、从母同意。故以字形言，此字即说文"育"之或体"毓"字。"毓"从每、从㐬，倒古文"子"。与此正同。[七〇]然卜辞假此为"后"字。古者，"育"、"胄"、"后"声相近，谊亦相通。说文解字："后，继体君也。象人之形。施令以告四方，故厂之。从一、口。"是"后"从人，"厂"当即𠆢之讹变。"一、口"亦𠫓之讹变也。"后"字之谊，本从"毓"义引申。其后"毓"字专用"毓"、"育"二形，"后"字专用龘、龘诸形[七一]，又讹为"后"，遂成二字。卜辞龘又作龘，后编卷下第二十二页。与龘、龘诸形皆象倒子在人后，故"先後"之"後"，古亦作"后"。盖"毓"、"后"、"後"三字实本一字也。商人称先王为"后"。书盘庚曰："古我前后"。又曰："女曷不念我古后之闻。"又曰："予念我先神后之劳尔先。"又曰："高后丕乃崇降罪疾。"又曰："先后丕降与汝罪疾。"诗商颂曰："商之先后。"是商人称其先人为"后"。是故"多后"者，犹书言"多子"、"多士"、"多方"也。"五后"者，犹诗、书言"三后在天"、"三后成功"也。其与祖乙连言者，又假为"後"字。"後祖乙"谓武乙也。卜辞以"龘祖乙、父丁"连文，考殷诸帝中父名"乙"、子名"丁"者，盘庚以后，惟小乙、武丁及武乙、文丁，而小乙卜辞称"小祖乙"，戬寿堂所藏殷虚文字。则"龘祖乙"必武乙矣。商诸帝名"乙"者六，除帝乙外，皆有"祖乙"之称，而各加字以别之。是故"高祖乙"者，谓大乙也。"中宗祖乙"者，谓祖乙也。"小祖乙"者，谓小乙也。"武祖乙"、"后祖乙"者，谓武乙也。卜辞"君后"之"后"与"先後"之"後"均用龘或龘，知"毓"、"后"、"後"三字之古为一字矣。

中宗祖乙

戬寿堂所藏殷虚文字中有断片，存字六，曰："中宗祖乙，牛，吉。"称祖乙为"中宗"，全与古来尚书学家之说违异。惟太平御览八十三引竹书纪年曰："祖乙滕即位，是为中宗，居庇。"今本纪年注亦云："祖乙之世，商道复兴，号为中宗。"即本此。今由此断片，知纪年是而古今尚书家说非也。史记殷本纪以大甲为"大宗"，大戊为"中宗"，武丁为"高宗"。此本尚书今文家说。今征之卜辞，则大甲、祖乙往往并祭，而大戊不与焉。卜辞曰："囗亥卜，贞，三示，御大乙、大甲、祖乙五牢。"罗氏拓本。又曰："癸丑卜，囗贞，米年于大甲，十牢。祖乙，十牢"。后编上第二十七页。又曰"丁亥卜，囗贞，昔乙酉，服𢦏御中阙。大丁、大甲、祖乙百鬯，百羊，卯三百牛"。下阙，同上，第二十八页。大乙、大甲之后，独举祖乙，亦"中宗"是祖乙非大戊之一证。晏子春秋内篇谏上："夫汤、大甲、武丁、祖乙，天下之盛君也。"亦以祖乙与大甲、武丁并称。

大示　二示　三示　四示

戬寿堂所藏殷虚文字中有一条，其文曰："癸卯卜，酚，米贞，乙巳自田廿示，一牛。二示，羊𠫨奠。三示，豕牢。四示，犬。"前考以"示"为先公之专称，故因卜辞"十有三示"一语，疑商先公之数不止如史记所纪。今此条称"自田廿示"，又与彼云"十有三示"不同。盖"示"者，先公、先王之通称。卜辞云："囗亥卜，贞，三示，御大乙、大甲、祖乙五牢。"见前。以大乙、大甲、祖乙为"三示"，是先王亦称"示"矣。其有"大示"、亦云"元示"。"二示"、"三示"、"四示"之别者，盖商人祀其先，自有差等。上甲之祀与报乙以下不同，大乙、大甲、祖乙之祀又与他先王不同。又诸臣亦称"示"。卜辞云："癸酉卜，右伊五示。"罗氏拓本。"伊"谓伊尹。故有"大示"、"二示"、"三示"、"四示"之名。卜辞又有"小示",盖即谓"二示"以下。"小"者,对"大示"言之也。

商先王世数

史记殷本纪、三代世表及汉书古今人表所记殷君数同,而于世数则互相违异。据殷本纪则商三十一帝,除大丁为三十帝。共十七世。三代世表以小甲、雍己、大戊为大庚弟,殷本纪大庚子。则为十六世。古今人表以中丁、外壬、河亶甲为大戊弟,殷本纪大戊子。祖乙为河亶甲弟,殷本纪河亶甲子。小辛为盘庚子,殷本纪盘庚弟。则增一世,减二世,亦为十六世。今由卜辞证之,则以殷本纪所记为近。案:殷人祭祀中,有特祭其所自出之先王,而非所自出之先王不与者。前考所举"米祖乙、

小乙。祖丁、武丁。祖甲、康祖丁、庚丁。武乙衣",其一例也。今捡卜辞中又有一断片,其文曰"上阙。大甲、大庚、中阙。丁、祖乙、祖中阙。一羊一南",下阙。共三行,左读。见后编卷上第五页。此片虽残阙,然于大甲、大庚之间不数沃丁,中丁、"中"字直笔尚存。祖乙之间不数外壬、河亶甲,而一世之中仅举一帝,盖亦与前所举者同例。又其上下所阙,得以意补之如左:

由此观之,则此片当为盘庚、小辛、小乙三帝时之物。自大丁至祖丁,皆其所自出之先王。以殷本纪世数次之,并以行款求之,其文当如是也。惟据殷本纪,则祖乙乃河亶甲子,而非中丁子。今此片中有中丁而无河亶甲,则祖乙自当为中丁子。史记盖误也。且据此,则大甲之后有大庚,则大戊自

当为大庚子。其兄小甲、雍己亦然。知三代世表以小甲、雍己、大戊为大庚弟者非矣。大戊之后有中丁，中丁之后有祖乙，则中丁、外壬、河亶甲自当为大戊子，祖乙自当为中丁子。知人表以中丁、外壬、河亶甲、祖乙皆为大戊弟者非矣。卜辞又云："父甲一牡，父庚一牡，父辛一牡。"后编卷上第二十五页。"甲"为阳甲，"庚"则盘庚，"辛"则小辛，皆武丁之诸父，故曰"父甲"、"父庚"、"父辛"。则人表以小辛为盘庚子者非矣。凡此诸证，皆与殷本纪合，而与世表、人表不合。是故殷自小乙以上之世数，可由此二片证之。小乙以下之世数，可由祖乙、祖丁、祖甲、康祖丁、武乙一条证之。考古者得此，可以无遗憾矣。

附　殷世数异同表

帝名	殷本纪	三代世表	古今人表	卜辞
汤	主癸子	主癸子	主癸子	一世
大丁	汤子	汤子	汤子	汤子二世
外丙	大丁弟	大丁弟	大丁弟	
中壬	外丙弟	外丙弟	外丙弟	
大甲	大丁子	大丁子	大丁子	大丁子三世
沃丁	大甲子	大甲子	大甲子	
大庚	沃丁弟	沃丁弟	沃壬弟	大甲子四世
小甲	大庚子	大庚弟	大庚子	
雍己	小甲弟	小甲弟	小甲弟	
大戊	雍己弟	雍己弟	雍己弟	大庚子五世
中丁	大戊子	大戊子	大戊弟	大戊子六世
外壬	中丁弟	中丁弟	中丁弟	

续表

帝名	殷本纪	三代世表	古今人表	卜辞
河亶甲	外壬弟	外壬弟	外壬弟	
祖乙	河亶甲子	河亶甲子	河亶甲弟	中丁子七世
祖辛	祖乙子	祖乙子	祖乙子	祖乙子八世
沃甲	祖辛弟	祖辛弟	祖辛弟	
祖丁	祖辛子	祖辛子	祖辛子	祖辛子九世
南庚	沃甲子	沃甲子	沃甲子	
阳甲	祖丁子	祖丁子	祖丁子	祖丁子十世
盘庚	阳甲弟	阳甲弟	阳甲弟	阳甲弟十世
小辛	盘庚弟	盘庚弟	盘庚子	盘庚弟十世
小乙	小辛弟	小辛弟	小辛弟	小辛弟十世
武丁	小乙子	小乙子	小乙子	小乙子十一世
祖庚	武丁子	武丁子	武丁子	武丁子十二世
祖甲	祖庚弟	祖庚弟	祖庚弟	祖庚弟十二世
廪辛	祖甲子	祖甲子	祖甲子	
庚丁	廪辛弟	廪辛弟	廪辛弟	祖甲子十三世
武乙	庚丁子	庚丁子	庚丁子	庚丁子十四世
大丁	武乙子	武乙子	武乙子	
帝乙	大丁子	大丁子	大丁子	
帝辛	帝乙子	帝乙子	帝乙子	

校勘记

[一] 遗书本无"海宁王国维"五字。

[二]"米"，遗书本作"求"。

[三]"二字"，遗书本作"二形"。

[四]"之形"以下至下文"帝喾之名"，遗书本改为：说文（戈）〔攵〕部："夒，贪兽也，一曰母猴，似人。从頁、巳、止、（戈）〔攵〕其手足。"毛公鼎"我弗作先王羞"之"羞"作𡥝，克鼎"柔远能埶"之"柔"作𤟤，番生敦作𤟤，而博古图、薛氏款识盄和钟之"柔燮百邦"、晋姜鼎之"用康柔绥怀远廷"，"柔"并作𤟤，皆是字也。"夒"、"羞"、"柔"三字古音同部，故互相通借。此称"高祖夒"。案：卜辞惟王亥称"高祖王亥"后编卷上第廿二页。或"高祖亥"，戬寿堂所藏殷虚文字第一页。大乙称"高祖乙"，后编卷上第三页。则夒必为殷先祖之最显赫者。以声类求之，盖即帝喾也。"帝喾"之名已见逸书。书序："自契至于成汤八迁。汤始居亳，从先王居，作帝告。"史记殷本纪"告"作"诰"，索隐曰："一作'佶'。"案：史记三代世表、封禅书、管子侈靡篇皆以"佶"为"喾"。伪孔传亦云："契父帝喾都亳，汤自商丘迁亳，故曰'从先王居'。"若书序之说可信，则"帝喾"之名已见商初之书矣。诸书作"喾"或"佶"者，与"夒"字声相近。其或作"夋"者，则又"夒"字之讹也。

[五] 遗书本删"又"，并删"帝俊"以下至下文"帝俊当即帝夋"，改增小字注云："凡十二见。"

[六]"郭璞注于"以下，遗书本增"大荒西经"数字。

[七]"假借"以下至本节末，遗书本改为：然大荒东经曰："帝俊生仲容。"南经曰："帝俊生季釐。"是即左氏传之仲熊、季狸，所谓高辛氏之"才子"也。海内经曰："帝俊有子八人，实始为歌舞。"即左氏传所谓"有才子八人"也。大荒西经："帝俊妻常羲生月十有二。"又传记所云："帝喾次妃诹訾氏女，曰'常仪'，生帝挚者也。"案：诗大雅生民疏引大戴礼帝系篇曰："帝喾下妃娵訾之女曰'常仪'，生挚。"家语、世本其文亦然。檀弓正义引同，而作"娵氏之女曰常宜"。然今本大戴礼及艺文类聚十五、太平御览一百三十五所引世本，但云"次

妃曰娵訾氏，产帝挚"，无"曰常仪"三字。以上文"有邰氏之女曰'姜嫄'，有娀氏之女曰'简狄'"例之，当有"曰常仪"三字。三占从二，知郭璞以"帝俊"为帝舜，不如皇甫以"夋"为帝喾名之当矣。祭法："殷人禘喾。"鲁语作"殷人禘舜"。"舜"亦当作"夋"。喾为契父，为商人所自出之帝，故商人禘之。卜辞称"高祖夒"，乃与王亥、大乙同称，疑非喾不足以当之矣。

　　[八]"同上第二十八页"以下，王国维后自作眉批："贞，叀于王亥五牛。龟甲兽骨文字卷一第九页。"遗书本补入正文，作"龟甲兽骨文字有一事，曰：'贞，叀于王亥五牛。'卷一第九页。"

　　[九]"三十牛"上，遗书本增"五牛"。

　　[一〇]"失"，据四部丛刊本楚辞改作"夫"。

　　[一一]"𣏂"，遗书本作"求"。

　　[一二]"微"当作"征"，据遗书本改。

　　[一三]"𣏂"，遗书本作"求"。本卷皆如此，不另出注。

　　[一四]"人名"以下，王国维后自增如下文字，遗书本同："若𠀡甲前编卷一第十六页，后编卷上第八页。"

　　[一五]"前编卷一第四十五页"以下，王国维后自增补如下文字，遗书本同："若小癸龟甲兽骨文字卷二第廿五页。"

　　[一六]"克殷解"当为"世俘解"之误，据文渊阁四库全书本逸周书改。

　　[一七]"所考定"，据葛兆光所见日本关西大学图书馆藏殷虚卜辞中所见先公先王考手稿，作"之研究"。

　　[一八]"毛传"，手稿作"传"。

　　[一九]手稿"成相篇"下有"曰"字。

　　[二〇]"又"，手稿作"亲"。

　　[二一]"始祖之契与"，手稿无。

　　[二二]"字"，据手稿改作"字"。

　　[二三]"定九年"手稿作"哀九年"，据左传改作"定四年"。

　　[二四]"周以此分康叔"，手稿无。

　　[二五]手稿"截"下有"者"。

[二六] 手稿"南北"下有"而与夏人错处，夏人都河济间，余别有考。至"等字。

[二七] "成"，手稿作"完"。

[二八] "始于此"，手稿作"自汤始"。

[二九] "又"，手稿作"而其时"。

[三〇] "不能遽以僭窃论矣"，手稿作"孟子'民无二王'之说周，不能以论夏殷事矣"。

[三一] "人"，手稿作"时"。

[三二] "有商一代"，手稿作"殷一代"。

[三三] "殆半"，手稿作"居半"。

[三四] "其兄弟之未立"，手稿作"其未及嗣位"。

[三五] "兄弟"下手稿有"不以长幼为贵贱"。

[三六] "文王"，手稿作"周之"。

[三七] "子"，手稿作小字注，据改。

[三八] "政"，手稿作"天子位"。

[三九] "用"，手稿作"承"。

[四〇] "法"，手稿作"制"；"盖"下手稿有"亦"字。

[四一] "商"，手稿作"殷"。

[四二] "商时"，手稿作"殷人"。

[四三] "开国时"，手稿作"殷初"。

[四四] "故"，手稿作"比"。

[四五] "有"下手稿有"一"字。

[四六] "殷人"，手稿作"殷时"。

[四七] "卜辞"，手稿作"商人"。

[四八] "女姓"，手稿作"姓氏"。

[四九] "专祭"，手稿作"特祭"。下文皆同，不另出记。

[五〇] "或"下手稿有"但"。

[五一] "之"，手稿自删之，今从而删。

［五二］"者"下手稿有"之名"二字。

［五三］"也"下手稿有"或合稍远诸先王而祭之，如云'己卯卜翌庚辰之于大庚至于中丁一牢'是也"。

［五四］"之"，手稿作"人"。

［五五］"殷商"，手稿作"殷墟"。

［五六］"犹商之变为宋也"，手稿作"亦其一证"。

［五七］"有"，手稿无。

［五八］"康丁"，手稿作"庚丁"。

［五九］"非"下手稿有"文丁"二字。

［六〇］"此"，手稿作"是"；"从"，手稿作"自"。

［六一］"之"，手稿作"人"。

［六二］"又"下手稿无"其"字；"妣"下手稿无"也"字。

［六三］"二三"，手稿作"一二"。

［六四］"至其日而后卜"，手稿作"于祭之日始卜"。

［六五］"是"，手稿作"此"。

［六六］"皆与先王先公相关，故附著之"，手稿作"皆关于先王先公者，故略著于此，以俟他日详究焉"。

［六七］"作囟者"以下，王国维后自作眉批，遗书本以小字增入注中："英人明义士所摹殷虚卜辞第二十九页并一百十八页亦两见囟字。"

［六八］"兹摹二骨之形状及文字如左"，此数字并摹本，遗书本置之本段文末。"右"，遗书本作"其"。

［六九］"二七五"，当为"二十五"之误，据遗书本改。

［七〇］"正同"以下，王国维后自作眉批："近见吕中仆尊曰：'吕中仆作𦭶子宝尊彝。''𦭶子'即'毓子'。毓，稚也。书今文尧典：'教育子。'诗豳风：'鬻子之闵斯。'书康诰：'兄亦不念鞠子哀。'康王之诰：'无遗鞠子羞。''育'、'鬻'、'鞠'三字通。"遗书本删"近见"二字。

［七一］"居诸形"，遗书本无。

说玨朋[①]

　　殷时，玉与贝皆货币也。商书盘庚曰："兹予有乱政同位，具乃贝、玉。"于文，"宝"字从玉、从贝，缶声。殷虚卜辞有▨字*殷虚书契前编卷六第三十一页*。及▨字，*同上后编卷下第十八页*。皆从宀、从玉、从贝，而阙其声，盖商时玉之用与贝同也。贝、玉之大者，车渠之大以为宗器，圭璧之属以为瑞信，皆不以为货币。其用为货币及服御者，皆小玉、小贝，而有物焉以系之。所系之贝、玉，于玉则谓之"玨"，于贝则谓之"朋"，然二者于古实为一字。"玨"字，殷虚

---

① 选自王国维《观堂集林》（卷第三·艺林三）。

卜辞作丰，后编卷上第二十六页。作丰，前编卷六第六十五页。或作
丰。后编卷下第二十及第四十三页。金文亦作丰。乙亥敦云："玉十
丰。"皆古"珏"字也。说文："玉，象三画之连。丨，其贯也。"丰
意正同。其作丰、作丰者，丫、丨丨皆象其系，如"束"字上、下从丫、
人也。古系贝之法，与系玉同，故谓之"朋"。其字，卜辞作丰，前编
卷一第三十页。作丰，卷五第十页。金文作丰，遽伯寰敦。作丰，悬
鼎。作丰，庚罴卣。作丰，且子鼎。又公中彝之"贝五朋"作丰，抚
叔敦盖之"贝十朋"作丰，戊午爵乃作丰，甚似"珏"字。而"朋友"
之"朋"，卜辞作丰，前编卷四第三十页。金文或作丰，杜伯簋。或作
丰。丰姞敦。或从丰，或从"珏"，知"珏"、"朋"本是一字。此可
由字形证之者也。更以字音证之。"珏"自来读古岳反。说文亦以
"瑴"字为"珏"之重文，是当从瑴声。然窃意"珏"与"瑴"义同
音异。古"珏"字当与"班"同读。说文："斑，读与'服'同。"诗
与士丧礼作"服"。古文作丰。古"服"、"菔"同音。"珏"亦同之，
故"斑"字之为声。古者玉亦以"备"计，即"珏"之假借。齐侯
壶云："璧二备。"即"二珏"也。古音"服"、"备"二字皆在之部，
"朋"字在蒸部，之、蒸二部阴阳对转，故音变为"朋"。音既屡变，
形亦小殊。后世遂以"珏"专属之玉，以"朋"专属之贝，而不知其
本一字也。又旧说"二玉为珏，五贝为朋"。诗小雅菁菁者莪笺。然以
"珏"、"丰"诸字形观之，则一珏之玉、一朋之贝，至少当有六枚。
余意古制贝、玉皆五枚为一系，合二系为一珏，若一朋。释器："玉十
谓之区。""区"、"瑴"双声，且同在侯部，知"区"即"瑴"矣。知
"区"之即"瑴"，则知"区"之即为"珏"矣。贝制虽不可考，然古
文"朋"字确象二系。康成云："五贝为朋。"五贝不能分为二系，盖
缘古者五贝一系，二系一朋；后失其传，遂误以为五贝一朋耳。观
"珏"、"丰"二字，若止一系三枚，不具五者。古者三以上之数，亦

以"三"象之，如手指之列五，而字作Ʒ。许君所谓"指之列不过三"也。余目验古贝，其长不过寸许。必如余说，五贝一系，二系一朋，乃成制度。古文字之学足以考证古制者如此。

说　俎①

说俎上

传世古器，乐器如钟、磬，煮器如鼎、鬲、甗，脯醢器如豆，黍稷器如敦与簋、簠，酒器如尊、壶、卣、罍、勺、爵、觚、觯、角、斝、盉，洗器如盘、匜，兵器如戈、戟、矛、剑，世皆有之。惟俎用木为之，岁久腐朽，是以形制无传焉。案说文："俎，礼俎也。从半肉在且上。"诗鲁颂："笾豆大房。"毛传云："大房，半体之俎也。"郑笺则云："大

---

① 选自王国维《观堂集林》（卷第三·艺林三）。

房，玉饰俎也。其制：足间有横，下有跗，似乎堂后有房。"少牢馈食礼："肠三胃三，长皆及俎拒。"郑注："'拒'读为'介距'之'距'。俎距，胫中当横节也。"明堂位："俎，有虞氏以梡，夏后氏以嶡，殷以椇，周以房俎。"郑注："梡，断木为四足而已。嶡之言蹷也，谓中足为横距之象，周礼谓之距。椇之言枳椇也，谓曲桡之也。房，谓足下跗也，上下两间，有似于堂房。"总郑君诗、礼三注，则俎之为物，下有四足，足间有木以相距，所谓"横"说文："横，阑木也。"也。横或中足，或在足胫，其足当横以下谓之"跗"，同"柎"。说文："柎，阑足也。"亦谓之"房"。与毛说大异，然有不可通者。周语："禘郊之事，则有全烝；王公立饫，则有房烝；亲戚燕宴，则有肴烝。"韦注："全烝，全其牲体而升之。房，大俎也，谓半解其体升之房也。肴烝，升体解节折之俎也。"则"房烝"者对"全烝"言之，盖升半体之俎，当有两房，半体各置其一，合两房而牲体全，故谓之"房俎"。毛公云："大房，半体之俎。"许君云："俎从半肉在且上。"意正如此也。既有两房，则中必有以隔之者。少牢馈食礼之"俎拒"，即谓此隔之之物。盖肠胃皆升于俎，其长短当以俎之大小为节，不容取俎足以为节也。更[一]由文字上证之，则"俎"字篆文作"俎"，象半肉在且旁。而殷虚卜文及貉子卣则作 𣅀，作 𣅀。具见两房、一拒、两肉之形。[二]由是言之，则"有虞氏之梡"，梡者，完也；"殷以椇"，椇者，具也；皆全烝之俎。周用半体之俎，以其似宫室之有左、右房，故谓之"房俎"。若足跗，则不具房形。郑君"堂房"之说，殊为迂远矣。

说俎下

方言、广雅皆云："俎，几也。"此盖古训。说文："俎，从半肉在且上。"又"且，荐也。从几，足有二横。一，其下地也。𐀳，古文以为且，又以为几字。”此十一字出小徐本，大徐无。则篆文“俎”从且，且从几，古文又“且”、“几”同字。盖古时，俎、几形制略同，故以一字象之。此说有征乎？曰：有。许书篆文“几”字与古文□字皆作从正面视形。然金文作□、□，或□、□二形，皆作从侧面视形。案：殷礼器铭屡有□语，其异文或作□，祖丁卣。或作□，父癸爵。或作□。齐妇鬲，殷虚书契卷七第二页亦有此字。自宋以来，均释为“析子孙”三字。余谓此乃一字，象大人抱子置诸几间之形。子者，尸也。曲礼曰：“君子抱孙不抱子。”此言孙可以为王父尸，子不可为父尸。曾子问：“孔子曰：‘祭成，丧者必有尸，尸必以孙。孙幼，则使人抱之。’”是古之为尸者，其年恒幼，故作大人抱子之形。其上或两旁之非，则周礼所谓“左右玉几”也。周礼司几筵：“凡大朝觐、大飨射，凡封国、命诸侯，王位〔设黼依〕[三]，左右玉几。祀先王、昨席，亦如之。”不言祭祀席。然下言诸侯祭祀席“右雕几”；昨席“左彤几”。则天子祭祀席，左右玉几可知。冢宰职：“享先王”，“赞玉几、玉爵”。注：“玉几，所以依神。天子左右玉几。”书顾命牖间、西序、东序、西夹神席皆有几，则“左右几”者，天子尸之几也。其但作□者，诸侯以下尸右几也。几在尸左右，故以□、□二形象之。依几之尸，象其正面，则左右之几，不得不象其侧面矣。此□、□二形象几之证也。其又象俎者何？曰：古□字象匕肉于鼎之形。古者，鼎中之肉皆载于俎。又匕载之时，匕在鼎左，俎在鼎右。今“鬳”字之左从匕，则其右之□象俎明矣。俎作□形者，象其西缩有司彻。也。据礼经，俎或西肆，或西缩，而独象其西缩者，从文字结构之便也。此又古以□并象俎之证也。□字变纵为横，则为丌字。说文：“丌，下基也。荐物之丌，象形，读若箕同。”其所以与□、□异形者，荐物之时，加诸其上而已。作丌形而义已见，又文字之结构亦当如是，其与□、□固非有二字、有二义也。说文所载古文□字，亦丌字“亓”亦古文，金文中“其”“典”等均从之。之变。自丌行而□、□废，遂

以 ⽚ 为"片"字，⽚ 为"爿"字，义别而音亦大变，遂忘其朔矣。由是言之，则俎、几二物，始象以 ⽚，继象以 ⼝，其同形可知。但"俎"或加阑而界为二，"几"乃无之。余则无不同也。秦、汉之俎，与几全同，故直名"几"为"俎"。史记项羽本纪："为高俎，置太公其上。"如淳曰："高俎，几之上。"又名切肉之器为"俎"。项羽本纪："如今人方为刀俎，我为鱼肉。"今传世汉画象所图切肉之器，正作 TT 形。汉之俎、几形制如此，则三代俎、几之形盖可知矣。要之，古文圓字与篆文"且"字，象自上观下之形；⽚、⽚ 乃自其侧观之；丌与"几"自其正面观之。合此三形，俎之形制略具矣。

校勘记

　[一]"少牢馈食礼"以下至"由文字"以上，王国维自批校改为（遗书本同）：案公食大夫礼："肠、胃、肤皆横诸俎，垂之。"既垂于俎外，则郑注"俎足"之说是也。

　[二]"两房、一拒、两肉之形"，王国维后自删"一拒"二字，并于"之形"以下增下列文字：而其中之横画，即所以隔之之物也。遗书本同。

　[三]"设黼依"，据周礼注疏及遗书本补。周礼注疏其间尚有"依前南乡，设莞筵纷纯，加缫席画纯，加次席黼纯"等文字。

释　昱①

殷虚卜辞屡见🐚、🐚、🐚、🐚诸字，又或从日作🐚、或从立作🐚、🐚诸体，于卜辞中不下数百见。初不知为何字。后读小盂鼎，见有🐚字，与🐚、🐚二字相似。其文云："粤若🐚乙亥。"与书召诰"越若来三月"、汉书律历志引逸武成"粤若来二月"，文例正同。而王莽传载太保王舜奏云："公以八月载生魄庚子奉使朝，用书。越若翊辛丑，诸生、庶民大和会。"王舜此奏，全摹仿康诰、召诰。则召诰之"若翌日乙卯"、"越翌日戊午"，今文尚书殆本作"越若翌乙卯"、"越若翌戊午"，故舜奏仿

---

①　选自王国维《观堂集林》（卷第六·艺林六）。

之。然则小盂鼎之"粤若㬎乙亥"当释为"粤若翌乙亥"无疑也。又其字从日、从立，与说文训"明日"之"昱"正同。因悟卜辞中上述诸体皆"昱"字也。罗叔言参事尝以此说求之卜辞诸甲子中有此字者，无乎不合。惟卜辞诸"昱"字虽什九指斥"明日"，亦有指第三日、第四日者，视说文"明日"之训稍广耳。又案：此字卜辞或作田者，殆其最初之假借字。田即"鼠"之初字。石鼓文"君子员邋"，字作🦫，从🦫。说文囟部："鼠，毛鼠也。象发在囟上，及毛发鼠鼠之形。"田则但象毛发鼠鼠之形，本一字也。古音"鼠"、"立"同声。今"立"在缉韵，"鼠"在叶韵，此二部本自相近。故借"鼠"为"昱"。后乃加"日"作🦫，为形声字；或更如小盂鼎作🦫，为一形二声之字；或又省"日"作🦫，则去形而但存其二声。古固有一字二声者。说文"窃"字注云："卨、廿皆声。"又"鏧"字注云："次、束皆声。"案：石鼓文自有"敕"字，则"鏧"字自以"敕"为声。而石鼓之"敕"即周礼巾车职之故书"軟"字，而鼓文作"敕"。其字"束"、"次"皆声，正与🦫、㫋诸字之"立"、"鼠"皆声同例也。卜辞又有祭祀名曰"昱日"，殆与"彤日"同为祭之明日又祭之称与？

释　旬[①]

卜辞有ㄣ、�880诸字，亦不下数百见。案使夷敦云："金十ㄓ。"厌敖敦盖云："金十ㄓ。"考说文"钧"之古文作"銎"。是ㄓ、ㄓ即"銎"字，ㄣ即"旬"字矣。卜辞又有"ㄣ之二日"语，见**铁云藏龟**第六页。亦可证ㄓ、ㄣ即"旬"字。余遍搜卜辞，凡云"贞旬亡囙"者，亦不下数百见，皆以癸日卜。殷人盖以自甲至癸为一旬，而于此旬之末卜下旬之吉凶。云"旬亡囙"者，犹**易**言"旬无咎"矣。日自甲至癸而一遍，故旬之义引申为"遍"。释（诂）〔言〕[一]云："宣、旬，遍也。"说文训"里"之"勹"，实即此字。后世不识，乃读若"包"。殊不知

---

① 选自王国维《观堂集林》（卷第六·艺林六）。

"勹"乃"旬"之初字。"軥"字从车、从勹，亦会意兼形声也。

校勘记

［一］"释诂"，依尔雅当作"释言"。

释　西①

卜辞屡见◻、◻诸字，余谓此"西"字也。说文"西"字注云："日在西方而鸟栖，象鸟在巢上。"◻、◻二形，正象鸟巢。王复斋钟鼎款识有箕单卣，其文作◻，象鸟在巢下，而以毕掩取之。又箕单父丙爵有◻字，则省鸟存巢；手执干鼎之◻字，则省巢存鸟。可知◻字实象鸟巢，即"巢"之古文，似当从◻在木上，而⫞则象鸟形。篆体失之。若说文训"缶"之"◻"字，则古作◻，与◻字有别矣。

---

① 选自王国维《观堂集林》（卷第六·艺林六）。

释　物[①]

卜辞云："丁酉卜，即贞，后祖乙古十牛。四月。"又云："贞后祖乙古物。四月。"戬寿堂所藏殷虚文字第三页。又云："贞贲十勿牛。"殷虚书契前编卷四第五十四页。前云"古十牛"，后云"古物"，则"物"亦牛名。其云"十勿牛"，亦即"物牛"之省。说文："物，万物也。牛为大物，天地之数起于牵牛，故从牛，勿声。"案：许君说甚迂曲。古者，谓杂帛为"物"，盖由"物"本杂色牛之名，后推之以名杂帛。诗小雅曰："三十维物，尔牲则具。"传云："异毛色者三十也。"实则"三十维物"与"三百维群"、"九十其犉"句法正同，谓杂色牛三十也。由杂色牛之名，因之以名杂帛，更因以名万有不齐之庶物。斯文字引申之通例矣。

---

① 选自王国维《观堂集林》（卷第六·艺林六）。

 金 文

两周金石文韵读[①]

自汉以后，学术之盛无过于近三百年。此三百年中，经学、史学皆足陵驾前代。然其尤卓绝者，则在小学。小学之中，如高邮王氏、栖霞郝氏之于训诂，歙县程氏之于名物，金坛段氏之于说文，皆足以上掩前哲。然其尤卓绝者，则为韵学。古韵之学，自昆山顾氏、而婺源江氏、而休宁戴氏、而金坛段氏、而曲阜孔氏、而高邮王氏、而歙县江氏，作者不过七人，然古音廿二部之目，遂令后世无可增损。故训诂、名物、

---

① 本文撰成於一九一七年，刊於學術叢編第二十一册，後收入羅振玉海寧王忠愨公遺書和趙萬里海寧王静安先生遺書。文中之序曾單收入觀堂集林，文字有修改，且易名爲周代金石文韻讀序。今以趙氏遺書本爲底本，校以中國國家圖書館所藏手稿本。

文字之学，有待于后人者尚多；至古韵之学，则谓之前无古人、后无来者可也。原斯学所以能完密至此者，以其所治者不过三百篇及群经、诸子有韵之文，其治之之法，不外因乎古人声音之自然，其道甚简而其事有涯。以甚简入有涯，故数传而遂臻其极也。余比年读三百篇，窃叹言韵至王、江二氏殆毫发无遗憾；惟音分阴、阳二类，当从戴、孔；而阳类有平无上、去、入，当从段氏。前哲所言，固已包举靡遗，因不复有所论述。惟前哲言韵，皆以诗三百五篇为主，余更搜周世韵语见于金石文字者，得数十篇。中有杞、鄫、许、邾、徐、楚诸国之文，出商、鲁二颂与十五国风之外；其时亦上起宗周，下讫战国，亘五六百年，然其用韵与三百篇无乎不合。故即王、江二家部目，谱而读之，虽金石文字用韵无多，不足以见古韵之全，然足证近世古韵学之精密。自其可征者言之，其符合固已如斯矣。丁巳八月海宁王国维。

宗周钟

王肇遹相文武，堇疆土。南国服孳敢陷虐我土，王辜伐其至，戮伐厥都。鱼部。服孳乃遣闲来逆邵王，南夷东夷具见，廿有六邦。惟皇上帝百神，保余小子，朕猷有成亾兢。我惟司配皇天，王对作宗周宝钟。仓仓蒠悤，铣铣雝雝，用邵各不显祖考先王。其严在上，熊熊數斁，阳、东二部合韵。降余多福，福余孝孙，三寿惟喇，案：晋姜鼎云“三寿惟利”。此疑亦利字，利在脂部，与之部合韵。㝬其万年，畯保三国。之部。

秦盄和钟

秦公曰：不显朕皇祖受天命，灶有下国。十有二公不㒸，在上严龚寅天命，保业厥秦，真部。㒸在脂部，脂、真对转。虩事蛮夏。曰：余

虽小⊙，穆穆帅秉明⊙，叡毕明刑，虔敬朕⊙，以受多⊙。□和万民，
嗥夙夕剌剌趄趄，万姓是⊙。咸畜百辟胤⊙，蠚蠚文武，鋇静不廷，柔
燮百邦，于秦执⊙。之部。作盉和钟，厥名曰□邦。其音铣铣雕雕孔
⊙，以卲䚽孝⊙，以受纯鲁多厘眉寿无⊙。畯惠在位，高弘有⊙，匍
有四⊙。阳部。邦字亦疑东、阳合韵。永宝，宜。宜字无韵。

齐侯鎛钟

惟王五月，辰在戊寅，师于□潜。公曰："女及[一]，余至乃先祖，
余既尃乃心。女小心畏忌，女不坠，夙夜宦执而政事，余弘猷乃心。余
命女政于朕三军，肃成朕师旅之政德，谏罚朕庶民，左右毋讳。"及不敢
弗敬戒虔卹厥死事，毄和三军徒□，雩厥行师，督中厥罚。公曰："及，
女敬共辝命，女应□公家，女娄劳朕行师，女肇敏于戎攻。余锡女厘都
□、□，其□二百。余命女嗣辝厘邑造，或徒四千，为女敌寮。"及敢用
拜稽首，弗敢不对敡朕辟皇君之锡休命。公曰："及，女康能乃九事□乃
敌寅，余用登屯厚乃命。女及母曰'余小子'，女毕余于囏卹，虔卹不
易，左右余一人。余命女戚正卿，为大事，□命于外内之事，中尃盈刑。
女以尃专戒公家，应卹余于盈卹。女以卹余朕身。余锡女车马戎兵，厘
仆三百又五十家，女以戒戎作。"及用或敢再拜頴首，应受君公之锡光，
余弗敢废乃命。以上无韵。及典其先旧及其高⊙，虩虩成唐，有严在帝
⊙，尃受天命，□伐顗同，案此字宜有韵，作"同"者疑摹刻之讹。敷
厥灵师，伊小臣惟⊙，咸有九州，处禹之⊙。不显穆公之孙，其配戴公
之妣，而缄公之⊙，雩生叔及，是辟于齐侯之⊙，是小心龚遭，灵力若
⊙，董劳其政事，有共于公⊙。□靁吉金玄镠错⊙，用作铸其宝⊙。
鱼部。用享于其皇祖、皇妣、皇母、皇⊙，用旂眉⊙，灵命难⊙。幽

部。不显皇㊀，其作福元孙，其万福屯㊀，和协而九事，俾若钟㊀，外内□辟，□□礜礜，鱼部。造而朋剿，毋或承穎。**此处无韵，疑有讹。**女考寿万㊀，羕保其㊀，**真部。**俾百斯男而执斯㊀。肃肃义政，齐侯左㊀，毋疾毋㊀，**之部。**至于叶曰：武灵成。子孙羕保用享。**无韵。**

齐子仲姜鎛

惟王五月初吉丁亥，齐辟鼝叔之孙、遹仲之子□作子仲姜宝鎛，用蕲侯氏永命万㊀。綸保其㊀，**真部。**用享用孝于皇祖圣叔、皇妣圣姜，于皇祖有成惠叔、皇妣有成惠姜、皇考遹仲、皇母，用蕲寿考毋㊀，保虘兄㊀，**脂部。**用求□命弥㊀，肃肃义㊀，保虘子㊀。**耕部。**鼝叔有成劳于齐邦，侯氏锡之邑二百九十有九邑，与□之民人都鄙。侯氏从告之曰："枼万至于辝孙子，勿或它□。"鼝子□曰："余弥心畏㊀，余四事是㊀，余为大攻□、大㊀、大都、大寈是㊀，**之部。**可使子孙永保用享。"

许子钟

惟正月初吉丁亥，鄦子膳师霝其吉金自作铃钟，中□虘㊀，元鸣孔㊀，**阳部。**穆穆和钟，用宴以㊀，用乐嘉宾、大夫及我朋㊀，敔敔趎㊀，万年无㊀，眉寿无㊀，子子孙孙永保鼓㊀。**之部。**

郏公牼钟

惟王正月初吉，辰在乙亥，郏公牼霝其吉金，玄镠卢㊀，自作和钟。曰：余翼恭威㊀，铸辝和钟二㊀，以乐其身，以匽大㊀，**鱼部。**以喜诸

⬚，至于万年，分器是⬚。之部。

邾公华钟

惟王正月初吉乙亥，邾公华羁其吉金，玄镠赤炉，用铸厥和钟，以作其皇祖皇考。曰：余翼龚威⬚，怒穆不坠于厥身，铸其和钟，以卹其祭〔祀盟〕[二]⬚，以乐大夫，以匽士庶⬚。昚为之听，元器其旧⬚，之部。公眉⬚，邾邦是⬚。幽部。其万年无⬚，子子孙孙永保用⬚。阳部。

俦儿钟

惟正九月初吉丁亥，曾孙俦儿，余达斯于之孙，余丝佫之元子，曰：于虖，敬哉！余义楚之良臣，而□之字⬚，余□□儿歧吉金镈⬚，以铸和钟，以追孝先⬚，乐我父兄，饮食诃⬚。孙孙用之，后民是⬚。鱼部。

沇儿钟

惟正月初吉丁亥，馀王庚之怒子沇儿，羁其吉金，自作和钟，中□虘⬚，元鸣孔⬚。阳部。孔嘉元⬚，用盘饮酒，和会百⬚，耕部。怒于威义，惠于盟⬚，龢以匽以⬚，以乐嘉宾，及我父兄庶⬚。皇皇淐⬚，眉寿无⬚，子子孙孙永保鼓⬚。之部。

王孙遣诸钟

惟正月初吉丁亥，王孙遣诸羁其吉金自作和钟。中□虘⬚，元鸣孔皇。阳部。用享以⬚，于我皇祖文⬚，用薪眉⬚。幽部。余□龚桼辟，畏忌趩⊙。肃哲圣武，惠于政⊙，怒于威义，诲□不⊙。阑阑和钟，用匽以⊙，用乐嘉宾、父兄及我朋⊙。余恁□心，延□余⊙，和弘民人，余専扬于⊙。皷皷趄⊙，万年无⊙，枼万孙子，永保鼓⊙。之部。

子璋钟

惟正十月初吉丁亥，群孙斨子子璋霁其吉金自作和钟，用匽以⊙，用乐父兄诸⊙，其眉寿无⊙，子子孙孙永保鼓⊙。之部。

邨钟

惟王正月初吉丁⊙，邨□曰："余翼公之孙，邨伯之⊙，之部。余頡□事君，余罟孔⊙。作为余钟，玄镠铲⊙，大钟八肆，其寵假为"簧"字。四⊙。乔乔其龙，既旉豈□。此处当有韵。大钟既和，玉镶⊙鼓。鱼部。余不敢为乔，我以享⊙，乐我先祖，以祈眉⊙。子子孙孙永以为⊙。幽部。

右钟十二

毛公旅鼎

毛公𣂏鼎亦惟敨我用⊙，厚罘我⊙，朕其用⊙。之部。案：上为朋友之友，下督为孝友之友。亦弘惟⊙，肆毋有弗諐，是以寿⊙。幽部。

中师父鼎

中师父作季妓姒宝尊鼎，其用享用⊙，于皇祖帝⊙，用锡眉⊙无⊙，其子孙万年永⊙幽部。用圉。阳部。

叔夜鼎

叔夜铸其馈鼎，以征以〇，用饐用〇，用薪眉寿无〇。阳部。

簠鼎

惟正月初吉辛亥，鄩□之孙簠大事神作其造鼎，十用征以〇，以御宾〇，子孙是〇。鱼部。

右鼎四

陈公子甗

惟九月初吉丁亥，敶公子子叔原父作旅献，用征用〇，用鬻稻〇，用薪鼎寿，万年无〇，子子孙孙是〇。阳部。

右甗一

剌公敦

白楒卢肇作皇考剌公尊敦，用享用〇，万年眉〇，畯在位，子子孙孙永〇。幽部。

丰伯车父敦

丰伯车父作尊敦，用薪眉寿，万年无〇，子孙是〇，子孙之宝，用孝用享。阳部。

陈逆敦

□月丁亥，陈氏裔孙逆作为□祖大宗敦，以贀羕命湄〇，子孙是

⬚。幽部。

陈侯午敦

惟十有（三）〔四〕[三]年，陈侯午以群诸侯献金，作皇妣孝大妃祭器镈錞，以蒸以⬚，保有齐⬚，永枼□忘。阳部。邦字东、阳合韵。陈侯因齐敦末四句用韵，曰："以蒸以尝，保有齐邦，世万子孙，永为典尚。"亦以邦与尝、尚韵。

右敦四

曾伯霖簠

惟王九月初吉庚午，曾伯霖悊圣元武，元武孔⬚，此字不可识，宜韵。克狄淮夷，印燮繁⬚，金道锡⬚，具既卑⬚。阳部。余霋〔其〕[四]吉其金黄⬚，余用自作旅⬚，鱼部。以征以⬚，用盛稻⬚，用孝用⬚，于我皇（祖）[五]文考。天赐之福，曾伯霖遐不黄耇万年，眉寿无⬚，子子孙孙永宝用之⬚。阳部。

弳仲簠

弳仲作宝⬚，弄之金□□镁⬚。鱼部。其□其玄其⬚，用盛术稻糕⬚。阳部。用乡大⬚，歆王⬚，耕、真合韵。馈具召⬚。弳仲受无疆⬚，之部。诸友飨飤具⬚，弳仲卑寿。幽部。

郑大司工簠

郑伯大司工召叔山父作旅簠，用享用⬚，用匄眉⬚，子子孙孙用为

永 ⬚。幽部。

郑大宰簠

惟正月初吉，郑大宰朴子剖铸其馈匼，曰："余囗龚孔 ⬚，其眉寿以 ⬚，万年无 ⬚，子子孙孙永宝用 ⬚。"之部。惠字在脂部，与之部合韵。

叔家父簠

叔家父作仲姬 ⬚，用盛稻 ⬚，用速先嗣诸 ⬚，用薪眉考无 ⬚，哲德不 ⬚，孙子之 ⬚。阳部。

叔邦父簠

叔邦父作簠，用征用 ⬚，用从君 ⬚，子子孙孙其万年无 ⬚。阳部。

史冘簠

史冘作旅 ⬚，从王征 ⬚，用盛稻 ⬚，其子子孙孙永宝用 享。阳部。
右簠七

迟簋

辥作姜溴簋，用享孝于姑 ⬚，用薪眉寿屯鲁，子子孙孙永宝 ⬚。东部。
右簋一

夌季良父壶

夌季良父作媵姒尊壶，用盛旨 ⬚，用享 孝于兄弟昏冓诸 ⬚，用薪匄

眉 ⟨寿⟩，其万年霝终难 ⟨老⟩，子子孙孙是永 ⟨宝⟩。幽部。

召仲考父壶

惟六月初吉丁亥，召仲考父自作壶，用祀用 ⟨享⟩，多福滂 ⟨滂⟩，用薪眉寿，万年无 ⟨疆⟩，子子孙孙永保是 ⟨尚⟩。阳部。

右壶二

虢季子白盘

惟十有二年正月初吉丁亥，虢季子白作宝盘。不显子白，庸武于戎工，经缵四 ⟨方⟩。搏伐玁狁于洛之 ⟨阳⟩，折首五百，执讯五十，是以先 ⟨行⟩。趄趄子白，献馘于 ⟨王⟩，王孔嘉子白义。王格周庙宣榭，爰 ⟨飨⟩。王曰："伯父孔顯有 ⟨光⟩。"王锡乘马，是用左 ⟨王⟩；锡用弓、彤矢，其 ⟨央⟩；锡用戉，用政蛮 ⟨方⟩。子子孙孙万年无 ⟨疆⟩。阳部。

齐侯盘

齐侯作胜朁□孟姜盥盘，用薪眉寿，万年无疆，它它婜 ⟨婜⟩，男女无 ⟨期⟩，子孙永傃用 ⟨之⟩。之部。

归父盘

惟王八月丁亥，齐大宰归父□为□颊盘，以靳眉 ⟨寿⟩，灵命难 ⟨老⟩。幽部。

右盘三

曩公匜

曩公作为子叔姜盥匜，其眉寿万 ⟨年⟩，永保其 ⟨身⟩。真部。它它熙 ⟨熙⟩，受福无⊡，子孙永保用⊡。之部。

孟姜匜

□叔作朕子孟姜盥匜，其眉寿万⊡，永保其⊡。真部。沱沱熙⊡，男女无⊡，子子孙孙永保用⊡。之部。

右匜二

丧史鉼

丧史貣自作鉼，用征用⊡，用蕲眉寿，万年无⊡，子子孙孙永宝是⊡。阳部。

右不知名器一。凡金识共三十有七。

石鼓文

甲鼓

避车既⊡，避马既⊡。东部。避车既⊡，避马既⊡。君子员邋，员邋员⊡。麀鹿速速，君子之⊡。幽部。□□角弓，弓兹以⊡，避敺其⊡，其来趞⊡，□□儌⊡，即避即⊡。之部。麀鹿速⊡，其来大□。我敺其⊡，其来遺⊡，射其豜⊡。侯部。"麀鹿速速"之速，当从上作速，速字正与朴、遺、蜀为韵、速从束声，当在支部。

乙鼓

汧殹沔⊡，烝彼淖渊。真部。鰋鲤⊡之，君子⊡之。鱼部。満有小鱼，其旅蜼蜼。帛鱼鱳⊡。其蓝氏⊡。黄帛其⊡，又鳟又⊡。元部。其朔孔⊡，蠡之𡣬𡣬，汪汪趮⊡。鱼部。其鱼佳可，佳鰅佳⊡。可以橐之，佳杨及⟨柳⟩。之部。柳字在幽部，与之部合韵。

丙鼓

田车孔⟨安⟩，鋚勒□□，□□既⟨简⟩，左骖⟨旛⟩，右骖⟨騜⟩，我以隮于⟨原⟩。元部。避戎止阤，宫车其⟨写⟩，秀弓持⟨射⟩，麋豕孔⟨庶⟩，麀鹿雉⟨兔⟩。鱼部。其□又⟨庶⟩，其□⟨庶⟩，真、文合韵。大□出⟨各⟩，亚□□吴□，执而勿⟨射⟩。鱼部。多庶逯⟨逯⟩，君子逌⟨乐⟩。宵部。

丁鼓

□□銮⟨车⟩，峯欶盲□。□弓孔⟨硕⟩，彤矢□□。四马其⟨写⟩，六辔□□。徒驭孔⟨庶⟩，⟨廓⟩□宣⟨搏⟩。鱼部。嘗车⟨飤⟩，□徒如⟨章⟩，原溼阴⟨阳⟩。阳部。嵾嵾□⟨马⟩，射之⟨畔⟩，此字不可识，疑韵。□□□⟨虎⟩，兽鹿如⟨兔⟩。鱼部。案：句末缺字疑是兔字，兽即狩字。此二句虽残缺，意当是"我马如虎，狩鹿如兔"也。□□多贤，迺禽□□，□□允⟨畀⟩。之部。

戊鼓

□□□□，霝雨□⟨流⟩[六]迄湧湧，盈渫□。君子即涉，涉马□⟨流⟩，幽部。汧殹洎⟨洦⟩，蓁蓁□□，舫舟西⟨逮⟩。脂部。□□自⟨廓⟩，徒驭□□，佳舟以衍，或阴或⟨阳⟩。极深以□，□水一⟨方⟩。阳部。□□□⟨止⟩，其奔其敔，□□其⟨事⟩。之部。

己鼓

□□□猷，作原作□。□□，导延我嗣。□□□□□除，帅彼阪□，□□□莫，为世里。□□□微，微微逋罟□□□橐。柞棫其□。□□檄栩，甫甫鸣□，□□□□，亚箬其华，□□□为，所旅蹩□，□□垫导。二日叙□，□□五日。案：此鼓残缺，不能得其韵。可知为韵者，惟里、罟、栩三字耳。

庚鼓

□□□而□。弓小大孔庶，□□□□□□□左□□□滔滔是戜□□□不具□□□□具肵来□□其写小大具□□□□，天子□□。嗣王□□，古我来□。案：此鼓无韵可读。

辛鼓无韵可读。

壬鼓

邀水既 ⊕，□导既 ⊕。耕部。邀□既 ⊕，嘉叙则 ⊕，之部。天子永 ⊕，日隹丙 ⊕，耕、真合韵。昱□□ ⊕，邀其奥 ⊕，幽部。□马既迪，敊□康康，驹弇□□，左骖□□，□□駛駛，驱□□□，母不□□。□轮霥□□□。公谓大□，余及如□□，害不余 ⊗。缉部。

癸鼓

吴人慭□，□夕敬□。鼫西鼫北，勿□勿 ⊕。祭部。□而□□，□兽用□。□□□□，□□大祝。□曾□□𡼐，□□杙寓逢，中圈孔□，□鹿□。邀 其□□，□龖龖。大 □□□□，□□ 求 ⊗。□□□□，□□□ ⊕。之部。

校勘记

［一］"及"应释为"尸（夷）"，指齐灵公之臣叔夷。下同。

［二］原文佚二字。今据原器铭文补。

［三］据原器铭文改。

［四］据原器铭文补。

［五］原器铭文无"祖"字。

［六］"流"字现一般作下读，为"霝雨□，流迄湧湧"。

观堂古金文考释①

毛公鼎铭考释②

三代重器存于今日者，器以盂鼎、克鼎为最巨，文以毛公鼎为最多。此三器者皆出于道、咸之后，而毛公鼎首归潍县陈氏，其打本、摹本亦

① 本書收録王國維有關古金器銘文考釋五篇，寫作時間在一九一五年至一九二六年間。其中毛公鼎銘考釋、不娶敦蓋銘考釋兩篇王氏生前曾公開發表，另三篇僅作爲清華國學研究院講義印發過。王氏卒後，始集爲觀堂古金文考釋五卷，刊入羅、趙兩家所編遺書。本次點校即以趙氏遺書本爲底本。

② 此篇作於一九一六年，初刊於學術叢編第四册，序文又收入觀堂集林卷六。一九二六年，王氏在清華國學研究院授課時復修訂爲講義印發。卒後，作爲觀堂古金文考釋之一，刊入羅、趙兩家所編遺書。講義本修訂之文絶大部分見於此。

最先出。一时学者竞相考释。嘉兴徐籀庄明经同柏、海丰吴子苾阁学式
芬、瑞安孙仲容比部诒让、吴县吴清卿中丞大澂先后有作。明经首释是
器有凿空之功，阁学矜慎，比部闳通，中丞于古文字尤有县解。于是此
器文字可读者十且八九。顾自周初讫今垂三千年，其讫秦汉亦且千年。
此千年中文字之变化脉络不尽可寻，故古器文字有不可尽识者，势也。
古代文字假借至多，自周至汉音亦多变。假借之字不能一一求其本字，
故古器文谊有不可强通者，亦势也。从来释古器者，欲求一字之无不识，
一谊之无不通，而穿凿附会之说以生。穿凿附会者，非也；谓其字之不
可识、谊之不可通而遂置之者，亦非也。文无古今，未有不文从字顺者。
今日通行文字，人人能读之，能解之。诗、书、彝器亦古之通行文字，
今日所以难读者，由我辈之知古代不如知现代之深故也。苟考之史事与
制度文物，以知其时代之情状；本之诗、书，以求其文之谊例；考之古
音，以通其谊之假借；参之彝器，以验其字之变化。由此以至彼，即甲
以推乙，则于字之不可识、谊之不可通者，必间有获焉。然后阙其不可
知者，以俟后之君子，则庶乎其近之矣。孙、吴诸家之释此器，亦大都
本此方法，惟用之有疏密，故得失亦准之。今为此释，于前人之是者，
证之；可疑者，阙之；不备者，补之。虽较之诸前辈所得无多，然可知
古代文字自有其可识者与可通者，亦有其不可识与不可强通者，而非如
世俗之所云云也。丙辰四月。

　　王若曰："父厝，不显文武，

　　书文侯之命："王若曰：'父义和，丕显文武。'"

　　皇天弘猒厥德，

　　书洛诰："万年猒乃德。"齐侯镈钟："余弘猒厥心。"

　　配我有周。

　　配，对也。自人言之，则曰"配天"，曰"配命"，曰"配上帝"；
自天言之，则曰"配我有周"矣。

惟受大命，

史记周本纪："王再拜稽首，曰：'膺受大命。'"此本逸周书克殷解，今克殷解夺此语。鼎文"膺"作⿰，即说文"雁"字。其字从⿰下佳，从人，从⿰，⿰之侧视形也。何以证之？如"昊"字，殷虚卜辞作⿰，殷虚书契前编卷四第九页。作⿰，同上卷七第四十三页。皆从日，从矢，日在人侧，日昊之意也。而鄂侯驭方鼎之⿰字，则从⿰，作⿰之本谊为朝宴，从昊、从女会意。是⿰、⿰字亦作⿰。篆文之⿰，则由⿰而变。"匽"与"宴"亦由⿰而变也。又此鼎⿰字，即说文"医"字。说文"医"从匸。然石鼓文"汧殹"之"殹"，从医，其直上出，乃⿰之变形。篆文之医，则又由医而变，犹"匽"之由⿰而变矣。古象形之字，或作正视形，或作侧视形，往往随意，且视字之结构而变。知⿰、⿰之可作⿰，则无惑乎⿰之可作⿰矣。⿰，从亦下佳。古人养雁常在臂亦间，故从此会意，且"亦"、"雁"双声字，谓之"亦亦声"亦可。篆文作"雁"，乃有"瘖省声，人声"之说，失之远矣。鼎文假为"应"字。益公敦"应受大命"，亦如此作。

衔襄不廷方，亡不闬于文武耿光。

衔，古或作⿰，盂鼎。或作⿰，师寰敦。尚书作"率"，词也。诗大雅："幹不庭方。"书立政："以觐文王之耿光。"

唯天⿰集厥命，

⿰，未详。虢季子白盘作⿰。其文曰："⿰武于戎工。"诸家释为"庸"。然余见丹徒刘氏所藏一编钟，其铭有"舍武于戎工"语。古器文句颇有相袭者，则"⿰"、"舍"似一字。案：殷虚卜辞有⿰殷虚书契前编卷七第三十一页。字。古⿰、⿰二字，皆象盛物之器。则其字与⿰、⿰二字之意相同，或是一字。古"簠簋"之"簠"，多从"舍"，作⿰、⿰、⿰诸形。而上虞罗氏所藏⿰白簠作⿰，则⿰疑亦"舍"之异文，或与"舍"

字音读略同。"惟天舍集厥命"[一]，书文侯之命云："惟时上帝，集厥命于文王。"

亦唯先正🐾辥厥辟，

书文侯之命："亦唯先正克左右昭事厥辟。"🐾，未详。吴中丞释为"克"。案：公伐郐钟厥及公伐郐鼎"攻战克敌"之"克"皆作🐾，散氏盘"㪤"字作🐾，从🐾。吴盖本之。然🐾字实与克鼎🐾字形尤相近，而克鼎又自有"克"字作🐾，则释🐾为"克"者，殆非也。辥，古"乂"字，金文多用此字。此鼎云"🐾辥厥辟"，又云"辥我邦我家"；克鼎云"辥王家"，又云"保辥周邦"；宗妇敦云"保辥鄁国"；晋邦盦云"保辥王国"。或作"辥"，或作"辥"，其谊皆同。案说文解字辟部："𤕟，治也。从辟，乂声。虞书曰：'有能俾𤕟。'"是壁中古文"乂"作"𤕟"。"辟"与"辥"形相似，字本作"辥"，后讹为"辥"。后人又因"辟"读与"辥"读不同，故于"辥"下加"乂"以为声，古读"辥"如"櫱"，说见下。辥、乂，双声字。[二]又省作"乂"。书君奭之"用乂厥辟"，即此鼎之"□辥厥辟"；"巫咸乂王家"，即克鼎之"辥王家"也。康诰之"用保乂民"，多士、君奭之"保乂有殷"，康王之诰之"保乂王家"，诗小雅之"保艾尔后"，"保乂"、"保艾"，即克鼎、宗妇敦、晋邦盦之"保辥"也。考说文辛部："辥，辠也。从辛，𡴆声。"又𠂤部："𡴆，危高也。从𠂤，中声，读若'桌'。"余案："𡴆"盖"辥"之省，观危高之训与"桌"之读，乃"巀辥"之"辥"之假借字，虽与"辥"同声，而"辥"之声决非由此得，当从"辛"得声。又"辥"字所从之"辛"，其谊为"乂"，其形则非辛、非辛。说文"辛"、"辛"分为二字，辛部云："辛，辠也。从干、二。二，古文'上'字，读若'愆'。"又辛部："辛，从一，〔从〕[三]辛。辛，辠也。"罗参事振玉殷虚书契考释云："说文分辛、辛为二部。卜辞只有'辛'字，凡十干之'辛'皆作'辛'。古金文始有作'辛'者，其实无别，盖本一字。许君以'童'、'妾'二字隶辛部，而辛部诸字若'辠'、'辜'以下，无一不含'辛'谊，是不当分为二部明矣。"案：参事谓辛部"辠"、"辜"以下诸字皆当入辛部，其说甚确。惟谓"辛"、"㐬"一字，则颇不然。余谓十干之"辛"自为一字，其字古文作㐬，作㐬，或作；训辠之"㐬"又自为一字，其字古文作㐬，作㐬，作㐬，作。此二字之分不在画之多寡，而在直之曲直。何以证之？凡古文"宰"、"辟"、"䇂"、"辞"、"章"诸字，皆从㐬或㐬作，其中直皆折而左，无一从㐬若㐬作者。惟"童"、"妾"、"言"、"㒼"诸字，㐬在字上，其左折之迹不可见。又殷虚卜辞有㐬字，殷虚书契前编卷五第二十一页及卷六第二十九页。说文口部："㖕，语相诃𧦝也。"是篆文之"㐬"亦或作。又卜辞有㐬字，同上，卷六第四及第十页。从自，从㐬，当即"辥"字。而卜辞从㐬，金文从㐬，知㐬、㐬一字。兮田盘："王命田政辪成周四方责。"辪，从𨸏、㐬，即篆文从𨸏、辛之"辥"。"政辥"即"政辪"之假借。知㐬乃㐬之繇文，"㐬"、"㖕"又一字矣。然则"辛"本作㐬，后变为㐬，与说文"辛"、"㐬"二字皆异体也。其音当读如"㮤"，不如"愆"。何以证之？曰：凡说文从辛、从㐬之字，其音多与"㮤"近。口部："㖕，从口、㐬，读若'㮤'。"案："㐬"、"㖕"一字，则㐬亦当读若"㮤"。言部："言，从口，㐬声。"此"㐬声"者，许君意盖于"愆"之叠韵求之，其实当于双声求之。"言"者，㐬㮤之双声也。又木部："㮤，伐木余也，从木，献声。商书曰：'若颠木之有㘛㮤。'㮤，㮤，或从木，辥声。栞，亦古文㮤。"此字又或作"梓"，说文马部"㘛"字下引商书"若颠木之有㘛梓"。书盘庚释文"㮤本又作'梓'"。"栞"与"梓"，皆字之误。其字本当作梓，从木，㐬声。宜都杨氏影写日本本未改字，商书、盘庚"梓"字正作"梓"。后世因"桐梓"之"梓"，省宰从辛，与此相混而改之，遂失其声。"㐬"、"㐬"与"㮤"虽为同部字，然"辛"与"㮤"则同部而又双声也。又豕部："㒸，从豕、辛。"而殳部"毅"字，以㒸为声。㒸、辛双声，盖会意兼形声字[四]。此皆"辛"读若"櫱"，不读若"愆"之明证也。"辛"字之形与音既定，则"辥"之形与音从之。其字，殷虚卜辞作𤔔，从自，从𠂤，与"辟"从人、从辛同意。"辟"之古文从人。凡说文从卩之字，古文皆从人作，释为卩者，误也。自者，众也。金文或加从止，盖谓人有辛自以止之，故训为治。此鼎[五]变"止"为"屮"，与小篆同。"屮"者，"止"之讹，犹"奔"字本从三"止"，盂鼎。后变而从三"屮"克鼎及石鼓文。矣。"辥"从辛得谊，兼以为声，故辥声之字，如"辪、櫱、糵、薛、蠥、孹"等，皆读如"枲"，与"奇"同音，与"言"、"豪"等字为双声。此又"辛"、"辥"同读之证也。"辥"读如"枲"，故古亦借"乂"为之。说文分部虽误，然就诸字音、谊求之，尚可得其脉络。世有好学深思心知其意者，或不以此说为诞也。

劳董大命，

劳，鼎文作𤔲，象两手奉爵形。单伯钟"劳董大命"，录伯敦盖"有劳于周邦"，字皆如此作。古之有劳者，奉爵以劳之，故从两手奉爵。齐子仲姜镈"窴叔有成劳于齐邦"，齐侯镈钟"董劳其政事"，字又作𤔲，则与小篆"劳"字为近矣。董，古以为"勤"字。

肆皇天亡斁，临保我有周，

斁，古"肄"字，诸家读为"肆"。案：聘礼记"问大夫之币，俟于郊，为肆"，注："古文'肆'为'肄'。"则古"肆"、"肄"二字通。斁，诸家读为"斁"。案：无斁，古通作"无射"。斁，从目，从矢，矢著目上，意亦为射。殷虚卜辞有此字。**殷虚书契前编卷五第九及第三十九页**。此云"肆皇天亡射，临保我有周"，与诗大雅"不显亦临，无射亦保"语意正同。临，犹"保"也。大雅云："上帝临女。"又云："上帝不临。"

不巩先王配命。

不巩，孙比部读为"丕鞏"。诗大雅云："藐藐昊天，无不克鞏。"

又云："永言配命。"

畏天大畏，

畏天大畏，吴中丞读为"旻天疾威"。𡗜，古文"医"字，说见上。疑"疾"之本字，象人亦下箸矢形。古多战事，人箸矢则疾矣。

司余小子弗伋，邦𡥈害吉？𠚢𠚢四方，人从不静。乌虖！蠲余小子家湛于囏，永巩先王。"王曰："父厝！余唯肇巠先王命，命女辥我邦我家内外，𢘏于小大政，

𢘏，读为"蠢"。蠢，作也，出也。见下。

𡥈朕立，

𡥈，未详。立，古文以为"位"字。番生敦云："𡥈王立。"

虩虩许许，

易"震（雷）〔来〕[六]虩虩"，郑注："虩虩，恐惧貌。"许许，犹"虩虩"也。

上下若否[七]，

若，顺也。书盘庚："今我既羞告尔于朕志若否。"诗大雅："邦国若否。"

雩四方死母童。

雩，古"粤"字。小篆作"粤"，犹"霸"之讹为𩇾说文古文如此作。矣。死，古文以为"尸"字。尸，主也。盂鼎云："迺绍夹死嗣戎。"追敦云："追虔夙夕卹厥死事。"母童，诸家读为"毋动"。

余一人在位，弘唯乃智余非，享又昏[八]，

弘，词也。书大诰："洪惟我〔幼〕[九]冲人，嗣无疆大历服。"多方："洪唯图天之命。"享，古文"墉"字。此字殷虚卜辞作𩫏，此鼎作𩫏，齐国差甔作𩫏，召伯虎敦作𩫏，拍尊盖作𩫏。小篆之𩫆字、𩫠字，皆由此变。说文𩫖部："𩫆，度也，民所度居也。从回，象城郭之重，两亭相对也。或但从口。"又土部："墉，古文墉。"又亯部："𩫠，用也。从亯，从自。

古"鼻"字。自知臭香段注以"香"为"亯"之讹，是也。所食，读若'庸'。"同是许君，谓"亯"字有二音、二谊；篆文为"郭"，古文为"墉"。又分"亯"、"𩫖"为二字，其实本是一字。𩫖为𩫖之讹变，犹𩫖为𩫖之讹变，其迹甚明。而由说文"𩫖"字之读，又可知"亯"本古文"墉"字，小篆以为"城郭"字，失之矣。以是言之，召伯虎敦之"仆𩫖土田"，即诗鲁颂之"土田附庸"，左氏传之"土田陪敦"也。古"仆"、"附"、"陪"三字同音，"附"作"仆"、作"陪"者，声之通"亯"；作"敦"者，字之误也。国差𤭯之"西亯宝𤭯"，即"西墉宝𤭯"也。然则"亯"本"墉"字，此假为"庸"。魏三字石经"庸"作"𩫖"。敦煌本未改字，尚书释文云："登庸，古作𩫖。"昏，鼎文作𧌒，诸家释为"昏"，是也。

女毋敢妄宁，

妄宁，孙比部、吴中丞读为"荒宁"，是也。书无逸："不敢荒宁。"文侯之命："毋荒宁。"

虔夙夕惠我一人，雒我邦小大猷，

书文侯之命："越小大谋猷。"

母折威，告余先王若德，

折威，未详。若，顺也。书康诰："弘于天，若德。"诗大雅："其维哲人，告之话言，顺德之行。"

用卬卲[一〇]皇天。

卲，昭也，绍也。诗大雅："于昭于天。"书召诰："王来绍上帝。"

𧄹�大命，

𧄹𨦣，未详。𧄹字，金文中屡见。其字从𧅄，从𤰆。𤰆，疑古"𡎏"字。古从土之字，亦或从田作。如"封"、"邦"一字，而或从土作"𡉚"，或从田作"𡇈"。此二字上从屮，皆"丰"之讹。则"𡎏"亦可作"𤰆"。𧄹从𧅄，从𤰆，殆即说文"𦃃"字。陈侯因𦖞敦"卲𦈫高且即

'祖'字。"已从糸作，盖由"䌛"变"練"，由"練"变"緟"。说文糸部："緟，增益也。"增益之谊，正与诸彝器"䌛"字谊合。

康能四国俗，

齐侯鎛钟："女康能乃九事。"

我弗作先王。"

，徐明经、吴中丞释为"颠"，吴阁学、孙比部释为"㥑"。余疑即古"羞"字，象以手掩面之形，殆"羞耻"之本字也。书康王之诰"毋贻[一一]鞠子羞"，春秋左氏传"毋作神羞"，与此文例正同。[一二]

王曰："父厝！雩之庶出入事于外，

事，孙比部读为"使"。

尃命尃政，

诗大雅："赋政于外。"商颂："敷政优优。"

䵼小大楚赋。

书多方："越惟有胥伯小大多政，尔罔不克臬。"尚书大传作"越惟有胥赋小大多正"。困学纪闻卷二引。"楚"与"胥"皆疋声，"楚赋"即"胥赋"矣。"䵼"、"臬"声相近。

无唯正昏，弘其唯王乃，智唯是丧我国。历自今，出入尃命于外，厥非先告父父厝，厝舍命，母又敢恭尃命于外。"

诗郑风："舍命不渝。"舍，读为"舍矢"、"舍筭"之"舍"，舍之言"释"也。克鼎"王使善夫克舍命于成周"是也。恭，读为"蠢"。考工记"则春以功"注："春，读为'蠢'。蠢，作也，出也。"尚书大传、广雅释诂皆云："春，出也。""母又有恭，尃命于外"，即毋有敢出尃命于外也。

王曰："父厝！今余唯䌛先王命，命女亟一方，𢀛我邦我家。

𢀛，古"弦"字。"弦"之作"𢀛"，犹"家"之作"圂"矣。此鼎"家湛于𩰫"，"家"作。

母雝于政，

说文页部：“頉，出额也。”此假为“他”字。

勿雝建光□宫。

建，鼎文作[illegible]，诸家皆释“建”。然说文“建”字与“廷”字俱在廴部，而古金文“廷”字与石鼓文“騝”字所从之“建”字均从乚，不从廴，则此从廴者非“建”字，疑“律”之或作也。光，鼎文作[illegible]，上“庶”字从此。说文于“庶”字、“黄”字下皆云：“[illegible]，古文‘光’。”宫，未详。

母敢龏橐，橐乃敄鳏寡。

敄，吴中丞释为“矜”。诗小雅：“爰及矜人，哀此鳏寡。”

譱效乃友正。

效，教也。友，谓寮属。正，其长也。

母敢[illegible]于酒。女母敢彖在乃服，豳夙夕，吱念王畏不睗。

彖，古文以为“坠”字。服，犹位也。吱，未详。睗，目疾视也。古文以为“赐”（家）〔字〕[一三]。古“锡”、“赐”一字，本但作“易”。虢季子白盘“睗用弓、彤矢，其央；睗用戉，用征蛮方”，则假“睗”为之。曾伯霥簠“金道[illegible]行”，字又从金，从睗。后世因其繁而径改为从金，从易，或从贝，从易，于是有“锡”、“赐”二字矣。赐，尽也。文选西征赋：“若循环之无赐。”注引方言：“赐，尽也。”今本方言连此：“擽、斯，尽也。”戴氏疏证据此改为“铤、赐、擽、斯”，是也。古诗：“枣适今日赐，谁当仰视之。”唐书李密传：“敖庾之藏有时而赐。”谊皆为“尽”。诗大雅：“王赫斯怒”，笺：“斯，尽也。”释文：“斯，郑音‘赐’。”玉篇：“澌，又音‘儩’，水尽也。”广韵：“澌，亦作‘儩’。”是古语谓尽为“赐”，“不赐”犹言“不尽”矣。

女母弗帅用先王作明刑，俗女弗以乃辟[illegible]于囏。”

[illegible]，象倒矢在函中，小篆臽字其讹变也。此假为“陷”字。见余不𡢁

敦铭考释。

王曰："父厝！已曰及丝卿事寮、大史寮于父即尹。

已，词也。书君奭曰："呜呼！君已曰时我。"句法与此同。尹，治也。

命女𢦚𤔲公族，雩参有𤔲、

𢦚字，彝器屡见，未详。参有𤔲，即"三有事"。诗小雅云："择三有事。"又云："三事大夫。"书康诰云："陈时臬事。"又云："陈时臬司。"知"事"、"𤔲"二字古通用矣。"三有𤔲"谓司徒、司马、司空。牧誓云："司徒、司马、司空。"酒诰云："矧惟若畴圻父，薄违农父，若保宏父。"皆以此三司并言。盖古之六卿冢宰，总百官，宗伯治礼，司寇治刑，惟司徒、司马、司空为治民之官，故虽天子之官，亦云"参有𤔲"也。

小子、师氏、虎臣雩朕䙴事，

小子，司马属官。师氏、虎臣，亦掌兵之官。周礼师氏职："使其属帅四夷之隶，各以其兵服守王之门外，且跸，朝在野外，则守内列。"毛诗云汉传："师氏弛其兵。"彔卣云："𠭯淮夷敢伐内国，女其以成周师氏戍于□𠂤。"是师氏主兵也。虎臣，虎贲氏也。䙴事，王近臣。书顾命："师氏、虎臣、百尹、御事。"凡书言"御事"，多与邦君并称，顾命"御事"独在末者，盖即此鼎"䙴事"。"䙴"、"御"声相近。

以乃族干吾王身。

干吾，吴中丞读为"敦敔"。

取𧶠卅爰，锡女𩰫鬯一卣，𨛭圭𤔲宝、

𧶠，未详。𨛭，鄂侯驭方鼎作𠎝，小盂鼎作𢍜、作𢍜。案说文舁部："𢍜，升高也。从舁，囟声。䙴、𢍜，或从卩。"实从人。许君从卩字，古文皆从人。又人部："僊，从人、从䙴，䙴亦声。"案：𢍜，形与𢍜近，其或体"䙴"字，从𢍜、从人，疑即𨛭、𠎝二字。至人部之"僊"，既从冃，又从人，字尤繁赘，实亦“瓚”字也。瓚圭，疑即圭瓚。古秬鬯、圭瓚二者相将。诗大雅：“厘尔圭瓚，秬鬯一卣。”王制：“诸侯，天子赐圭瓚，然后为鬯。”[illegible]宝，未详。

朱市、悤黄、

悤黄，吴中丞释为“蔥珩”。诗小雅：“朱芾斯皇，有瑲蔥珩。”玉藻：“三命赤芾蔥衡。”

玉环、玉瑹、金车、𠦝縟較、

𠦝，吴中丞释为“华”。縟，诗大雅作“幭”；周礼巾车作“褀”，既夕礼古文作“幂”，今文作“幦”；玉藻少仪亦作“幦”；此从糸作“縟”。或从巾，或从糸，其谊一也。毛传：“幭，覆轼也。”郑于二礼“褀”、“幦”注皆云：“覆笭也。”較，诗与考工记皆作“较”，说文作“較”。郑云：“车輢上出轼者是也。”縟为覆轼，此較亦当为覆較之物。续汉书舆服志：“乘舆，金薄缪龙，为与倚较，文虎伏轼。”又：“公、列侯安车，倚鹿较，伏熊轼。”又云：“乘舆，倚龙伏虎。皇太子、诸侯王，倚虎伏鹿。公、列侯，倚鹿伏熊。”所谓“轼”、“较”，均指覆轼、覆较之物。此云“𠦝縟較”，亦谓轼与较，皆以𠦝饰之。师兑敦“金车华較”，不云“縟”，其证也。否则，较为车之两輢，既言“车”，不当别言之矣。

朱嚻冋[illegible]、

朱嚻，师兑敦、吴尊盖均作“朱虢”。孙比部、吴中丞读为“鞹”。冋，读为“鞃”。[illegible]，未详。

虎冟熏裏、

冟，吴中丞从阮太傅旧说，释为“幎”。案：此上下皆车上物，不得有幎，疑即秦风之“文茵”。毛传：“文茵，虎皮也。”释名：“文鞇，车中所坐者也，用虎皮，有文采。”

右厄、画轉、画𨍫、

厄，吴阁学、吴中丞释为“厄”字。上象衡，下象厄。毛诗大雅传：

"厄，鸟喙也。"

释名："鸟啄向下义马颈。"既夕礼："楔状如轭上两末。"是厄有两末以义马颈，戶字正象之，后讹作"戹"，失其形而存其音，小篆又添"车"作"軶"，遂为形声字矣。轉，厄裹也。輓，车伏兔下革也。

金甬、錔衡、金䡾、

甬，徐明经读为"釭"。䡾，吴中丞释为"踵"。踵，輈后承轸者也。

金豙、

豙，徐明经读为"杫"。易系于"金杫"疏引马云："杫者，在车之下，所以止轮，令不动者也。"释名："鞞杫，犹秘䲔也。在车轴上，正轮之秘䲔前却也。""豙"、"杫"、"梡"，皆声相近。

剌複、金簟弜、鱼葡、

剌複，未详。诗小雅："簟笰鱼服。""弜"者，"笰"之本字。说文："弜，彊也。从二弓。"又："弻，辅也，重也。从弜，丙声。"案：说文此二字说解皆误。"弜"乃"柲"之本字。既夕礼有"柲"注："柲，弓檠，弛则缚之于弓里，备损伤，以竹为之。"诗云"竹柲缗縢"，今文"柲"作"柴"。案：今毛诗又作"闭"。柲所以辅弓，形略如弓，故从二弓。其音当读如"弻"，或作"柲"、作"柴"、作"闭"、作"榜"，皆同音假借也。"弜"之本谊为弓檠，引申之则为辅，为重，又引申之则为"彊"。许君以"弜"之弟三谊系于"弜"下，又以其弟二谊系于"弻"下，胥失之矣。"弻"为"笰"之本字，当如此鼎作"弜"，从因，弜声。因，古文"席"字。说文"席"之古文作"囧"。丰姞敦"宿"作画，从人在宀下、席上，其谊为"宿"。是"席"亦作"因"。广雅释器："因，席也。"说文："因，一曰竹上皮。"盖席以竹皮为之，因谓竹上皮为"因"。然则"因"本"席"字，由"因"、"囧"而讹为"因"，又讹为"西"。"宿"、"弻"二字同也。弻与席皆以簟为之，故字从因。诗卫风、齐风、小雅作"茀"，周礼巾车、既夕礼记作

"蔽"，亦同音假借字也。"萄"，鼎文作🔸，古"箙"字。殷虚卜辞作🔸，丙申角作🔸，象矢在器。此作🔸，🔸亦矢之变形。其形似"萄"字，故<u>易传</u>"服牛乘马"，<u>说文</u>引作"犕牛"；<u>左传</u>"伯服"，<u>史记</u>引作"伯犕"矣。自"华缦较"至此，皆车上物。古者矢箙亦在车上。<u>既夕礼记</u>"犬服"注云："䇂间兵服。"<u>说文</u>："䡅，车䇂间皮箧也，古者使奉玉所以盛之，从车珏，读与服同。"<u>东京赋</u>及<u>续汉志</u>皆有"䡅弩"，盖古者矢箙在车䇂间，后或以盛玉，或以盛弩，虽易其字而犹存其音。然则"箙"、"䡅"一字，实车上物也。

　　马四匹，伖勒、金🔸[一四]、金帷、

　　🔸，从止，从🔸。孙比部读为"鬣"。余案：即"邋"字，假借为"鬣"。鬣，马鬣饰。帷，胸饰也。伖、勒、鬣、帷，皆马上物。

　　朱旂二铃。

　　<u>尔雅释天</u>："有铃曰旂。"铃，旂上物。

　　锡女丝🔸，用岁用政。"

　　🔸，孙比部释为"斧"。

　　毛公厝对敡天子皇休，用作尊鼎，子子孙孙永宝用。

　　校勘记

　　[一] 讲义本"惟天舍集厥命"前有"然则此亦当读"六字。

　　[二] 讲义本无"说见下……双声字"八字，<u>学术丛编</u>本与<u>遗书</u>本同。

　　[三] 据<u>说文解字</u>辛部补。

　　[四] 讲义本无"又豕部"以下二十七字。

　　[五] "此鼎"，讲义本作"或"。

　　[六] 据<u>易震</u>改。

　　[七] 讲义本以"虩许上下"为一条，删去"虩"、"许"二字重文号，与铭文原文相合。又以"若否"为一条。

［八］"余一人在位，弘唯乃智余非，享又昏"，讲义本分为"余一人在位弘唯乃智"、"余非享又昏"两条。

［九］据十三经注疏尚书大诰补。

［一〇］"印邵"，讲义本作"印邵"。

［一一］"贻"，讲义本作"遗"。

［一二］讲义本"与此文例正同"上有"又云无作三祖羞"七字。

［一三］据文意改。

［一四］"睧"，讲义本作"睧"，与考释文相合。

散氏盘考释①

用矢䉛散邑。

矢、散，二国名。南陵徐氏藏一敦，铭曰："散伯作矢姬宝敦，其万年永用。"盖散伯嫁女于矢所作之媵器。知矢、散二国，相为婚姻。又此盘出土之地，虽不可考，然器中所见之土地名，颇与大克鼎所见者同。又"克"之名亦见于此器，而克鼎出宝鸡县南之渭水南岸，则此盘出土之地亦必不远。知散国即水经渭水注"大散关"、沔水注"大散岭"之"散"。又据器中所纪地理，矢在散东，则矢国当即自汉以来之盩厔县。"盩"、"厔"二字，均与"矢"音相近。二国壤地相接，故世为昏姻，又时有疆场之事。"用"之言"因"，"䉛"之言"伐"也。宗周钟"戕伐氒都"，兮甲盘"则即荆蹻伐"。

乃即散用田贗。

贗，旧释"竟"。瑞安孙仲容比部释为"舀"，于字形甚合；然读为"湄埒"之"湄"，则非也。舀，亦地名。吴县潘氏所藏羌伯敦有舀字。

① 此篇作於一九二四年。一九二六年作爲清華國學研究院授課講義，合毛公鼎考釋等印發諸生。王氏去世後，發表於國學月報二卷八、九、十號合刊王靜安先生專號（一九二七年十月）上，後集入觀堂古金文考釋，刊於羅、趙兩家所編遺書。

其铭曰："惟王九年九月甲寅，王命益公征𫜩寇。益公至，告一月𫜩寇[一]至见献帛"云云。余案：𫜩字从目，𫜰字从页，其意相同，当是一字。羌伯敦"𫜩寇"连言，亦土地或种族之名，与此盘之𫜰当是一地。𫜩即古文"𪿏"字，篆文作"𪿏"。从严，即𫜬之变。𫜰，亦"𪿏"之异文。古器"𪿏寿"字多作𫜭、𫜮等形。𫜯即古"豐"字之省。殷虚卜辞有𫜰字，即"豐"字。说文失收。与"𪿏"声阴阳对转，𫜮字即以之为声。然则𫜰、𫜮亦同字。𫜭、𫜰者，象形字。𫜮者，形声字也。𪿏者，矢所与散地之大名。此目下文曰"乃即散用田𪿏"，后结上文曰"正𪿏矢舍散田"，知此盘所载诸地，皆𪿏地也。古"𪿏"、"微"二字又通用。少牢馈食礼"𪿏寿万年"注："古文𪿏为微。"春秋左氏庄廿八年传"筑郿"，公、谷二传作"筑微"。由是观之，𪿏当即周初之微。书牧誓"及庸、蜀、羌、髳、微卢、彭、濮人"，立政"夷微卢烝"，自来注家皆于"微"无说。今据此盘，其地当在矢、散二国间矣。其种族之一部，早移居于渭水之北。诗大雅："申伯信迈，王饯于郿。"即汉右扶风郿县。当宗周时已有此地。而此盘之𪿏地，度其地望，乃在汉郿县西南，由渭南跨据南山，当为周初微之本国。比作此盘时，已无微国。其人亦为矢、散二国所役属矣。

自瀗涉以南，

瀗，水名。读当与"宪"同。以声类求之，盖即水经渭水注之"扞水"也。注云："渭水又与扞水合，水出周道谷北，径武都故道县之故城西，又东北历大散关而入渭水也。"

至于大沽，

沽，吴清卿中丞读为"湖"。余疑即水经沔水注之"故道水"。注云："两当水出陈仓之大散岭，西南流入故道川，谓之'故道水'，西南径故道城东。"余疑后世之"故道水"，由县得名。汉之故道县，当因沽水得名。既有故道县，因称此水为"故道水"矣。但地望稍西，未敢遽以为定。

一𡎺。以陟二𡎺，至于边柳，

𡎺，旧释为"表"，于六书无说，实乃"奉"之古文，亦即"封"字也。说文："封，从㞢，从土，从寸"，而籀文作𡊩，从土丰声。说文"邦"之古文"㞢"，从㞢，从田；而卜辞作𤰒，从田丰声。窃意篆文"封"字所从之"㞢"，亦"丰"之讹；从寸，与从又同意。此从丰从廾，意亦同也。封者，封土为界。周礼地官有"封人"。边柳，地名。

复涉滽，陟雩𢓊，蠡

雩，地名。汉右扶风有鄠县，在鳌屋东，非此雩也。𢓊，读为"徂"。蠡，即"逢"字，高平曰"蠡"。

陕以西，𡎺于㲋、𪊨、楮、木，

陕、㲋、𪊨、楮、木，并地名。未详。

𡎺于艾𨔶，

艾𨔶，地名，未详。艾，旧释"若"。其字从又，持草，与说文草部训"择菜"之"若"相近。𨔶字所从之𣏟，殷虚甲骨文以为"㡊"字，则𨔶殆即"辽"字与。

𡎺于艾𨗬。

艾𨗬，地名，未详。𨗬，旧释"道"，然其字从𦥯，即𦥯鼎之𦥯。前人释"𥏼"，亦非。

内陟艾，登于厂㵼，

"艾"言"陟"，"厂㵼"言"登"，盖皆南山高地。

𡎺剕柣、陕陵、剛柣。

柣，地名。吴县潘氏所藏遣卣云："唯十又三月辛卯，王在𢆉。"疑柣、𢆉一地。剛，即"冈"字。陵，犹陟也。

𡎺于𤓚道，

𤓚，亦地名。克鼎云："锡女井人，奔于𤓚。"此盘亦有井邑，则𤓚、𤓚亦一地。吴县潘氏藏一敦，铭云："曩侯虑作宝尊敦。"则曩本侯国，此时已为散所灭。此"曩"作□者，犹□或作□伐徐钟。矣。

弄于原道，弄于周道，

周道，即水经渭水注所谓"扦水出周道谷"者也。此名至后魏犹存矣。

以东，弄于□东彊。

□，盖国名。彊，读为"疆"。

右还，弄于歔道。

上云"田歔"，乃诸地之大名。此云"歔道"，则其中之一小地也。

以南，弄于□□道。以西，至于堆莫。歔井邑田，

□□道、堆莫，均地名，未详。井，本国名。彝器中钟文有"井人佞"，卣文有"井季魯鐠"，曹鼎有"井伯"，智鼎有"井叔"；而瑞安孙氏所藏麦鼎，日本住友氏所藏麦盉，并有"井侯"；穆天子传有"井利"，亦称"井公"。是井本侯国。此时井地属矢、散二国，而作克鼎之克亦得井田，盖已无井国矣。

自稂木道左至于井邑弄，道以东一弄，还以西一弄，陟刚三弄，降以南弄于同道。陟州刚，登桥，降椷二弄。

以上皆记封界之事。

矢人有嗣，

目下文也。

歔田：羡且、敀、武父、西宫裹；

此四人皆矢属歔田之官。下记立誓者，有羡且、罦旅、西宫裹、武父，而无敀。此有敀而无罦旅，则敀与罦旅或一人也。

豆人、虞丂、录贞、师氏、右相、小门人讹、

豆，地名。宰圃敦云"王兽即狩。于豆麓"是也。本天子大夫采邑。豆闸敦云："唯王二月既生霸，辰在戊寅，王格于师戏大室。井伯入，右

豆闸。王呼内史册命豆闸。王曰：'闸，锡女哉衣、ω市、鸾旂，用俐乃祖考事，嗣守舲邦君司马弓矢。'"是"豆"本天子大夫采邑。此时已属矢国，故豆人乃为"矢人有嗣"之一矣。虞、录、师氏、右相、小门人，皆官名。录，读为"麓"。说文"麓"之古文作"椝"。春秋左氏昭十九年传："山林之木，衡鹿守之。""鹿"亦"麓"也。乁、贞、讹，皆人名。师氏、右相，官而不名者，失其名也。

原人虞荓、

此即上原道之官。

淮嗣工虎、孝丽豐父、

淮，水名。汉书地理志右扶风"武功"下有"淮水祠"，武功正是矢地。然志无淮水，疑即水经渭水注之绥阳溪水矣。嗣工，即司空。

堆人有嗣荆乁，

此即上"堆莫"之官。

凡十又五夫。正贙矢舍散田，

凡眔田官四人，豆人五，原人一，淮与堆人五。此十五人皆矢人，所命以致眔田且正二国疆域者也。

嗣土㳄𤓰、嗣马箕憂、戝人嗣工䣚君、

此散之三司。箕，即柬字，盖以邑为氏。

宰德父、散人小子、

"宰"与"小子"皆官名。周礼夏官有"小子"。

贙田戎𣢄父、效㮷父、

此散氏所属眔田官，凡二人。

茦之有嗣橐、

茦，人名，疑即作克鼎之克。克鼎出土之地，距大散关不远；又克鼎中地名，如井，如橐，并见于此盘，则克之封邑与散相邻。故茦之有嗣名，乃在散有司中矣。

州㝬、

此即上"州冈"之官。㝬，其名也。

烬从夨，

烬从夨，疑"鬲烬从"之倒。案：闽县陈氏有鬲从簋，浭阳端氏有鬲攸从鼎，铭中均有"皇祖丁公、皇考叀公"语，自是一人所作。其鼎铭曰："唯卅又一年三月初吉壬辰，王在周康宫辟大室。鬲从以攸卫牧造于王曰：女□我田，牧弗□许鬲从。王命相史南以即虢旅。乃使攸卫牧誓曰：□弗具付先祖射封田邑，则誓。攸卫牧则誓。从作朕皇祖丁公、皇考叀公尊鼎。鬲攸从其万年子子孙孙永宝用。"考鬲从簋作于王廿五年，但称"鬲从"。鬲攸从鼎作于卅一年，前称"鬲从"，后称"鬲攸从"，盖是年始得攸卫牧之地，故兼称"鬲攸"。犹晋之瑕吕饴甥、吴之延州来季子矣。鬲攸从，其祖考皆称公，又得自达于天子，是亦天子大夫而名在散有司中者。盖此时矢、散二国强大，诸小国及天子大夫之采邑，或为所兼并，或奉以为上国，已失其独立之实矣。鬲从簋及鬲攸从鼎之"鬲"字，与"甗鬲"字稍殊。簋文不甚明画，鼎文作鬲、鬲、鬲诸异形。盖非"鬲"字，乃从鬲、从夨之字也。夨字古文中未见。案殷虚文字中，"我"字皆作夨，或作夨。说文解字："我，从戈，从丯。丯，或说古'垂'字。"是夨、夨亦一字。此鬲字所从之夨，正与夨同。如或说，当为古"垂"字，或竟为"我"字之省也。"垂"、"我"二字，古音同部。然则此鬲字当是从鬲，垂声，或从鬲，我声。以声类求之，当即"䰇"字。且说文"䰇"字或即此字之讹也。散氏盘作"㽪"，从鬲，叩声。说文："叩，读若'欢'。"古音歌、元二部阴阳对转，故"䰇"字亦以叩为声。又许君谓秦名土䰇曰"䰇"，而鬲从簋、鬲攸从鼎、散氏盘皆关中器，**其字又见于麦盂铭，中有"井侯"字，亦当出关中。是秦语亦本其地古语，盖惟关中有是语、有是字矣。**

凡散有䰇十夫。

司徒、司马、司空、宰、小子，各一人；眉田二人，𢦚之有司一人，州、攸各一人。

唯王九月，辰在乙卯，夨卑、鲜且、𩁹旅誓曰：

卑，读为“俾”。

我既付散氏田器，

既，读为“既”。下云“我既付散氏溼田、𤲞田”，字正作“既”。

有爽，实余有散氏心贼，则爰千罚千，传弃之。鲜且、𩁹旅则誓。

贼，阮文达释“葳”，吴中丞释“贷”，皆失之。实则从戈、从则之字，第“则”字反书耳。爰，读为“锾”。书吕刑：“其罚千锾”。

乃卑西宫襄、武父誓曰：我既付散氏溼田、𤲞田。余有爽𤔲，爰千罚千。西宫襄、武父则誓。

溼田、𤲞田，乃眉田之二邑。𤔲，与“闌”同，谓阑入也。兮甲盘云：“毋敢或入蛮，宄贮则亦井。”

乃为图，夨王于豆新宫东廷。

夨僭王号亦见他器。尝见鼎铭曰“夨王作宝尊鼎”，又见尊铭曰“夨王作宝尊”，并此器而三。当宗周中叶，边裔大国往往称王。史记秦本纪有“丰王”，彝器有邵王鼎，有吕王鬲、吕王壶。而录伯𢦚敦云：“作朕皇考厘王宝尊敦。”羌伯敦云：“用作朕皇考武羌几王尊敦。”二器皆纪王命，并称其祖考有劳于周邦，则非不臣之国，又非周之子弟分封于外者，而并称其考为“王”。可见当时诸侯并有称“王”之俗，盖自夏、商已然。文王受命称“王”，亦用商之旧俗也。

厥左执𦥑，史正中農。

此句未详。史正中农，或即纪此事之史也。周礼秋官司约：“凡大约剂书于宗彝，小约剂书于丹图。”今传世彝器书约剂者，尚有曶鼎、鬲从簋、鬲攸从鼎、格伯敦诸器，然未有如此器之完备者。

此盘所纪地理，既得由克鼎出土之地推考之。至作器时代，亦有可推究者。因见于此器中之人，若克、若鬲攸从，皆有彝器传世故也。克之诸器，除大鼎外，并有纪年。克钟最先，作于王十又六年；克簋作于十有八年；小克鼎作于廿又三年。鬲从簋作于廿又五年，鬲攸从鼎作于卅又一年。鬲从于卅一年得攸卫牧地，始称"鬲攸从"，而此盘有"罥狻从"名，则当作于卅一年之后。诸器年代，皆相衔接。然不能知其在何王之世。考宗周诸王，历年多者，有穆王、厉王、宣王。此盘之作，以盘中所记事及政治情状推之，殆当厉王之世。史记周本纪称："厉王即位三十年，好利，近荣夷公。三十四年，王益严。三年，乃相与畔，袭厉王，厉王出奔于彘。"是厉王在位卅有七年。如此器作于厉王时，则去周、召共和不远矣。古代史事，得由此器推知者，则周初与于伐商之微人，此时已分散诸土。其一部渡渭，成一聚落，是为大雅之郇。而其本部之在南山者，乃为矢、散二国所兼并。又周初建国，若井，若豆，若棐，亦为二国所并。至天子之膳夫克，其分地跨渭水南北者，又如鬲攸从之得自达于天子者，皆胁于散氏，失独立之实。盖当时王室及渭北诸国，以有猃狁之寇，仅能自保，而矢、散二国依据南山，旁无强寇，得以坐大。矢既僭称王号，而散氏因矢人侵轶力能使之割地，其势亦必不弱。邦畿之内，兼并自如，周德之衰于此可见。其后犬戎灭周，秦人度陇，矢、散二国亦亡也。忽焉千载之下，仅留鳌厔及大散关、大散岭之名，而绝无知有此二国者。非此盘尚存，岂知宗周之季，有此特异之事实乎？前人说此盘者，率支离不足信。其说地理，尤无根据。庚申冬日，余既据克鼎出土之地，作此盘跋一篇，书于旧藏拓本后。甲子四月，观此盘于懋勤殿，又拜精拓本之赐，绅绎再四，乃复详为考释，冀备考古史者观览焉。

校勘记

[一] 此铭文二"寇"字，国学月报二卷八、九、十号合刊王静安先生专号上皆作"敄"。

不嬰敦盖铭考释①

　　唯九月初吉戊申，

　　初吉，上旬之吉日也。诗小明："二月初吉。"毛传："初吉，朔日也。"周语："先时立春。九日，太史告稷曰：'自今至于初吉。'"韦注："初吉，二月朔日也。"王氏引之经义述闻谓"吉"为日之善者，其在月之上旬者，谓之"初吉"。今以古器证之。虢季子白盘云："隹王十有二年正月初吉丁亥。"案周宣王十二年正月己酉朔，丁亥乃月之三日也。师兑敦云："隹三年二月初吉丁亥。"案幽王三年二月庚辰朔，丁亥乃月之八日也。惟师嫠敦之"十有一年九月初吉丁亥"，正与宣十一年九月朔干支相合。然三日、八日亦可云"初吉"，则"初吉"非专指朔日自明。王说是也。凡古器纪日之例有四：曰初吉，曰既望，曰既死霸，曰既生霸。经典又有旁死霸、逸武成及逸周书世俘解。哉生魄、书康诰及顾命。既旁生霸逸武成及世俘解。诸名。余疑此数者皆赅数日言之，而非一日之专名。如顾命云："惟四月哉生魄，王不怿。甲子，王乃洮颒水。"哉生魄不日，至甲子乃日，又不云"越某日甲子"者，明甲子乃哉生魄中之一日，而王不怿，固前乎甲子也。静敦云："隹六月初吉，王在莽京。丁卯，王命静。"司射尢彝云："隹六月初吉，王在郑。丁亥，王格太室。"初吉皆不日，至丁卯、丁亥乃日者，明丁卯、丁亥皆初吉中之一日，而王之在莽京、在郑，固前乎丁卯、丁亥也。然则初吉者，既为上旬十日之通名。此云"唯九月初吉戊申"，又不系年，则铸此敦之年不可得而考矣。据长术：共和元年九月丁未朔二日得戊申，宣王三年九月甲辰朔五日得戊申，十三年及三十九年九月乙巳朔四日得戊申，幽王三年

　　① 此篇作於一九一五年，初刊於雪堂叢刻。王氏卒後，集入觀堂古金文考釋，刊於羅、趙兩家所编遺書。

九月丁未朔二日得戊申。若共和以前九月初吉，中值戊申之年，亦必不乏。今无术以定之矣。然其器为周室东迁以前之器，又其出土之地必在陕右，此又从文字及所纪之事可得断定者也。

白氏曰：

白，古文以为"伯"字。伯氏，盖周天子大臣食邑畿内而爵为伯者。伯爵之称"伯氏"，犹侯爵之称"侯氏"<u>见诗韩奕及觐礼、大戴记投壶、小戴记射义</u>。矣。齐国佐甗及子仲姜镈，皆称其君为"侯氏"，则不娶作敦称其君为"伯氏"，亦周时臣子称君之通例也。

"不娶！

不娶，伯氏之臣。娶，从其，从妟。妟，古文"丮"字，象人跪而执事之形，古文以为"忌"字。王孙遗诸钟云"敄娶趩趩"，与邾公华、邾公牼二钟之"翼袭威忌"，齐子仲姜镈之"弥心愚愳"，语意正同，知"娶"即"忌"字。以"不娶"为名，亦犹夏父弗忌、仲孙何忌、费无忌、魏公子无忌矣。

駿方厰允，

駿，古"御"字。<u>说文解字</u>："馭，古文御。"此作"駿"者，从又，持攴毆马，亦"御"之意也。此作"駿"，下文又作"御"者，古文本有此二字，故或云"駿"，或云"御"也。"駿方"者，盖古中国人呼西北外族之名。方者，国也。其人善御，故称"御方"。西北民族之善射御，自古已然。如秦之祖先本在戎狄，其入中国皆以畜牧及御显。如费昌为汤御，孟戏中衍为大戊御，造父为周穆王御，其裔孙赵夙亦为晋献公御。可知中国人于畜牧、仆御不如西北民族。此"御方"之名所由起欤。殷时已有此称。殷虚卜辞云："贞遘于御方。"<u>殷虚书契卷七第十一页</u>。周人或以为名。噩侯鼎云："噩侯駿方内飨于王。"<u>博古图二载穆公鼎云</u>："亦惟噩侯駿方旧释"器屋□方"，所摹文字亦有讹舛，以噩侯鼎证之，知即此四字。率南夷、东夷，广南国、东国。"则"駿方"者，噩侯之名。以"駿方"为名，如郑灵公之名夷、宋景公之名蛮<u>春秋左传</u>作"樂"，而博古图所载铼鼎作"宋公繺"。繺，古"蛮"字，虢季子白盘、梁伯戈"蛮"字皆如此作。<u>史记十二诸侯年表</u>及<u>宋世家</u>书景公之名曰"头曼"。"蛮"、"曼"同音，则作"繺"者是也。矣。"厰允"者，駿方中之一种。虢季子白盘作"厰狁"，兮田盘作"厰狁"。此作"厰允"者，犹<u>易</u>之"允升，大吉"，孟氏所传古文作"鞁"，今本作"允"也。<u>诗</u>作"獗狁"，或作"玁狁"，乃春秋以后人所改。说见余<u>玁狁考</u>。

广伐西俞，王命我羞追于西，

广，亦伐也。穆公鼎云"率南夷、东夷，广南国、东国"，知"广"即伐矣。西俞，谓宗周以西山地。<u>尔雅释地</u>："北陵西隃，雁门是也。"郭注："即雁门山也。"<u>穆天子传</u>："天子西征，乃绝隃之关磴。"郭注："隃，雁门山也。"以穆传所纪地望准之郭说，颇合。然雁门既名"隃"，不得复名"西隃"，疑<u>尔雅</u>"雁门是也"四字乃汉人旁注之字误入正文者。然<u>说文</u>所引固已然矣。余意<u>说文</u>皀部"隃"、"阮"诸字，皆古代山皀之通名。隃者，逾也。凡山地之须逾越而过者，皆可谓之曰"隃"，亦谓之"阮"。<u>吕氏春秋古乐篇</u>："伶伦自大夏之西，乃至阮隃之阴。"阮隃，<u>汉书律历志</u>作"昆仑"，<u>说苑修文篇</u>、<u>风俗通音声篇</u>、<u>左传成九年正义</u>皆作"崑崙"。徐锴本<u>说文</u>"阮"字注下有"读若昆"三字，是昆仑亦名"阮隃"。又在大夏之西，则阮隃非雁门也。<u>史记赵世家</u>："秦反巠分、先俞于赵。"集解引<u>尔雅</u>"西隃"释之，<u>正义</u>亦云"西、先声相近"。然此时秦、赵之界不得东至雁门，则先俞非雁门也。秦九原郡之地，古称"榆中"，见<u>史记秦始皇</u>及<u>项羽本纪</u>、<u>赵世家</u>。服虔、徐广以汉金城郡之榆中县当之，误甚。"榆"亦"隃"字之假借，其地在秦为九原郡，在汉为五原郡，而<u>广韵</u>作"五阮郡"，则"原"又"阮"字之假借。<u>说文</u>"阮"字下云："代郡，五阮关<u>汉志</u>作"五原关"。也。"则代郡又有五阮。又<u>淮南地形训</u>："九塞之中有荆阮。"高注："荆阮在楚。"

则古时凡山地之当通路者，皆名之曰隃、曰阮，实公名而非专名，故西北地名之以"俞"若"榆"名者，不可胜计。泉曰"俞泉"，*竹书纪年、后汉书西羌传引*。次曰"榆次"，*史记刺客列传*。溪曰"榆谿"，*史记卫青霍去病传*。山曰"俞山"，*水经漆水篇*。谷曰"榆谷"，*后汉书西羌传及水经注河水篇*。实皆以山地得名。古文"隃"字只借"俞"字为之，说文"隃"、"逾"、"踰"三字，皆后起之字。许君以"隃"为西隃、"阮"为五阮关之专名，其义转隘。又"俞"、"榆"同音，故古代亦借用"榆"字。汉人乃有"树榆为塞"之说，*汉书韩安国传*。又不免望文之过矣。此西俞者，在丰镐之西，故云"王命我羞追于西"，与尔雅之"西隃"、*赵世家*之"先俞"，皆不相涉。以地望与字义求之，远则陇坻，近则*水经*扶风杜阳县之俞山，皆足当之。盖猃狁本国在陇坻之西，又环宗周畿内而北。此又*猃狁考*所既详矣。

余来归献禽。

来归，谓归宗周。禽，谓俘馘。古者谓田猎所获曰禽，因推之以谓战陈所获者矣。

余命女御追于𥱥。

𥱥，从㕚，从各。翁氏祖庚释为"洛"字，证以虢季子白盘之"博伐厰狁于洛之阳"，及汉书匈奴传"武王放逐戎夷泾、洛之北"，*史记匈奴传*"晋文公攘戎翟，居于河内圁、洛之间"，则洛水以北亦为猃狁地，翁释殆是也。虢季盘作"洛"，此作"𥱥"者，古文假借无定字也。时猃狁从东、西二道入寇，故伯氏既破西方之寇，来归宗周复命。不䚟御而追于洛，是御东北之寇也。

女以我车宕伐敞允于高隆。

宕伐，犹广伐也。谷梁传云"长狄兄弟三人佚宕中国"，即"宕伐"之意矣。隆，古文"陵"字。说文："夌，越也。从夊㚏。"又："陵，大阜也。从阜夌声。"案："陵者，夌也。"*广雅释诂*："陵，乘也。"意同。

其字，殷虚卜文作 ![字], 殷虚书契卷六第五十五页。或作 ![字], 同卷七第九页。或作 ![字]。同卷六第二十页。罗参事以为象人梯而升高，一足在地，一足已升之形。而 ![字]、![字]诸形即梯形。与古文 ![字]字之形相似，故金文或变而从阜。如散氏盘作 ![字], 从阜；陈猷釜战国时物。作 ![字], 则又从阜，从土。此从阜从二人，各在土上相絷者，亦升高之意。一人在上土，一人在下土，亦犹 ![字]字之一足在上，一足在下矣。古者"陵"、"夌"本一字。大阜之须陵越者谓之"陵"，犹高地之须逾越者谓之"隃"矣。高陵，地名，在秦为昭王母弟公子悝封邑，在汉为左冯翊属县。其地西接泾阳，周秦之泾阳，汉之池阳，说详猃狁考及三代地理小记。当宗周往洛水之通道。时伯氏欲追猃狁于洛，而寇已深入，故遇之于高陵而宕伐之也。

女多折首鞊嘋。

鞊，古"执"字。"嘋"字始见于博古图敼敦。今传世虢季子白盘作 ![字], 兮田盘作 ![字], 师袁敦作 ![字], 此作 ![字], 皆以"折首"、"执嘋"连言。陈氏介祺始释为"讯"字，吴氏大澂从之，云："从糸，从口，执敌而讯之。"其说是也。首，谓首级；讯，谓俘虏。易曰"有嘉折首"；诗曰"执讯获丑"，又曰"执讯连连"。

戎大同永追女，女及戎大鼙载。

戎，谓猃狁。诗出车亦以猃狁与西戎互言。小序以昆夷当西戎，非也。同，犹合也。鼙、载，皆迫也，伐也。"鼙"者，"敦"之异文。说文以"鼙"为纯熟之"纯"，殆非。古器如齐侯敦等皆以"鼙"为敦。诗鲁颂"敦商之旅"，笺云："敦，治也。武王克殷而治殷之臣民。"其实"敦商之旅"犹商颂云"裒荆之旅"，郑君训"裒"为"俘"，是也。宗周钟云"王鼙伐其至"，寡子卣云"以鼙不淑"，皆"鼙"之训也。"载"与虢季子白盘"搏伐"之"搏"、宗周钟"戮伐"之"戮"同义。诗常武："铺敦淮濆。"铺敦，即"鼙载"之倒文矣。

女休弗以我车 ![字]于囏，

休，美也。女休，犹伪书言"惟乃之休"矣。□象倒矢在函中，□字见于此器及毛公鼎、周娟敦、周娟匜者，其中为倒矢形。殷虚卜辞中地名有□字，作立矢形，亦即此字也。小篆□字由此讹变。□，殆即古文"函"字。古者盛矢之器有二种，皆倒载之。射时所用者为箙，矢括与笴之半皆露于外，以便于抽矢，□、□诸字象之；藏矢所用者为函，则全矢皆藏其中，□字象之。考工记"函人为甲"，谓作矢函之人兼作甲。盛矢之函欲其坚而不穿，故与甲同工。亦犹轮人为盖，旅人为簬，梓人为侯，车人为耒，数工相兼，不必甲有函名。后人因甲与函相类，又为函人所作，遂呼甲为函，非其朔矣。函本藏矢之器，引申而为他容器之名。周礼"伊耆氏共其杖咸"，郑注："咸，读为'函'。"故函者，含也，咸也，缄也。□象函形，□其缄处，且所以持也。矢在函中，有"臽"义，又与"臽"同音，故古文假为"臽"字。毛公鼎"勿以乃辟□于囏"，吴氏式芬释"臽"。此敦□字亦然。逸周书祭公解"我惟不以我辟险于难"，则又借"险"为"臽"。"函"、"臽"、"险"三字皆同声也。周娟敦、周娟匜之□皇父，其女嫁于周，故称周娟。然则皇父即诗之"皇父卿士"，周娟即诗之"艳妻"。艳妻，汉书谷永传引作"阎妻"，诗疏引中候摘洛戒作"剡"，而彝器作□。"艳"、"阎"、"函"、"剡"四字，亦同声也。然则□字之为"陷"字之假借无疑，诸家释是也。

女多禽，折首埶呱。白氏曰："不娶！女小子，女肇诲于戎工。"

诲，"敏"之假借字。诗江汉曰："肇敏戎公。"传云："肇谋敏疾，戎大公事也。"案："戎工"谓甲兵之事，虢季子白盘亦云"不显子白冑武于戎工"。古"武"、"敏"音相近，则又借"武"为"敏"矣。

易女弓一、矢束、臣五家、田十田、用永乃事。

易，古文以为"锡"字。"束"者，诗鲁颂"束矢其搜"，传云："五十矢为束。"周礼大司寇"入束矢于朝"，注："古者一弓百矢，束矢其百个与。"二说不同。案：书文侯之命云："彤弓一，彤矢百；卢弓一，卢矢百。"是弓一而矢百也。噩侯驭方鼎云："王窥锡驭方玉五彀，马四匹、矢五囗。**此字已泐，殆十字。**"是以五十矢为锡。古者束矢盖有五十矢、百矢之异矣。臣，贱者之称。<u>书微子</u>："我罔为臣仆。"<u>诗正月</u>："民之无辜，并其臣仆。"<u>左传</u>："男为人臣，女为人妾。"锡臣五家，盖如后世之赐奴婢矣。"田十田"者，古者赐田以田计。田，即<u>经</u>之"甸"字。<u>周礼小司徒</u>："四井为邑，四邑为邱，四邱为甸。"<u>注</u>："甸之言乘也。"<u>诗信南山</u>："信彼南山，维禹甸之。"笺："六十四井为甸，出兵车一乘以为赋。"<u>司马法云</u>："四邱为甸，甸六十四井，出长毂一乘。"古"甸"、"乘"同声，故<u>周礼稍人</u>、<u>礼记郊特牲</u>均言"邱乘"，即"邱甸"也。然则十田之田，出车十乘，为邑四十，所以赏不娶之功者，厚矣。

不娶拜颋手休，

手，"首"之假借。休者，休白氏之锡也。

用作朕皇祖公白孟姬尊敢，

公白，"公"其爵，"白"其字也。作祖器而不及考者，其父尚在也。孟姬，公白之妻。不言"皇妣"者，略也。余疑不娶为白氏之子，白氏又公白子，故白氏称不娶曰"女小子"。又不娶之祖妣称"孟姬"，则白氏、不娶皆周室异姓之臣也。礼：大夫不得祖诸侯。而不娶作公白祭器者，礼家之说出于晚周，未必宗周旧制。其父称"伯"，而祖称"公"者，尊死者也。此亦春秋于诸侯之卒书"侯"、"伯"、"子"、"男"，于葬书"公"之例矣。

用匄多福，眉寿无彊，永屯灵冬。子子孙孙其永宝用亯。

屯，古文"纯"。冬，古文"终"字。纯，大。灵，善。不娶既铭其功，作祭器，因祈福于先公。此古人铭器之例也。

盂鼎铭考释①

隹九月，王在宗周，命盂。

金文中凡称镐京曰"宗周"，洛邑曰"成周"。穆天子传乃云"自宗周瀍水以西"，称洛邑为"宗周"，可知其为六国后人语矣。

王若曰："盂！不显玟王，

文王作"玟王"，下文武王亦作"珷"，并从王，与归夆敦同。但归夆敦云"朕不显祖玟珷，膺受大命"，殆以"玟"、"珷"为"文王"、"武王"二字合文。此云"玟王"、"珷王"，则"玟"、"珷"各自为字。

受天有大命，在珷王嗣玟作邦，

诗大雅："帝作邦作对。"

𤕝厥匿，

𤕝，古文"辟"字。说文门部："𤕝，虞书'辟四门'，从门，从𡳐。"匿，读为"嬖"。

匍有三方，

书金滕："乃命于帝庭，敷佑四方。"

畍正厥民，

畍，古文"畯"字。

在雩御事。

雩，古文"粤"字。"雩"之讹为"粤"，犹"霸"之讹为𩂣矣。说文分"雩"、"粤"为二字，失之。"御"字，器文从卩，从𠂤；殷虚卜辞作𢓜，或作𢔣。在粤，疑"粤在"之误倒。

书酒诰："越在外服"，"越在内服"。

<hr />

① 此篇成於一九二六年春，同年作爲講義印發。次年十月刊載於國學月報二卷八、九、十號合刊王静安先生專號。後作爲觀堂古金文考釋之一，收入羅、趙兩家所編遺書。

叡！酒无敢酖，

酖，从酉，贵声。"贵"即"夭"字。说文："夭，小薪也。诗曰：
'忧心如夭。'"今本误作"（夭）〔惔〕[一]"。夭，诗（大）〔小〕雅正义所
引不误。以声类求之，疑即"酖"，经传通作"湛"。"夭"声在谈部，
"甚"声在侵部，二部最相近。

有𤕠粢祀无敢醮。

粢，从米，在豆中，以手廾之，与"粪"字同意。粢祀，疑即蒸祀
也。醮，未详。

古天异临子，法保先王，囗有四方。

古，读为"故"。异，读为"翼"。[二]法，读为"废"。废，大也。诗
小雅："废为残贼。"释诂："废，大也。""天翼临子，法保先王"者，
犹召诰云"天迪从子保"矣。

我昏殷队命，

鼎文𤔲，毛公鼎作𤔲，即"昏"字。"昏"之言勉也，劳也。昏殷队
命，犹他器言"勤劳大命"矣。队，鼎文作𨑖。书君奭"乃其隧命"，魏
三体石经古文作𨑖。说文："𨑖，古文遂。"此"𨑖命"即"队命"矣。

隹殷边侯田雩殷正百辟，率𧥛于酒，古丧自。

田，读为"甸"，诗大雅："殷之未丧师。"

已女妹辰有大服。余隹即朕小学，女勿𠬪余乃辟一人，

妹辰，未详。𠬪字，前人释"克"。

今我隹即刑𡧍于玟王正德，若玟王命二、三正。

𡧍，吴清卿中丞释"宪"。

今余隹命女盂绍𢦏敬雝德巠。敏朝夕入谰享奔走，畏天畏。"

𢦏，前人释"艾"，未详。

王曰："𤔲命女盂荆，乃嗣祖南公。"

𤔲，吴中丞释"乌"。南宫鼎："隹王命南宫伐反虎方之年。"南公，

疑即南宫括。

　　然则此器之盂，乃括之孙矣。此器出于郿县、岐山间，而散氏盘出于散关左右，则散宜生、南宫括不独勋名相同，其封地亦相邻矣。

　　王曰："盂！乃绍夹死嗣戎，敏谏罚讼，夙夕绍我一人，丞三方，

　　"死"之言尸主也。追敦云："卹乃死事。""绍"之言右也。丞，君也。

　　雩我其遹相先王受民受疆土。

　　宗周钟："王遹相文武，堇疆土。"书洛诰："诞保文武受民。"立政："相我受民。"

　　锡女鬯一卣、冕、衣、市、舄、车马。锡乃祖南公旂，用狩。锡女邦嗣三百人，鬲自驭至于庶人六百又五十有九夫。

　　鬲，吴中丞读为"献"。书大诰："民献有十夫。"

　　锡夷嗣王臣十又三百，人鬲千又五十夫。

　　夷嗣，对上"邦嗣"而言。盂之封地在西陲，故有夷嗣矣。

　　极广辟□厥土。"王曰："盂！若敬乃正，勿法朕命。"盂用对王休，用作祖南公宝鼎。隹王廿又三祀。

　　殷时及周初，书年皆在文末。洛诰末云："惟周公诞保文武受命，惟七年。"正与此同。

　　校勘记

　　[一]诗经小雅节南山："忧心如惔，不敢戏谈。"据改。下文"大雅"当为"小雅"。

　　[二]国学月报二卷八、九、十号合刊王静安先生专号，"异，读为'翼'"下尚有"虢叔钟：'皇考严在上，异在下。'诗：'有严有异。'"十六字。

克鼎铭考释①

克曰："穆穆朕文祖师㝅父，♥厥聖心，

彝器多见"♥黄"字，前人释为"蔥衡"，近是。此♥字疑亦当读"聪"。㝅，未详。

盂静于猷，惄恁厥德，肆克龏保厥辟，

盂，未详。

龏王谏辥王家，惠于万民，扰远能㦰，

扰，与"柔"同。史记夏本纪引书皋陶谟："扰而毅。"徐广曰："扰，一作'柔'。"

韩非子说难："龙之为鳞，可柔[一]狎而骑也。"史记"柔"作"扰"。又说文"㬅"字，诗小雅作"猱"。知"扰"、"柔"可通用矣。㦰，与"埶"通。尧典："格于蓺祖"，今文作"假于祖祢"，知"蓺"、"祢"同用。立政之"蓺人表臣"，"蓺人"即"迩人"，与"表臣"相对为文。"柔远能迩"，书尧典、顾命，诗大雅并有此语，此器与番生敦亦用之。能，犹善也。

肆克□于皇天，琼于上下，得屯亡敃，锡釐无疆，永念于厥孙辟天天子子，明德，顯孝于申，巠念厥圣保祖师㝅父，

申，读为"神"。圣保，犹诗言"神保"，楚词言"灵保"也。

勵克王服，出内王命，多锡宝休。不显天天子子，其万年无疆保辥周邦，眃尹三方。"

尹，正也。

王在宗周，旦，王各穆庙，即立，繇季右譱夫克入门立中廷，北乡。

---

① 此篇成於一九二六年春，同年作爲講義印發。次年十月刊載於國學月報二卷八、九、十號合刊王静安先生專號。作爲觀堂古金文考釋之一，收入羅、趙兩家所編遺書。

王乎尹氏册命釐夫克，王若曰："克！昔余既命女出内朕命，今余佳釐豪乃命，

釐，孙仲容释为"緟"，是也。豪，籀文"就"字从此作。三体石经春秋"京"作𠅘，疑"豪"亦"京"字。緟，益也。京，崇也。

易女𣄰市、参同，冀𤲬，

参同，孙仲容读为"缪絅"。

锡女田于埜。锡女田于渒。锡女井家𧻛田于𤞤，目厥臣妾，锡女田于康。锡女田于匽。锡女田于陵原。锡女田于寒火。

诸地名无考。案：此鼎出于宝鸡县之渭水南岸，而克钟有"遹泾东至于京师"之语，是克之封地跨泾、渭二水，与公刘所居之豳地略同。则"陵原"殆即诗之"溥原"矣。

井，国名。

锡女史小臣、霝、龠、鼓钟。锡女井、㦰、匎人𩰾。锡女井人奔于臬。敬夙夜用事，勿法朕命。"克拜稽首，敢对扬天子不显鲁休，用作朕文祖师𤽪父宝䵼彝，克其万年无疆，子子孙孙永宝用。

校勘记

[一]"鳞"、"可柔"，韩非子说难作"虫"、"柔可"。

钟鼎丛考[①]

商三句兵跋

商句兵三，出（保定清苑之南乡）〔直隶易州〕[一]，今归上虞罗叔言参事。其一铭曰："大祖日己祖日丁祖日乙祖日庚祖日丁祖日己祖日己。"其二曰："祖日乙大父日癸大父日癸中父日癸父日癸父日辛父日己。"其三曰："大兄日乙兄日戊兄日壬兄日癸兄日癸兄日丙。"凡纪祖名八、父名六、兄名六。三器之文，蝉嫣相承，盖一时所铸。曩见吴县吴窓斋中

---

① 此部分收录的文章选自王国维《观堂集林》（卷第十五·史林七），此标题为编者拟。

丞所藏一戈，有"乙癸丁"三字，不得其解。以此三器例之，盖亦祖、父之名矣。所云"大祖"、"大父"、"大兄"，皆谓祖、父、兄行之最长者。大父，即礼丧服经及尔雅释亲之"世父"。古"世"、"大"同字，如"世子"称"大子"，"世室"称"大室"，则"世父"当称"大父"，非后世所谓"王父"也。其器出（清苑）〔易州〕[二]，当为殷时北方侯国之器，而其先君皆以日为名，又三世兄弟之名先后骈列，皆用殷制，盖商之文化，时已沾溉北土矣。尝读山海经纪王亥、有易事，恒以为无稽之说。及读殷人卜辞，见有王亥、王恒诸名，乃知楚辞天问中"该秉季德"一节，实纪殷之先祖王亥、王恒及上甲微三世之事，与山经、竹书相表里。二书言"王亥托于有易"，天问作"有狄"。古者"易"、"狄"同字，"有狄"即"有易"。盖商自侯冥治河，已徙居河北，远至易水左右。逮盘庚迁殷，又从先王故居。则今（保定）〔易州〕[三]有殷人遗器，固不足怪。往者嘉兴沈乙庵先生语余："箕子之封朝鲜事，非绝无渊源。颇疑商人于古营州之域夙有根据，故周人因而封之。"及示以此器拓本，先生又谓："北史及隋书高丽传之'大兄'，或犹殷之遗语乎？"此说虽未能证实，然读史者不可无此达识也。因附记之。

北伯鼎跋

彝器中多北伯、北子器，不知出于何所。光绪庚寅，直隶涞水县张家洼又出北伯器数种，余所见拓本有鼎一、卣一。鼎文云："北伯作鼎。"卣文云："北伯戕作宝尊彝。""北"盖古之邶国也。自来说邶国者，虽以为在殷之北，然皆于朝歌左右求之。今则殷之故虚得于洹水，大且、大父、大兄三戈出于（清苑）〔易州〕[四]，则邶之故地，自不得不更于其北求之。余谓"邶"即"燕"，"鄘"即"鲁"也。"邶"之为"燕"，可以北伯诸器出土之地证之。邶既远在殷北，则鄘亦不当求诸殷之境内。

余谓"廙"与"奄"声相近。书雒诰："无若火始焰焰。"汉书梅福传引作"毋若火始庸庸"。左文十八年传"阎职"，史记齐太公世家、说苑复恩篇均作"庸职"。"奄"之为"廙"，犹"焰"、"阎"之为"庸"矣。奄地在鲁，左襄二十五年传鲁地有"弇中"，汉初古文礼经出于鲁"淹中"，皆其证也。邶、廙去殷虽稍远，然皆殷之故地。大荒东经言："王亥托于有易。"而泰山之下亦有相土之东都，自殷未有天下时已入封域。又尚书疏及史记索隐皆引汲冢古文"盘庚自奄迁于殷"，则奄又尝为殷都，故其后皆为大国。武庚之叛，奄助之尤力。及成王克殷、践奄，乃封康叔于卫，封周公子伯禽于鲁，封召公子于燕，而太师采（师）〔诗〕[五]之目，尚仍其故名，谓之邶、廙，然皆有目无诗。季札观鲁乐，为之歌邶、廙、卫，时犹未分为三。后人以卫诗独多，遂分隶之于邶、廙。因于殷地求邶、廙二国，斯失之矣。

散氏盘跋

此盘铭中多国名、地名，前人有为之说者。余以为非知此器出土之地，则其中土地名无从臆说也。顾此器出世已逾百年，世绝无知其渊源者。即近出之散伯敦、矢王尊亦然。嗣读克鼎铭，则其中地名颇与此盘相涉。如此盘云："至于堆莫𣄣井邑田。"又云："至于井邑。"克鼎则云："锡女井冢𤔲田于囗。"又云："锡女井徲𤔲人。"又云："锡女井人奔于𦥑。"知此盘出土之地，距克鼎出土之地必不远。而克鼎出较后，器较巨，世当有知之者。访之十余年，莫能答。庚申冬日，华阳王君文焘言："顷闻之陕人言，克鼎出处在宝鸡县南之渭水南岸。"此地既为克之故虚，则散氏故虚必距此不远[六]。因知"散氏"者，即水经渭水注"大散关"、"大散岭"之"散"；又铭中"濡水"，即渭水注中之"扞水"；"周道"即"周道谷"；"大沽"者，即漾水注之"故道"；"水冈"即衙岭山间之高地也。其诸地之总名，铭中谓之𡿧。首目下文云："用矢戬散氏邑乃即散用田𡿧。"末结上文云："正𡿧矢舍散田。"是𡿧乃诸地之大名，其字向无确释。案：吴县潘氏所藏益公敦有𢼸字，其文曰"隹王九年九月甲寅，王命益公征𢼸寇。益公至告一月，𢼸寇至，见献帛"云云。余谓𢼸字从目，𡿧字从页，其意相同，当是一字。益公敦"𢼸寇"连言，亦土地或种族之名，与此盘之𡿧，当是一地。𢼸即古文眉字，篆文作𥄕，从𡰥，即𠃜之变化。𡿧亦眉之异文，与𢼸同意。古器"眉寿"字多作𩾏、𩕏等形，𠃜即古𩾏字之省，与眉声阴阳对转，𩕏字即以之为声。然则𡿧、𩕏亦同字。𡿧者，象形字也；𩕏者，形声字也。古眉、微二字又通用。少牢馈食礼"眉寿万年"，古文眉为微。春秋左氏传庄廿八年，"筑郿"，公、谷二传作"筑微"。由是观之，𢼸、𡿧当即周初之微人。周书牧誓："及庸、蜀、羌、髳、微、庐、彭、濮人。"立政："夷、微、卢烝。"向不知微所在，殆即此盘之𡿧及益公敦之"𢼸寇"也。其种族一部早移居于渭水之北，故汉右扶风有郿县。诗大雅："申伯信迈，王饯于郿。"则宗周时已有此地，盖因此族得名。然其本国，固在南山。当作此盘时，已为矢、散诸国所役属矣。又据此盘所纪地理观之，则矢在散东，井在矢、散二国间而少居其北。矢分井地与散，而克亦得井田，此时亦已无井国矣。此器地理本无可考，今由克鼎出土之地推考之如此。其余诸小地，当尽在数十里间。古今异名，宁从盖阙矣。

克钟克鼎跋

观克钟、克鼎出土之地，并克鼎中锡土之事，克之疆域盖远矣。克器出于宝鸡县南之渭水南岸，殆克之所都。其地南邻散氏，盖古之井地也。然其他邑又远在渭北，北至泾水，殆尽有豳国故地。鼎铭云："锡女田于陣原。"此即公刘所瞻之溥原也。钟铭云："王亲命克遹泾东至于京师。"豳在泾侧，自豳至京师，自应循泾水而下，则泾水之旁当有克都，而其他都乃在渭南。诗称"笃公刘，于豳斯馆，涉渭为乱"，克之封地，乃与古公刘同矣。

铸公簠跋

簠云："铸公作孟妊车母媵簠。"孟妊，盖铸公之女，故为之作媵器。然则铸，妊姓之国也。乐记："武王克殷，封黄帝之后于祝。"郑注云："祝，或为铸。"吕氏春秋慎大览亦云："封黄帝之后于铸。"古铸、祝同字。晋语："黄帝之子二十五宗，其得姓者十四人，为十二姓。"任居其一。铸为任姓，其为黄帝后之祝，信矣。古祝音又与州同。春秋左氏及公羊传之"州吁"，谷梁传作"祝吁"。说文解字："𥜽，从𥃡，从州声，读若祝。"是铸公即祝公，亦即州公矣。春秋桓五年："州公如曹。"左氏传作"淳于公"。盖州故都淳于，后淳于入于杞，州乃西迁。左氏传襄二十三年："臧宣叔取于铸。"杜注："铸国，今济北蛇邱县。"续汉书郡国志：济北国蛇邱县"有铸乡城"。盖其后迁之地。此器出于齐东，或犹是都淳于时所铸欤[七]？

夜雨楚公钟跋

夜雨楚公钟，宋赵德父金石录及王复斋钟鼎款识册已著录。乙卯冬，见于沪肆，为上虞罗参事所得。作钟者为楚公㝬，瑞安孙仲颂比部以为即史记楚世家之"熊咢"。咢本从屰，二字形声皆相近，其说不可易矣。此器赵氏金石录谓出鄂州嘉鱼县，复斋款识引石公弼云："政和三年，武昌太平湖所进。"武昌、嘉鱼南境相接，盖出二县间矣。案：楚世家言"熊绎居丹阳"，至文王熊赀，"始都郢"。中间无迁都事。惟言周夷王时，"熊渠甚得江汉间民和，乃兴兵伐庸、杨粤，至于鄂。""乃立其长子母康为句亶王，中子红为鄂王，少子执疵为越章王，皆在江上楚蛮之地。"熊渠卒，子熊挚红立。后六世至熊咢。今熊咢之器出于武昌者，武昌即鄂。盖熊渠之卒，熊挚红**即中子红**。虽嗣父位，仍居所封之鄂，不居丹阳。越六世至熊咢，犹居于此，故有其遗器。楚之中叶曾居武昌，于史无闻，惟赖是器所出地知之耳。

邰钟跋

　　邰钟铭："邰▦曰：'余毕公之孙，邰伯之子。'"前人多释邰为莒，然邰钟十二枚，均出山西荣河县汉后土祠旁河岸中，非莒器明甚。余谓邰即春秋左氏传晋"吕甥"之吕也。吕甥，一云"瑕吕饴甥"，一云"阴饴甥瑕"。吕、阴皆晋邑。吕甥既亡，地为魏氏所有，此邰伯、邰▦，皆魏氏也。史记魏世家："晋文公命魏武子治于魏，生悼子。悼子徙治霍，生魏绛。"司马贞索隐引世本居篇，亦云"魏武子治魏，悼子徙霍"。魏于汉为河东郡河北县，霍于后汉为河东永安县。刘昭续汉书郡国志"永安县"下注引博物记曰："有吕乡，吕甥邑也。"元和郡县志"河东道晋州霍邑县"下云："吕坂在县东南[八]十里，有吕乡，晋大夫吕甥之邑也。唐武德中置吕州，取名于此。"是霍与吕相距至近。悼子徙霍，或治于吕，故遂以吕为氏。魏锜称吕锜，锜子魏相亦称吕相，亦称吕宣子，皆其证也。世本王侯大夫篇夺悼子一代，史记亦不载悼子之名。余谓吕锜即悼子。服、杜注左氏，以锜为魏犨子，杜氏又以绛为锜子。史记则云"武子生悼子，悼子生绛"，二说正同。虽武子之子尚有魏颗，然锜于鄢陵之役射楚王中目，退而战死，尤与"悼"之谥合也。魏氏出于毕公。此器云"毕公之孙，邰伯之子"，其为吕锜后人所作，彰彰明矣。顾吕在永安，**即今霍州**。此器出荣河者，盖春秋时魏氏采地实奄有河东之半，自河北春秋前魏国故地。以北，永安以南，安邑以西，西迄于河，皆魏地也。故魏寿余伪以魏入秦，而魏颗亦败秦师于辅氏。今荣河为汉之汾阴县地，介永安与河北之间，魏氏之器出于此，固其所也。铭中"毕公"，旧释"戴公"，或释"翼公"。然其字作㗊，与毕仲敦之㗊、橹伯敦之㗊正同。其从卝者，殷虚卜辞毕字或从又作㗊。殷虚书契前编卷五第十四页。从卝与从又同意。说文㗊、㗊二字皆从卝，知㗊可作㗊矣。以人、地二名互证，则邵为吕錡之吕无疑。

　　今荣河县，古盖有吕名。吕氏春秋、淮南均言："古者龙门未开，吕梁未发，河出孟门，大溢逆流。"高诱二书注均谓"吕梁在彭城吕县"。郦氏水经注又以离石之吕梁当之。胡氏禹贡锥指则曰："吕梁即禹贡之梁山，龙门之南山也。"尸子、吕氏春秋、淮南皆先言龙门，次言吕梁，其为夏阳之梁山无疑。案：夏阳梁山，正与今荣河县隔河相望，盖魏氏初治霍州之吕，故称吕氏。后徙汾阴，仍号汾阴为吕，如晋迁新田仍号为绛也。汾阴、夏阳间，本古河津，因谓之吕梁。其地适有梁山，于是梁山亦蒙吕梁之名矣。

秦新郪虎符跋

　　新郪虎符，文四行，错金书，云："甲兵之符，右在王，左在新郪。凡兴士被甲，用兵五十人以上，必会王符乃敢行之。燔燧事，虽无会符，行殹。"罗叔言参事得其影本，临以寄余。其文"甲"作㗊，"（弅）〔兵〕"作㗊，"在"作㗊，与秦阳陵符同；"凡"作㗊，与散氏盘同；"敢"作敧，也作殹，与诅楚文同；余字皆同小篆。余谓此秦符也。新郪本魏地。魏策苏秦说魏王：大王之国，"南有许鄢、昆阳、邵陵、舞阳、新郪"，至安釐王时尚为魏有。（魏）史记魏世家：安釐王"十一年，秦昭王四十一年。秦拔我郪丘"。应劭以为即"新郪"。然郪丘，秦本纪作

"邢丘"，六国表作"廪丘"。秦本纪言：是年，"攻魏，取邢丘、怀。"邢丘与怀，二地相接，自当以邢丘为长。其后，公子无忌说魏王云："秦叶阳、昆阳与舞阳邻。"是彼时叶阳、昆阳属秦，舞阳属魏。新郪在舞阳之东，其中间又隔以楚之陈邑。时楚正都陈，秦不能越魏、楚地而东取新郪明矣。至昭王五十四年，楚徙钜阳；始皇五年，又徙寿春。新郪入秦，当在此前后。然则此符当为秦并天下前二三十年间物也。

秦阳陵虎符跋

阳陵铜虎符，藏上虞罗氏。长汉建初尺四寸许，左右二符胶固为一，金错篆书，文各十二，曰："甲兵之符，右在皇帝，左在阳陵。"实秦虎符也。案汉书景帝纪："葬阳陵。"地理志：左冯翊阳陵县，"故弋阳，景帝更名。"或据此以为汉景、武以后之物。然与汉符不合者有五：一，史记及汉书文帝纪："二年九月，初与郡国守相为铜虎符、竹使符。"今传世汉虎符，其文皆云"与某郡守或大守。为虎符"，与此符文绝不同。又阳陵乃县名，非郡国名，无与为虎符之理。此与汉制不合者一也。汉符之数，应劭云："铜虎符第一至第五。"今传世汉符，肋下皆有某郡左几、某国右几字，皆记数字，此符无之，与汉制不合者二也。汉符传世者，其文刻于脊上，合之而后可读，如周官傅别之制。此符左右文同，皆在脊左右，如周官质剂之制。此其不合者三也。史记正义引崔豹古今注云："铜虎符，银错书之。"今古今注无此条。今传世汉符皆系银错，此符独用金错。此其不合者四也。此符字画颇肥，而所错之金极薄，几与以泥金书者相等。若汉世金错器，如莽币"一刀平五千"之"一刀"二字，则字细而金厚，他器如安昌车饰等亦然。此其不合者五也。若云秦符，则有四证焉：汉志阳陵虽云景帝所置，然史记高祖功臣侯年表有"阳陵侯"，傅宽列传亦同。索隐云"阳陵"，楚汉春秋作"阴陵"。然潍县郭氏有"阳陵邑丞"封泥，邑丞者，侯国之丞，足证傅宽所封为"阳陵"而非"阴陵"。是高帝时已有阳陵，其因秦故名，盖无可疑。此一证也。此符字数，左右各十二字，共二十四字，皆为六之倍数。案史记秦始皇本纪称"数以六为纪"，故秦一代刻石，有韵之文皆用六之倍数，此符亦同。此二证也。文字谨严宽博，骨劲肉丰，与泰山、琅邪台刻石大小虽异而体势正同，非汉人所能仿佛。此三证也。若云秦符，则其左右二符合并之故，亦可得而言焉。案：秦汉虎符，右常在内，左常在外，不相合并。秦始皇本纪及高祖本纪皆云："秦王子婴奉天子玺符，降轵道旁。"盖子婴于降汉之时，敛左符而并献之。秦玺入汉，既为传国之宝，此符虽不复用，亦必藏之故府，为国重器。合置既久，中生锈涩，遂不可开。否则，右符既不常在外，左符亦无入京师之理，二符无自胶固矣。此四证也。或又谓此符长短，与始皇本纪所云"符法冠皆六寸"者不合。然六寸之符谓竹使符，汉竹使符亦长六寸，同于秦制。若虎符则发兵之事，贵于慎密，短则易藏而难见，故长仅四寸许。此又求之事理而可通者也。

李斯书存于今者，仅泰山十字耳。琅邪台刻石，则破碎不复成字。即以拓本言，泰山刻石亦仅存二十九字，琅邪台虽有八十五字，而漫漶过半。此符乃秦重器，必相斯所书。而二十四字，字字清晰，谨严浑厚，径不过数分而有寻丈之势，当为秦书之冠。惜系错金为之，不能拓墨耳。

此符"甲"字作甲，从古文"甲"；"在"字作才，亦犹用古文，不用小篆。而会稽刻石"数动甲兵"之"甲"，峄山刻石"维初在昔"之"在"，皆与今小篆同。殆两刻皆在同一文字之后，此符之作尚在其前也。

行文平阙之式，古金文中无有也。惟琅邪台残石，则遇始皇帝"成功盛德"及"制曰可"等字，皆顶格书，此为平阙之始。此符左右各十二字，分为二行。"皇帝"二字适在第二行首，可知平阙之制，自秦以来然矣。

古代文字，极难作伪。如峄山刻石文虽不见于史记，然一读其文，可决其为嬴氏物也。此符虽寥寥十二言，然如"右在皇帝"四字，岂汉以后人所能作耶？

记新莽四虎符

传世新莽虎符四。潍县陈氏藏一符，脊文曰："新与河平□□连率为虎符。"胁文曰："河平郡左二。"吴县吴氏藏二符，其一脊文曰："新与压戎□□连率为虎符。"胁文曰："压戎郡右二。"其二曰："新与敦德广枏连率为虎符。"胁文曰："敦德郡左二。"吴县蒋氏藏一符，脊文曰："新与武亭汭汭连率为虎符。"胁文仅"武亭"二字可辨。皆错金书，与秦符同；脊文半在他符，故有不可辨之字。河平符"河平"半字下，为"邘（卽）〔卽〕[九]"二半字。案汉书地理志：平原郡，"莽曰河平"；又其属羽县，"莽曰羽贞"。则"（邘卽）〔邘卽〕[一○]"乃"羽贞"二字之半也。陇西郡，"莽曰压戎"；又其属西县，"莽曰西（次）〔治〕[一一]"。压戎符脊文"戎"字下存𢌞道二半字，似"西道"二字之半。此郡属县多以道名，疑莽之"西（次）〔治〕[一二]"亦名"西道"也。敦煌郡，"莽曰敦德"；其属广至县，"莽曰广桓"。吴氏第二符脊文"广"字下存木旁，则当是"桓"之半字也。惟武亭一郡，不见汉志。汉志载莽郡之以亭名者，有治亭，东郡。有同亭。䍧柯郡。而东郡属清县下，"莽曰清治"。今武亭符脊文"亭"下二字皆从水旁，疑"清治"二字之半，而"武亭"亦即"治亭"之初名。王莽之篡，成于东郡翟义之平，则名此郡为"武亭"，固其宜也。此诸符胁文但云河平郡、压戎郡、敦德郡、武亭郡，而脊文言河平羽贞连率、压戎西道连率、敦德广桓连率、武亭清治连率，于郡下复缀一县者，盖莽以古之连率所统非一国，故于郡下复举一县，使若统二郡者，实则仍领一郡而已。王莽传称"翼平连率田况"、"凤夜连率韩博"。翼平，故北海寿光县；凤夜，故东莱不夜县，均非莽郡。疑其本名当云"北海翼平连率"、"东莱夙夜连率"，**汉志北海、东莱不著莽所改名，盖均仍其故**。而史略之也。因跋此四符，遂并著之。

记隋铜虎符^[一三]

兵符之制，古者皆右在内而左在外，又左右之数各同。三代不可考。**曲礼**曰："献粟者执右契。"郑注："契，券要也。右为尊。"契以右为尊，符节可知；尊者在内，卑者在外，亦可知也。秦虎符右在皇帝，左在阳陵，盖用古制。汉则文帝二年，"初与郡国守相为铜虎符、竹使符"。师古曰："与郡守为符，右留京师，左以与之。"则右内左外，与秦制同。颜注又引应劭曰："铜虎符第一至第五，国家当发兵，遣使者至郡合符，乃听受之。"此藏于内者也。**文选**潘元茂**册魏公九锡文**云："授君金虎符第一至第五。"此颁于外者。是内外之数同也。今传世汉以后诸符，如汉魏郡太守虎符、**嘉定瞿氏藏**。东莱太守虎符、**潍县陈氏藏**。玄菟太守虎符、**海丰吴氏藏**。渔阳太守虎符、**吴县吴氏藏**。长沙太守虎符同上。及王莽压戎、敦德二符，胁文皆云"左二"；汉常山太守虎符**潍县陈氏藏**。则云"左三"。晋上党太守二符，一云"右二"，一云"左二"，是左右数同之证也。**左右各五**。隋兵符亦然。吴县蒋氏藏隋虎符八，吴氏藏隋符二，又有一符不知藏谁氏，共十一枚。其中右符六：曰"右御卫相原四"，曰"右御卫永昌二"，曰"右御卫美政五"，曰"右翊卫天井一"，曰"右翊卫石桥二"；左符五：曰"右御卫安昌四"，曰"右武卫白松二"，曰"右屯卫温阳一"，曰"右屯卫清湖四"，曰"左屯卫赤城五"。左右孰内孰外，虽不可考，然左右二符各有第四、第五，则左右之数亦当相等，如秦汉以来制也。兵符之制，至唐始大变。**大唐六典**载："铜鱼符，王畿之内左三右一，王畿之外左五右一。左者进内，右者在外。"不独左内右外，左右之数亦各不同。宋符则兼用古制与唐制二者。**玉海八十（二）〔五〕**^[一四]载："康定元年八月二十四日，端明殿学士李淑等言，参酌古制，定铜符形制，上刻篆文曰'某处发兵符'，下铸虎豹饰，而中分之。右符五，左旁作虎豹头四；左符一，右旁为四窍，令可契合。又以篆文相向侧刻十干字为号。右符留京师枢密院，左符降付诸处。庆历元年罢。"然则宋符右内左外，与秦汉同；而内五外一，则用唐制。自来兵符之制度，即此可覩矣。

伪周二龟符跋

　　吴县吴愙斋中丞藏龟符二，一曰"太和门外左龙武军"，二曰"鹰扬卫左紫辉第四"。二符皆赝也。案长安志云："大明宫东面第一门曰太和门。"又曰："太和门外，从东第一曰左羽林军，第二曰左龙武军，第三曰左神策军。"与此符合。然此符作龟形，当为武后时物，而龙武军置于元宗时。旧唐书职官志云："初，太宗选飞骑之尤骁健者别署百骑，以为翊卫之用。天后初，加置千骑。中宗加置万骑，分为左右营，置使以领之。开元二十七年，改为左右龙武军。"新书兵志则云："及元宗以万骑平韦氏，改为左右龙武军。"唐会要七十（一）〔二〕[一五]载："开元二十六年十一月，析左右羽林军，置龙武军，以左右万骑隶焉。"注云："或出开元二十七年三月廿七日。"此龟符为武后时物，时尚无左龙武军之名。又考唐六典成于开元二十四年，而北军只有左右羽林一军，无龙武军。杜甫曲江对雨诗："龙武新军深驻辇。"是诗作于至德之初，而军成于开元之末，相距十六七载，故曰"新军"。若伪周时已有龙武军，则不得云"新"矣。此龟符盖放九仙门外右神策军鱼符而作者，而不知武后时无龙武军也。又"鹰扬卫左紫辉第四"一符，乃左符。六典言："兵符，王畿之内左三右一。"鹰扬卫近在皇城，左符不得有四，亦系伪作。中丞博雅精鉴，乃于此二符失之。甚矣，考古之不易也。

元铜虎符跋

　　上虞罗氏藏铜牌一，上端文隐起作虎首，首下有孔，以便系佩。孔下蒙古字一行，两面同。余谓此即元史之虎符也。元之虎符，俗云"虎头牌"。汪元量水云集湖州歌云："文武官僚多二品，还乡尽带虎头牌。"关汉卿闺怨佳人拜月亭杂剧云："虎头儿金牌腰内悬。"则当时本谓之"牌"，不谓之"符"。雅言谓之"虎符"，名虽古，制则非矣。往读元史，窃怪元人受虎符之赐者极多，乃无一传世者。今见此牌，并忆汪、关诗词语，可以知当时金、银诸符之制矣。

王复斋钟鼎款识中晋前尺跋

　　古尺存于今者，惟曲阜孔氏之后汉建初尺、潍县某氏之新莽始建国铜尺耳。上虞罗氏藏古铜尺一、牙尺一，并与建初尺长短略等，然无铭识。以制度观之，实汉物也。又有元延铜尺，不知藏谁氏，较建初尺弱二分许，其铭识乃仿元延铜为之，盖非真物。蜀尺则上虞罗氏旧藏章武弩机，其望山上有金错小尺，与建初尺长短略同。此弩机后为端忠敏公索去，载于陶斋吉金录，图中失摹其尺，殊可惜也。又藏魏正始弩机，亦有尺度，较建初尺微长，殆即隋书律历志所谓"杜夔尺"也。晋尺未有传者，世所谓"晋前尺"，拓本皆出于王复斋钟鼎款识，国朝诸大家如沈果堂、程易畴、阮文达等，皆以是为真晋尺也。然其铭词则曰："周尺、汉志镏歆铜尺、后汉建武铜尺、晋前尺并同。"凡一十九字，与隋志所载晋前尺铭不合。隋志："祖冲之所传铜尺，其铭曰：'晋泰始十年，中书考古器，揆校今尺，长四分半。所校古法有七品：一曰姑洗玉律，二曰小吕玉律，三曰西京铜望臬，四曰金错望臬，五曰铜斛，六曰古泉，七日建武铜尺。姑洗微强，西京望臬微弱，其余与此尺同。'"凡八十二字。且此尺苟为荀勖所制，尤无自称"晋前尺"之理。故罗叔言参事疑为宋人仿造。余考之宋史律历志，知即宋高若讷所造隋志十五种尺之一也。宋志谓若讷"用汉货泉度尺寸，依隋书定尺十五种，上之，藏于太常寺。一周尺，与汉志刘歆铜斛尺、后汉建武中铜尺、晋前尺同"云云，与此尺铭辞只差三字，则此尺为若讷所造甚明。易畴先生乃谓以莽布校之，豪发不爽，遂定为真晋前尺，不知若讷此尺正用莽布所造，则自无不合之理。以易畴之聪明而尚为所欺，殊不可解。然复斋款识已收此拓本，则南宋人已以此为真晋尺。此亦犹政和礼器，南渡后即以为刘宋器也。然则晋前尺，世间久无此物，亦无拓本，虽可以建初、始建国二尺及钱布、弩机等推校之，亦仅能得其近似。若讷所造，复斋所收，亦所谓得其近似者。遽以是为真晋尺，则大误矣。

日本奈良正仓院藏六唐尺摹本跋

日本奈良正仓院藏唐尺六，乃彼国天平胜宝八年当唐至德二载。孝谦天皇之母后献于东大寺者。凡红牙拨镂尺二，绿牙拨镂尺二，白牙尺二，曾影印于东瀛珠光中。余从沈乙庵先生借摹，以今工部营造尺度之，绿牙尺乙长九寸五分五厘，红牙尺乙长九寸四分八厘，白牙尺二均长九寸三分，红牙尺甲与绿牙尺甲均长九寸二分六厘。其最长者，与余所制开元钱尺略同。其刻镂傅色，工丽绝伦。大唐六典"中尚署令"注："每年二月二日，进镂牙尺。"此云"红牙拨镂尺"、"绿牙拨镂尺"，并唐旧名。其制作之工，亦非有唐盛时不办。我国素无唐尺，此当为海内外仅存者矣。[一六]唐尺旧史无述，亦不言其与前代尺之比例，余疑其即用周、隋之尺。何以征之? 大唐六典"金部郎中职"言："凡度，以北方秬黍中者一黍之广为一分，十分为寸，十寸为尺，十二寸为大尺，十尺为丈。"又云："凡积秬黍为度量权衡者，调钟律、测晷景、合汤药及冠冕之制则用之，内外官司悉用大者。"而隋志谓"开皇官尺即后周市尺，当后周铁尺一尺二寸"。周、隋时以铁尺调律，以市尺、官尺供官私之用，唐之尺制，全出于此。此一证也。开皇时，以古斗三升为一升，古秤三斤为一斤，唐亦以古三两为一大两，分明出于隋制。权衡如是，度亦宜然。此二证也。后周铁尺，据达奚震、牛弘校以上党羊头山大黍，累百满尺，谓为合古，则六典所云"累黍之尺"，虽语出汉志，而事本宇文。又周、隋则累百满尺，唐则一黍为分，事正相合。且达奚震等奏，谓"许慎解，秬黍体大，本异于常。疑今之大者，正是其中"。是周、隋所据大黍，与唐所云"中黍"，本非有异。此三证也。宋史律历志载翰林学士丁度议，"今司天监表尺，和岘所谓西京铜望臬者，盖以为洛都故物也。原注："晋荀勖所用西京铜望臬盖西汉之物。和岘以洛阳为西京，乃唐东都耳。"今以货泉、错刀、货布、大泉等校之，则景表尺长六分有奇，略合宋、周、隋之尺。由此论之，铜斛、货布等尺寸，昭然可验。有唐享国三百年，其间制作法度，虽未逮周、汉，然亦可谓治安之世矣。今朝廷必欲尺之中，当依汉泉分寸。若以太祖膺图受禅，尝诏和岘用景表尺典修金石，七十年间，荐之郊庙，稽合唐制，以示诒谋，则可且用景表旧尺"云云。如是，则丁度以宋司天监所用景表尺为唐尺，其尺当汉泉尺一尺六分有奇，故丁度等谓唐尺略合于周、隋之尺，玉海谓其"与后周铁尺同"。此四证也。宋司天监景表尺，丁度等以为唐尺。然宋史律历志又谓："今司天监圭表，乃石晋时天文参谋赵延义所造。"则实非唐物。然五季未遑制作，则亦当仍用唐尺也。隋志言"开皇官尺当建武尺之一尺二寸八分一厘"，今此六尺中之红牙尺乙，正当建初尺之一尺二寸八分，二者比例相同。又唐书食货志言"开元通宝钱径八分"，此钱铸于高祖武德四年，必用隋尺。今累开元通宝钱十二有半，即唐之一尺，较此六尺中之最长者，仅长二分许。而寸寸而累之，又不能无稍赢余，其相去实属无几。此五证也。故唐尺存而隋尺存，隋尺存而隋志之十四尺无不存。学者于此观其略焉可也。

宋钜鹿故城所出三木尺拓本跋

宋钜鹿故城所出木尺三，藏上虞罗氏。以同时掘出之庆历、政和二碑观之，是北宋故物也。度以今工部营造尺，其一长九寸七分，与唐开元钱尺正同；其二又较长五分，盖由制作粗粗，非制度异也。以上尺寸均据拓本度之。拓本经装背后，纸每伸展，其实物当较短于此。以此三尺与唐尺比较观之，知宋公、私尺度仍用唐旧制。程文简演繁露云："官尺者，与浙尺同，仅比淮尺十八，而京尺又多淮尺十二，公、私随事致用。予尝怪之，盖见唐制，而知其来久矣。金部定度，以北方秬黍中者为则，凡横度及百黍即为一尺。此尺既定，而尺加二寸，别名大尺。唐帛每四丈为一匹，用大尺准之，盖秬尺四十八尺也。今官帛亦以四丈为匹，而官帛乃今官尺四十八尺，准以淮尺，正其四丈也。国朝事多本唐，岂今之官尺即用唐秬尺为定耶？不然，何为官府通用省尺，而缯帛特用淮尺也"云云。今观唐六牙尺与此三木尺，知程氏之言不诬。此三尺盖即所谓"淮尺"，虽略长于唐大尺，而岁久差讹与制法疏拙，略有异同，亦固其所。且唐有大、小二尺，而官、私用大尺；宋有淮、浙二尺，而缯帛用淮尺。二尺之间，其差皆十与八之比，则宋尺承用唐尺明矣。若程氏所云"京尺长淮尺十二"，此又地方特殊之尺，姑存而不论可也。

宋三司布帛尺摹本跋

宋三司布帛尺，藏曲阜孔氏。原尺世未得见，世所传摹本，长工部营造尺八寸七分强。案：玉海列三司布帛尺于皇祐古尺、元祐乐尺之前，又元丰改官制后，更无"三司使"之名，则此尺乃宋初尺也。惟诸书所记三司尺，长短颇有异同。程氏演繁露谓："官尺，省尺，与浙尺同。"赵与峕宾退录谓："省尺者，三司布帛尺也。周尺当布帛尺七寸五分弱，于今浙尺为八寸四分。"案：省尺七寸五分当浙尺之八寸四分，以比例求之，则省尺当浙尺之一尺一寸二分，浙尺当省尺之八寸九分四厘有奇，与程说不同。然征之布帛尺摹本，则其八寸九分四厘，即浙尺之长。略同唐柜尺。浙尺比淮尺十八，淮尺自当略同唐大尺，则程氏谓浙尺、淮尺出于唐尺，其说甚是。惟谓省尺与浙尺同，则未谛也。尝考尺度之制，由短而长，殆为定例。其增率之速，莫剧于西晋、后魏之间，三百年间，几增十分之三。求其原因，实由魏晋以后，以绢布为调，官吏惧其短耗，又欲多取于民，故代有增益。此三司布帛尺之大于唐柜尺，亦不外此例。唐以大尺四丈为匹，宋以布帛尺四十八尺为匹，据程氏说。增于唐者已逾十分之一，而民间所用浙尺、淮尺，则尚仍唐旧。知此，可以明此尺与唐尺及宋淮、浙二尺不同之故矣。

匈奴相邦印跋

匈奴相邦玉印，藏皖中黄氏。其形制、文字均类先秦古钵，当是战国讫秦汉间之物。考六国执政者均称"相邦"：秦有相邦吕不韦，见戈文。魏有相邦建信侯。见剑文。今观此印，知匈奴亦然矣。史家作"相国"者，盖避汉高帝讳改。史记大将军票骑列传屡言获匈奴相国、都尉等；而匈奴列传记匈奴官制，但著左、右贤王以下二十四长而不举其目，又言"二十四长亦各自置千长、百长、十长、裨小王、相封、都尉、当户、且渠之属。"汉书"相"下无"封"字。"相封"即"相邦"，古"邦"、"封"二字形、声并相近，易"邦"为"封"，亦避高帝讳耳。惟匈奴传之"相封"，谓左右贤王以下所置相。匈奴诸王各有分地，大略如汉之诸侯王，其相亦当如汉之诸侯相。此匈奴相邦，则单于自置之相，略如汉之丞相矣。匈奴遗物传世者，惟汉所赐之匈奴官印，其形制、文字自当与汉印同。此印年代较古，又为匈奴所自造，而制度、文字并同先秦。可见匈奴与中国言语虽殊，尚未自制文字。即有文字，亦当在冒顿、老上以后，非初业之事矣。

一贯背合同铜印跋^[一七]

上虞罗氏藏一贯背合同铜印，此南宋会子印也。金人钞币，亦有合同印。金史食货志言："先是，尝行三合同交钞，至泰和二年，止行于民间。"今传世金大钞铜板，阑外有中都合同、南京合同、平凉府合同三印。又太仓徐氏藏贞祐五贯铜板，阑外有京兆府合同、平凉府合同二印。其印皆附于板上。此云"一贯背合同"，不著地名而著贯数，与金制不同。案宋史舆服志载："行在都茶场会子库，每界给印二十五，国用印三钮，各以'三省户房国用司会子印'为文；检察印五钮，各以'提领会子库检察印'为文；库印五钮，各以'会子库印造会子印'为文；合同印十二钮，一贯文二钮，各以'会子库一贯文合同'为文；五百文、二百文准此。"此云"一贯背合同"，亦著贯数，乃宋制也。宋志所云"一贯文合同"，盖印于会子面者，与金钞板所附合同印同。此云"背合同"，必印于会子之背。明洪武一贯宝钞，背有印造宝钞局印及一贯印，当仍金元旧制。以此推之，则宋之会子，纸背亦当有印。又金之地名合同印，皆与钞板联合者，所以省重印之劳。此印单行，为印于纸背者无疑矣。因宋志失记，故详著之。

齐鲁封泥集存序

自宋人始为金石之学，欧、赵、黄、洪各据古代遗文以证经考史，咸有创获。然涂术虽启而流派未宏，近二百年始益光大。于是三古遗物，应世而出。金石之出于邱陇窟穴者，既数十倍于往昔。此外如洹阴之甲骨、燕齐之陶器、西域之简牍、巴蜀齐鲁之封泥，皆出于近数十年间，而金石之名乃不足以该之矣。之数者，其数量之多，年代之古，与金石同；其足以考经证史，亦与金石同。皆古人所不及见也。癸丑之岁，上虞罗叔言参事既印行敦煌古佚书及所藏洹阴甲骨文字，复以所藏古封泥拓本，足补潍县陈氏、海丰吴氏封泥考略之阙者甚多，因属国维就考略所无者，据汉书表、志为之编次，得四百余种，付诸精印，以行于世。窃谓封泥之物与古玺相表里，而官印之种类，较古玺印为尤夥，其足以考正古代官制、地理者，为用至大。姑就此编所录，举其荦荦大者。以官制言之，则汉诸侯王官属与汉朝无异也。汉书诸侯王表谓"藩国宫室百官同制京师"，百官公卿表谓"诸侯王群大夫都官如汉朝"，贾谊书亦谓"天子之于诸侯，臣同、御同、宫墙门卫同"。初疑其为充类之说，非尽实录。乃此编所载齐国属官，除丞相、御史大夫外，则大匠当汉之将作大匠，长秋当汉之大长秋。下至九卿所属令丞，如大祝、祠祀、园寝诸官为奉常之属，郎中为郎中令之属，中厩丞为太仆之属，内官丞为宗正之属，大仓、大官、乐府、居室、谒者、御府、宦者诸官为少府之属，武库丞为中尉之属，食官为詹事之属，钟官为水衡之属。属官既备，长吏可知。始知贾生等齐之篇、孟坚"同制"之说，信而有征。此其关于官制者一也。若夫扶风列表、司马续志，成书较后，颇有阙遗。此篇所录，则汉朝官如雒阳宫丞、宫司空、私官丞、中私官丞，汉书张安世传虽有"私官"，然百官表有"私府"无"私官"。王侯属官如齐武士丞、齐昌守丞、齐中右马、齐中左马、齐司空长、齐司宫丞、齐左工丞、菑川郎丞、载国大行，郡县属官如水丞、平丞、陶丞，余官如司空、祠官、橘监、发弩、兵府、冶府，皆班表、马志所未载。余如"捫马五丞"中之有农丞、乐府之有钟官，此乐府铸钟镈之官，非水衡掌铸钱之钟官也。钟官之有火丞，班表亦仅列官府之目，未详分职之名。此关于官制者二也。至于考证地理，所裨尤多。以建置言之，则此编中郡守封泥，有临菑、济北二郡；大守封泥，有河间、即墨二郡；都尉封泥，有城阳一郡，皆汉志所无。案汉书高帝纪："以胶东、胶西、临淄、济北、博阳、城阳郡七十三县，立子肥为齐王。"史记齐悼惠世家："以齐之城阳郡立朱虚侯为城阳王，以齐济北郡立东牟侯为济北王。"则汉初及全齐之时，有临淄、城阳、济北三郡也。楚元王世家："取赵之河间郡，立赵王遂弟辟疆为河间王。"是赵国有河间郡也。且济北建国，自兴居国除之后、安都侯未封之前，中为汉郡者十一年。城阳，则共王徙淮南后，中为汉郡者四年，皆在孝景改郡守为大守、郡尉为都尉之前。则济北、城阳守尉二印，固所宜有也。惟临菑守一印，则齐国既建之后，当称"内史"；国除之后，又当称"齐郡太守"。此印云"临菑守"，必在高帝初叶，悼惠未封之时，且"临菑"二字，犹当为秦郡之名也。夫始皇既灭六国，所置诸郡，无即以其国名之者，东郡不云"卫郡"，颍川不云"韩郡"，邯郸不云"赵郡"。何独临淄乃称"齐郡"？然则汉之初，郡必袭秦名，则班固以齐郡为秦郡，而不云"故秦临淄郡"者，非也。河间、即墨二大守封泥，皆孝景中二年以后物。即墨乃胶东国属县，而河间、胶东二国，自孝景以至孝平，未有绝世。光武中兴，乃并河间于信都，以胶东封贾复。然则此二郡大守之印，当在亡新之后、建武之初，与封泥考略之胶东大守、胶西大守二印，均足补汉志之阙者也。此外，县邑封泥，如卢邱丞、梧里丞、稷丞等，前后二志均无此县。此关于地理之建置者一也。汉表称列侯所食县曰"国"，皇太后、皇后、公主所食曰"邑"。今此编中，邑丞封泥二十有八，除琅邪为鲁元公主所食邑外，余皆列侯食邑，惟"载国大行"一封泥乃称"国"耳。此关于地理之称号者二也。又县邑之名，往往岐误。如齐悼惠王子罢军所封侯国，史、汉均作"管"，今封泥有"菅侯相印"。菅属济南，时为齐县，王子所封，当在境内。则"管侯"乃"菅侯"之讹也。齐哀王舅驷钧所封国，史记孝文纪作"清郭"，汉书文帝纪作"靖郭"，史表作"清都"，汉表作"邬"，徐广注史表又云"一作枭"。今封泥有"请郭邑丞"、"请郭丞"，则知前五名皆"请郭"之讹也。华毋害所封国，史表作"绛阳"，汉表作"终陵"。今有"绛陵邑丞"封泥，则史记"阳"字误，汉书"终"字误也。祕，彭祖之国，史、汉二表并作"戴"，索隐"音再"。今有"载国大行"封泥，则音不误而字误也。余如"临淄"之为"临菑"，"剧"之为"勮"，"莱芜"之为"来无"，"不其"之为"茀其"，"临辕"之为"临袁"，均字有通假，形有增损，非有实物，孰能知之？此关于地理者三也。至于二书违异，无所适从，如汉表"浟夷侯周舍"，史表"浟"作"郊"；"郁根侯骄"，史表"郁根"作"郁狼"。今封泥有"郊侯邑丞"及"郁狼乡印"，左传隐元年注亦云"高平方与县东南有郁郎亭"，与此封泥字异音同，则史是而汉非也。"济南著县"，前后二志均为"著"字，韦昭读为"蓍龟"之"蓍"，师古非之。然后魏济南尚有蓍县，今封泥又有"蓍丞之印"，则韦是而颜非也。"东莱掖县"，二志皆从手旁，齐策两云"夜邑"，今封泥有"夜丞之印"及"夜印"，则齐策是也。古地名有"历"字者，字均作"磿"。如秦策及史记春申君列传之"濮磿"，史记侯表之"磿侯"，乐毅列传之"磿室"，今本皆转讹作"磨"。今封泥有"磿城丞印"，足证上三"磨"字皆"磿"之讹。此关于地理者四也。凡此数端，皆足以存一代之故，发千载之覆，决聚讼之疑，正沿袭之误，其于史学裨补非鲜。若夫书迹之妙，冶铸之精，千里之润，施及艺苑，则又此书之余事，而无待赘言者也。至封泥之由来与其运用，详余简牍检署考。其出土源流，则参事序中详之，并不赘云。

齐鲁封泥集存书后[一八]

齐鲁封泥集存中，有清河大守、河间大守、即墨大守三印，文字精绝。自其形制观之，当为汉初之物，与中叶后印绝不同。余前序此书，以改郡守为太守在景帝中二年七月，汉书景帝纪及百官公卿表具有明文。而河间国封于孝景前二年四月；胶东国治即墨，封于孝景中二年三月。自是迄于王莽之篡，未尝为汉郡，是前汉不得有此二郡大守，故定为光武初年之物。然细观之，其形制、文字终不类东京。又考之后汉之初，亦无置即墨郡之理。即墨在前汉为胶东国都，至王莽废胶东国为郡，改为郁秩，以其属县之郁秩莽曰"郁秩亭"。为名，则莽时之郁秩郡，当治郁秩而不治即墨。光武但复胶东之名，而郡治仍之，故建武十三年封贾复为胶东侯，食郁秩、壮武、下密、即墨、梃胡、观阳六县，以郁秩为首。至肃宗时，复孙敏有罪，国除，更封复小子邯为胶东侯，邯弟宗为即墨侯，各食一县，以胶东与即墨为二县。胶东，前无此县，盖即郁秩。此又后汉之胶东不治即墨而治郁秩之一证也。故光武初年决无置即墨郡之理。而景帝中二年后，迄于孝平，胶东国又未尝为汉郡，则此印非汉初之物而何？盖即墨自战国时已为重地，与临淄并，故张仪说齐王曰："临淄、即墨，非王之有。"田肯说汉高帝，亦曰"齐东有琅邪、即墨之饶"。田市之王胶东，实都即墨。及高帝以胶东等郡立子肥为齐王，文帝分齐别郡置胶东国，亦仍其故治。而中间胶东郡之称，或为即墨，犹菑川郡之或称剧郡，东海郡之或称郯郡，淮阳郡之或称陈郡，各以所治之县名之也。故即墨为汉初之郡，殆无可疑。汉书高五王传谓"齐悼惠王得自置二千石"，此印犹当为悼惠王所铸也。河间大守、清河大守二印，形制相同，亦可因此而决其为汉初之物。至大守之称，战国时已有之，亦非自景帝中二年始。墨子号令篇云"操大守之节而使者"，又云"勇士父母亲戚妻子之舍，必近大守"，又云"望气者舍，必近大守"，凡言大守者三。赵策："请以三万户之都封大守，千户封县令。"史记赵世家亦引其文，则战国时已有大守矣。即云墨子号令诸篇多秦汉间制度，或系汉时墨者所作，战国策之文，亦有后人增益，然上所述地理沿革上之证据既明白如彼，则转可由此封泥而证汉初郡守已名大守。至景帝中二年更名郡守为大守，不过以七国既平，大启郡县，其时领郡之官或称郡守，或称大守，故整齐画一之耳。同时又改郡尉为都尉，都尉之称，汉初亦有之，均非至是创作也。

此编又有"齐昌守丞"封泥，殆亦齐悼惠王时物。案：汉志无昌郡，则不得有守丞。惟琅邪郡有昌县，又千乘郡博昌县下注引应劭曰："昌水出东莱昌阳。"皆在齐地。此当与即墨郡皆为悼惠王所置，此"昌守丞"上冠以"齐"字，尤明示此事实矣。

汉黄肠木刻字跋[一九]

甲寅、乙卯间，粤东南海人治地得南越文王故冢，有大木数十章，皆长丈余，方尺余，每章刻甫一、甫二以至甫几十。此木有"甫十八"三字，盖其第十八枚。余谓此椁木也。古椁用木为之，檀弓曰"天子柏椁"、丧大记曰"君松椁，大夫柏椁，士杂木椁"是也。汉时谓之"黄肠"。汉书霍光传："赐梓宫、便房、黄肠题凑。"如淳引汉仪注曰："天子陵中明中高丈二尺四寸，周二丈，内梓宫，次楩椁，黄肠题凑。"是黄肠题凑最在外也。[二〇]黄肠之为木固矣。然后世或兼以石为之。周礼方相氏郑注云："天子之椁柏，黄肠为里，而表以石焉。"郑君之注，盖以汉制说周礼，其所用之石，亦谓之黄肠。余曩见湏阳端氏藏一石，上刻三十三字，曰："第九百二十五，广三尺，厚尺五寸，长三尺九寸二分。熹平元年十月，更黄肠掾王条主。"按此种墓石，古代已有出土者。水经济水注："汉灵帝建宁四年，于敖城西北垒石为门，以遏渠口，浚仪渠。谓之石门。石铭曰'建宁四年十一月黄肠石'也，而主吏姓名摩灭不可复识"云云。实则郦氏所见石门，实后世发汉建宁旧墓石为之。郦氏误以治石之年为作门之年，不悟水门之铭不得称"黄肠石"也。然则黄肠本用木，后代以石。端氏藏石所云"更黄肠"者，更者，代也。其所云"第九百二十五"者，即此木之所记甫一、甫二以至于甫几十也。又襄见阳嘉元年一石，云"第卅二"；熹平三年一石，云"第四百四十三"，皆与此同。而此前于诸石者又数百年，可以见汉代文化南北略同矣。

校勘记

[一]"保定清苑之南乡"，王国维后改作"直隶易州"，并在本段文字上加如下眉批："后知此三器本出易州。"遗书本作"易州"。

[二]"清苑"，王国维后自作正误更作"易州"，遗书本同。

[三]"保定"，王国维后自作正误更作"易州"，遗书本同。

[四]"清苑"，后王国维改作"易州"。

[五]"采师"，据遗书本及文意改作"采诗"。

[六]王国维后于本段文字上加如下眉批："吕与叔考古图有散季敦，云出于乾之永寿。"遗书本将此眉批作为小字注，附于"散氏故虚必距此不远"之下。

[七]王国维后于本段文字上加如下眉批："淳于在今山东青州府安丘县境。光绪初，青州出铸子叔黑颐所作鼎、簠诸器，是亦铸、州为一之证。"遗书本将此眉批作为小字注，附于本篇跋文末。

[八]"东南"，四库全书本元和郡县志作"西南"。

[九]"꿔卣"之"卣"，王国维后更作"卣"。遗书本则作"彐卣"。

[一〇]"꿔卣"，王国维后更作"꿔卣"。遗书本则作"彐卣"。

[一一]"西次"，据汉书地理志改作"西治"。

[一二]"西次"，据汉书地理志改作"西治"。

[一三]"记隋铜虎符"，遗书本作"隋铜虎符跋"。

[一四]"八十二"，据玉海改作"八十五"。

[一五]"七十一"，据唐会要改作"七十二"。

〔一六〕王国维后于此段文字上加如下眉批："丙寅五月，乌程蒋谷孙寄余镂牙尺拓本，其形制、长短与正仓院所藏唐尺同。此尺即藏谷孙许。"遗书本将此眉批作为小字注，附于"仅存者矣"之下。"形制"作"形製"，"谷孙许"作"谷孙处"，末尾又加一句："始知我国非无唐尺也。"

〔一七〕遗书本"一贯"上有"宋"字。

〔一八〕遗书本"后"上无"书"字。

〔一九〕"汉"，遗书本作"南越"。

〔二○〕王国维后于此段文字上加如下眉批："水经湘水注引郭颁世语：'魏黄初末，吴人发长沙王吴芮塚取木，于县立孙坚庙。'墓中之木可作庙材，其巨可知。南粤墓中，木皆巨材，可见当时制度皆如此。"遗书本将此眉批增入"黄肠题凑最在外也"之下。唯"塚"作"冢"，"墓中之木"无"之"，"南粤"作"南越"，"木皆巨材"无"木"字。

释　史①

　　说文解字："史，记事者也。从又持中。中，正也。"其字，古文、篆文并作𠁻，从中。秦泰山刻石"御史大夫"之"史"，说文大、小徐二本皆如此作。案：古文"中正"之字作𠁁、𠁂、𠁃、𠁄、𠁅、𠁆诸形，"伯仲"之"仲"作中，无作中者。唯篆文始作中。且"中正"，无形之物德，非可手持。然则"史"所从之"中"，果何物乎？吴氏大澂曰："史象手执简形。"然中与简形殊不类。江氏永周礼疑义举要云："凡官府簿书谓之'中'。故诸官言'治中'、'受中'，小司寇'断庶民

　　① 选自王国维《观堂集林》（卷第六·艺林六）。

狱讼之中’，皆谓簿书，犹今之案卷也。此‘中’字之本义。故掌文书者，谓之‘史’。其字从又、从中。‘又’者，右手，以手持簿书也。‘吏’字、‘事’字皆有‘中’字。天有‘司中星’，后世有‘治中’之官，皆取此义。”江氏以“中”为簿书，较吴氏以“中”为简者得之。简为一简，簿书则需众简。顾簿书何以云“中”，亦不能得其说。案：周礼大史职：“凡射事，饰中，舍筹。”大射仪：司射“命释获者设中”，“大史释获。小臣师执中，先首，坐设之；东面，退。大史实八筹于中，横委其余于中西”。又：“释获者坐取中之八筹，改实八筹，兴，执而俟。乃射。若中，则释获者每一个释一筹，上射于右，下射于左。若有余筹，则反委之。又取中之八筹，改实八筹于中。兴，执而俟”云云。此即大史职所云“饰中，舍筹”之事。是“中”者，盛筹之器也。中之制度，乡射“记”云：“鹿中：髤，前足跪，凿背容八筹。释获者奉之，先首。”又云：“君，国中射，则皮树中；于郊，则闾中；于竟，则虎中。大夫，兕中；士，鹿中。”是周时中制皆作兽形，有首有足，凿背容八筹，亦与中字形不类。余疑中作兽形者，乃周末弥文之制。其初当如中形，而于中之上横凿孔以立筹，达于下横；其中央一直，乃所以持之，且可建之于他器者也。考古者简与筹为一物。古之简策，最长者二尺四寸，其次二分取一为一尺二寸，其次三分取一为八寸，其次四分取一为六寸。详见余简牍检署考。筹之制，亦有一尺二寸与六寸二种。射时所释之筹长尺二寸，投壶筹长尺有二寸。乡射“记”：“箭筹八十。长尺有握，握素。”注：“箭，篠也。筹，筹也。握，本所持处也。素，谓刊之也。刊本一肤。”贾疏：“云‘长尺’，复云‘有握’，则‘握’在一尺之外。则此筹尺四寸矣。云‘刊本一肤’者，公羊传僖三十一年：‘肤寸而合。’何休云：‘侧手为肤’。又投壶：‘室中五扶。’注云：‘铺四指曰扶。案：文选应休琏与从弟君苗君胄书注引尚书大传曰：“扶寸而合，不崇朝而雨天下。”郑玄曰：“四指为扶。”是“扶”、“肤”一字。一指案寸。'皆谓布四指，一指一寸，四指则四寸。引之者证'握'、'肤'为一，谓刊四寸也。"所纪筹之长短，与投壶不同。疑乡射"记"以周八寸尺言，故为尺四寸；投壶以周十寸尺言，故为尺有二寸。犹盐铁论言"二尺四寸之律"，而史记酷吏传言"三尺法"，汉书朱博传言"三尺律令"，皆由于八寸尺与十寸尺之不同，其实一也。计历数之算，则长六寸。汉书律历志："筹法用竹，径一分，长六寸。"说文解字："筹，长六寸，计历数者。"尺二寸与六寸，皆与简策同制。故古"筹"、"策"二字，往往互用。既夕礼："主人之史请读赗，执筹，从枢东。"注："古文'筹'皆作'策'。"老子："善计者不用筹策。"意谓不用筹筹也。史记五帝本纪："迎日推策。"集解引晋灼曰："策，数也。迎，数之也。"案："策"无"数"义，惟说文解字云："算，数也。"则晋灼时本当作"迎日推算"，又假"筹"为"算"也。汉荡阴令张迁碑："八月，策民。"案：后汉书皇后纪："汉法，常以八月算人。"是"八月策民"即"八月算民"，亦以"策"为"算"。是古筹、策同物之证也。射时舍筹，既为史事，而他事用筹者，亦史之所掌。周礼冯相氏、保章氏皆大史属官。月令："乃命大史守典奉法，司天、日、月、星辰之行。"是计历数者，史之事也。又古者筮多用策以代著。易系辞传言"乾之策，坤之策"，士冠礼："筮人执策。"又周秦诸书多言"龟策"，罕言"著龟"，"策"、"筹"实一字。而古者卜筮亦史掌之。少牢馈食礼："筮者为史。"左氏传亦有"筮史"。是筮亦史事。筹与简策本是一物，又皆为史之所执，则盛筹之中，盖亦用以盛简。简之多者，自当编之为篇。若数在十简左右者，盛之于中，其用较便。逸周书尝麦解："宰乃承王中，升自客阶，作策，执策，从中。宰坐，尊中于大正之前。"是中、策二物相将，其为盛策之器无疑。故当时簿书亦谓之"中"。周礼天府："凡官府、乡、州及都鄙之治中，受而藏之。"小司寇："以三刺断庶民狱讼之中。"又："登中于天府。"乡士、遂士、方士："狱讼成，士师受中。"楚语："左执鬼中。"盖均谓此物也。然则"史"字"从又持中"，义为持书之人，与"尹"之从又持丨象笔形。者同意矣。

然则，谓中为盛策之器，"史"之义不取诸持筭而取诸持策，亦有说乎？曰：有。持筭为史事者，正由持策为史事故也。古者，书、策皆史掌之。<u>书金縢</u>："史乃册祝。"<u>洛诰</u>："王命作册逸祝册。"又："作册逸诰。"<u>顾命</u>："大史秉书，由宾阶隮，御王册命。"<u>周礼大史</u>："掌建邦之六典，掌法，掌则。凡邦国都鄙及万民之有约剂者，藏之，以贰六官，六官之所登。大祭祀，戒及宿之日，与群执事读礼书而协事。祭之日，执书以次位常。大会同、朝觐，以书协礼事。及将币之日，执书以诏王。大师，抱天时，与大师同车。大迁国，抱法以前。大丧，执法以莅劝防。遣之日，读诔。"<u>小史</u>："掌邦国之志，奠系世，辨昭穆。若有事，则诏王之忌讳。大祭，读礼法，史以书辨[一]昭穆之俎簋。卿大夫之丧，赐谥，读诔。"<u>内史</u>："掌王之八枋之法，以诏王治。执国法及国令之贰，以考政事，以逆会计。凡命诸侯及（公）〔孤〕卿大夫，则册命[二]之。凡四方之事书，内史读之。王制禄，则赞为之，以方出之。内史掌书王命，遂贰之。"<u>外史</u>："掌书外令，掌四方之志，掌三皇五帝之书，掌达书名于四方。若以书使于四方，则书其令。"<u>御史</u>："掌赞书。"<u>女史</u>："掌书内令。"<u>聘礼</u>："夕币，史读书展币。"又："誓于其竟，史读书。"<u>觐礼</u>："诸公奉箧服，加命书于其上，升自西阶，东面。大史是右，侯氏升，西面立。大史述命。"<u>注</u>："读王命书也。"<u>既夕礼</u>："主人之史请读赗。"又："公史自西方东面，读遣卒命。"<u>曲礼</u>："史载笔。"<u>王制</u>："大史典礼，执简记，奉讳恶。"<u>玉藻</u>："动则左史书之，言则右史书之。"<u>祭统</u>："史由君右执策命之。"<u>毛诗静女传</u>："古者，后、夫人必有女史彤管之法。史不记过，其罪杀之。"又周六官之属，掌文书者，亦皆谓之史。则史之职，专以藏书、读书、作书为事。其字所从之"中"，自当为盛策之器。此得由其职掌证之者也。

　　史为掌书之官，自古为要职。殷商以前，其官之尊卑虽不可知，然大小官名及职事之名多由史出，则史之位尊地要可知矣。说文解字："事，职也。从史，屮省声。"又："吏，治人者也。从一、从史，史亦声。"然殷人卜辞皆以"史"为"事"，是尚无"事"字。周初之器，如毛公鼎、番生敦二器；"卿事"作"事"，"大史"作"史"，始别为二字。然毛公鼎之"事"作🔣，小子师敦之"卿事"作🔣，师寰敦之"啬事"作🔣，从中，上有斿，又持之，亦"史"之繁文。或省作🔣，皆所以微与"史"之本字相别。其实犹是一字也。古之官名，多由史出。殷周间王室执政之官，经传作"卿士"，书牧誓："是以为大夫卿士。"洪范："谋及卿士。"又："卿士惟月。"顾命："卿士、邦君。"诗商颂："降予卿士。"是殷周间已有"卿士"之称。而毛公鼎、小子师敦、番生敦作"卿事"，殷虚卜辞作"卿史"，殷虚书契前编卷二第二十三页，又卷四第二十一页。是卿士本名"史"也。又：天子、诸侯之执政通称"御事"，书牧誓："我友邦冢君、御事。"大诰："大诰猷尔多邦越尔御事。"又："肆余告我友邦君越尹氏、庶士、御事。"酒诰："厥诰毖庶邦庶士越少正、御事。"又："我西土棐徂邦君、御事、小子。"梓材："王其效邦君越御事。"召诰："诰告庶殷越自乃御事。"又："王先服殷御事，比介于我有周御事。"洛诰："予旦以多子越御事。"文侯之命：'即我御事罔或耆寿，俊在厥服。"多以邦君、御事并称，盖谓诸侯之执政者也。而殷虚卜辞则称"御史"，殷虚书契前编卷四第二十八页。是"御事"亦名"史"也。又古之六卿，书甘誓谓之"六事"。司徒、司马、司空，诗小雅谓之"三事"，又谓之"三有事"，春秋左氏传谓之"三吏"。此皆大官之称"事"若"吏"即称"史"者也。书酒诰："有正、有事。"又："兹乃允惟王正事之臣。"立政："立政、立事。""正"与"事"对文。长官谓之"正"，若"政"；庶官谓之"事"。此庶官之称"事"即称"史"者也。"史"之本义为持书之人，引申而为大官及庶官之称，又引申而为职事之称。其后三者，各需专字，于是"史"、"吏"、"事"三字于小篆中截然有别：持书者谓之"史"，治人者谓之"吏"，职事谓之"事"。此盖出于秦汉之际，而诗、书之文尚不甚区别，由上文所征引者知之矣。

殷以前，史之尊卑虽不可考，然卿事、御事均以"史"名，则史官之秩亦略可知。曲礼："天子建天官，先六大，曰大宰、大宗、大史、大祝、大士、大卜，典司六典。"注："此盖殷时制也。大史与大宰同掌天官，固当在卿位矣。左氏传桓十七年："天子有日官，诸侯有日御。日官居卿以底日。"以日官为卿，或亦殷制。周则据春官序官，大史，下大夫二人，上士四人；小史，中士八人，下士十有六人；内史，中大夫一人，下大夫二人，上士四人，中士八人，下士十有六人；外史，上士四人，中士八人，下士十有六人。御史，中士八人，下士十有六人。其中，官以大史为长，郑注："大史，史官之长。"或疑书酒诰称"大史友"、"内史友"，大戴礼记盛德篇云"大史、内史，左右手也"，似大史、内史各自为寮，不相统属；且内史官在大史上，尤不得为大史之属。然毛公鼎云："御事寮、大史寮。"番生敦云："御事、大史寮。"不言内史。盖析言之，则大史、内史为二寮；合言之，则为大史一寮。又周官长、贰不问官之尊卑。如乡老以公、乡大夫以卿而为大司徒之属，世妇以卿而为大宗伯之属，皆是。则内史为大史之属亦不嫌也。秩以内史为尊。内史之官虽在卿下，然其职之机要，除冢宰外，实为他卿所不及。自诗、书、彝器观之，内史实执政之一人。其职与后汉以后之尚书令，唐、宋之中书舍人、翰林学士，明之大学士相当，盖枢要之任也。此官，周初谓之"作册"，其长谓之"尹氏"。"尹"字从又持丨，象笔形。说文所载"尹"之古文作𠃊。虽传写讹舛，未可尽信，然其下犹为"聿"形，可互证也。持中为"史"，持笔为"尹"，作册之名亦与此意相会。试详证之。书洛诰："王命作册逸祝册。"又："作册逸告。""作册"二字，伪孔传以"王为册书"释之。顾命："命作册度。"传亦以"命史为册书法度"释之。孙氏诒让周礼正义始云："尹逸，盖为内史。以其所掌职事言之，谓之'作册'。"古籀拾遗宂（卣）〔敦〕[三]跋略同。始以"作册"为内史之异名。余以古书及古器证之，孙说是也。案书毕命序："康王命作册毕分居里，成周（东）郊[四]，作毕命。"史记周本纪作"康王命作册毕公"。盖不知"作册"为官名，"毕"为人名，而以毕公当之。为伪古文毕命之所本。汉书律历志引逸毕命丰刑曰："王命作册丰刑。"逸周书尝麦解亦有"作策"。此皆作册一官之见于古书者。其见于古器者，则癸亥父己鼎云："王赏作册丰贝。"畏卣云："王姜命作册畏安夷。"伯吴尊盖云："宰朏右作册吴入门。"皆以"作册"二字冠于人名上，与书同例。而吴尊盖之"作册吴"，虎敦、牧敦皆作"内史吴"。是"作册"即内史之明证也。亦称"作册内史"。师馀敦："王呼作册内史册命师馀。"尢盂："王在周，命作册内史锡尢卣□□。"亦称"作命内史"，刺鼎"王呼作命内史册命刺"是也。内史之长曰"内史尹"，亦曰"作册尹"。师兑敦："王呼内史尹册命师兑。"师晨鼎："王呼作册尹册命师晨。"尢敦："王受作册尹者，假为"书"[五]字，俾册命尢。"是也。亦单称"尹氏"。诗大雅："王谓尹氏，命程伯休父。"颂鼎、寰盘："尹氏受王命书。"克鼎："王呼尹氏册命克。"师嫠敦："王呼尹氏册命师嫠。"是也。或称"命尹"，古"命"、"令"同字。"命尹"即"令尹"。楚正卿"令尹"之名盖出于此。伊敦"王呼命尹邦册命伊"是也。作册、尹氏皆周礼内史之职，而尹氏为其长。其职在书王命与制禄命官，与大师同秉国政。故诗小雅曰："赫赫师、尹，民具尔瞻。"又曰："赫赫师、尹，不平谓何。"又曰："尹氏、大师，维周之氐，秉国之钧。"诗人不欲斥王，故呼二执政者而告之。师与尹乃二官，与洪范之"师尹惟日"、鲁语"百官之政事师尹"同，非谓一人，而"师"其官、"尹"其氏也。书大诰："肆予告我友邦君越尹氏、庶士御事。"多方："诰尔四国、多方越尔殷侯、尹民。""民"当为"氏"字之误也。尹氏在邦君、殷侯之次，乃侯国之正卿。殷周之间已有此语。说诗者乃以诗之"尹氏"为大师之氏，以春秋之"尹氏"当之，不亦过乎！且春秋之"尹氏"亦世掌其官，因以为氏耳。然则"尹氏"之号，本于内史，书之"庶尹"、"百尹"，盖推内史之名以名之，与"卿事"、"御事"之推史之名以名之者同。然则前古官名多从史出，可以觇古时史之地位矣。

校勘记

［一］"辨"，周礼小史作"叙"。

［二］"公卿"，当作"孤卿"，据周礼内史改。周礼内史"册命"作"策命"。

［三］"卣"，底本及遗书本同，王国维自批校改为"敦"。

［四］尚书毕命序作"成周郊"，无"东"，据删。

［五］"书"，遗书本作"诸"。

释　由①

释由上

　　说文从"由"之字二十有余，而独无"由"字。自李少温以后说之者近十家，顾皆不足厌人意，甚或有可闵笑者。余读敦煌所出汉人书急就残简，而知说文"甹"字即"由"字也。急就第二章"由广国"，颜本、宋太宗本、赵文敏真草二本皆作"由"，惟叶石林本作"田"。汉简"由"作"甹"，其三直皆上出，与说文"甹"字正同。今案，说文"甹"

---

　　① 选自王国维《观堂集林》（卷第六·艺林六）。

字注曰："东楚名缶曰'䚴'，象形。凡䚴之属皆从'䚴'。"原本玉篇引说文旧音："音侧字反。"大徐："音侧词切。皆'䚴'之音。"则以"䚴"、"甾"为一字，自六朝已来然矣。然"甾"、（蕾）〔䓭〕[一]决非一字。"甾"为艸部"䓭"字重文，从田，⺍声，故读侧字反或侧词反。若"䚴"之与"甾"，于今隶形虽相似，其音义又有何涉乎？考此字古文本作田，篆文亦或如之。其变而为隶书也，乃屈曲其三直，遂成"甾"字。后人不知其为古文田字之变，以其形似"甾"，遂以"甾"之音读之，实则此音毫无根据也。然则"田"之为"由"，亦有证乎？曰：有。说文"粤"字注云："从亏，从由。"番生敦盖有此字，作□。毛公鼎加"口"作□，卜辞有□字，殷虚书契后编卷上第十四页。爵文有□字，皆从□若□。是篆文从"由"作者，古文从"田"作。是"田"、"由"为一之证一也。"卢"字，说文从"虍"。"虍"又从"田"，而卢氏涅金之"卢"作□，卢氏币作□。是篆文从"田"之字，晚周古文亦从"由"作。是"田"、"由"为一之证二也。又"卢"字，篆文从"田"，晚周古文从"由"，更溯之春秋以前之古文，则乃从"卣"作。取卢子商盘"卢"作□。弘尊有"肤"字，作□，从□。簠鼎之"簠"字从□。籲侯敦之□字从□。其所从之"虍"，皆从□作。□者，古文"卣"字也。"卣"字古文。作□、盂鼎。作□、毛公鼎。作□、伯晨鼎。作□，象伯敦及吴尊盖。石鼓文"迺"字亦作□。而殷虚卜辞盛鬯之卣则作□、殷虚书契前编卷一第十八页。作□，同上，卷六第四十一页。戬寿堂所藏殷虚文字第二十五页同。其辞曰："鬯五□。"知确为"卣"字矣。知□所从之し、し，即□之省。又知说文"虍"、"卢"二字，一从田，一从皿，即□与□之变，实一字而繁简异也。卣为尊属，惟缶亦然。易坎（九二）〔六四〕[二]："樽酒簋贰用缶。"礼器："五献之尊，门外缶。"许君云"东楚名缶曰'田'"，与"卣"同音，盖犹三代遗语也。本义既尔，假借之义亦然。释诂："由，自也。"而"逌"亦训"自"。新序杂事篇："国君骄士曰'君非我无卣富贵'，士骄君曰'国非士无卣安强'，君臣不合，国是无卣定矣。"
此三"卣"字，义皆与"由"同。广雅："由，用也。"而古书"卣"、
"迪"二字亦皆训"用"。经传"卣"多作"攸"。尔雅："攸，所也。"
"迪，道也。"汉人释经多本此训。近高邮王氏经义述闻与经传释词始历
举诗、书，以明"攸"、"迪"二字古皆训"用"，其论笃矣。余意
"卣"、"迪"本是一字。古"卣"、"由"同音、同义，故"卣"或从由
作"㞷"，转讹为"迪"，亦犹"卣"之讹为"逌"也。书多方："不克
终日劝于帝之迪。""迪"，马融本作"攸"。是"逌"、"迪"一字之证。
然则"卣"、"由"二字，其音同，其义同，其引申、假借之义亦无不
同。"卣"之变化当为"由"，不当为"留"。是"由"、"㞷"为一之证
三也。更以声音证之。"由"、"缶"二字本同部，故东楚名"缶"为
"㞷"。方言五："䍃，罂也。淮、汝之间谓之'䍃'。""䍃"，郭璞音
"由"。曹宪广雅音同。淮、汝之间地邻东楚，史记货殖列传以淮北、沛、
陈、汝南、南郡为西楚，彭城以东、东海、吴、广陵为东楚。然项羽都
彭城，其分地亦半在东楚，而称"西楚霸王"，是东、西楚之称，汉人本
无定界也。恐许君所云"东楚名缶曰'㞷'"，即本方言为说。盖"由"、
"䍃"古今字，杨子云用今字，许用古字耳。许于缶部亦出"䍃"字，云
"瓦器也"。许书同音、同义之字分见二部者甚多，此亦其一也。以形言
之则如彼，以音言之则如此。"㞷"之为"由"，更无他疑。况汉人所书
"由"字正如此，足以解千载之惑乎。

释由下

戊午秋，余作释由一篇，论说文"㞷"字即"由"字。由冬徂春，
复得五证焉。上虞罗氏所藏汉鉩印有㞷罢军印。考古今姓氏书，无㞷姓。
而急就篇姓名有"由广国"，广韵"由"字注亦云："又姓。"史记有

“由余”。是“甶罷军”即“由罷军”。其证一。湨阳端氏藏汉元始四年铜钫，主吏姓名有“守令史甶”。考古人多名“由”，罕名“甶”。是“守令史甶”即“守令史由”。其证二。玉篇原本用部末有“甶”字，作“由”，注云：“馀同反。”乃“馀周反”之讹。又云：“说文以‘由’从为‘誉’字，在言部。今为‘由’字。当云：“说文以‘由’从为‘繇’字。在系部。”“繇”讹为“詧”，又讹为“誉”，写书者因改系部为言部耳。说文以‘由’，东楚谓‘缶’也。音侧字反。在甶部。”二“由”并当作“甶”。案：顾氏此注，则“由”、“甶”二字形本无别，不过因说文“甶”字之训及其旧音与“由”字迥异，又“由”与“繇”分置二部，故著其事。然其所以收“甶”字于用部末者，正以其字作“甶”，为今隶“用”字之倒书。如说文附“下”字于上部末，附“㞢”字于止部末，“乏”字于正部末之例，玉篇全书皆用此例也。然则顾书“由”字本当作“甶”。今传世古写本作“由”，尚存“甶”字遗意。其证三。诗齐风“衡从其亩”释文引韩诗：“‘从’作‘由’，云南北耕曰‘由’。”今本释文并为“由”字。然宋本附释音、毛诗注疏所载释文并为“凷”字。“凷”者，“甶”之讹也。其证四。李阳冰云：“‘由’即‘缶’字。”梦瑛书说文部目亦释甶为“由”，当本六朝旧说。其证五。得此五证，知六朝以前，音说文者虽音“由”为“甶”，然“由”之字形，尚未全失。虽微古文字学及汉人手书，亦足以定此说矣。[三]

校勘记

[一]“甶”，据上文及遗书本改作甶。

[二]“九二”，依周易坎当作“六四”。

[三]“此说矣”以下，王国维自作眉批（遗书本以小字注增入）：癸亥雒阳新出魏三字石经尚书君奭残石，“迪”字两见，其篆文皆作⿰⿱屮屮⿱屮屮。于前五证外又得一佳证。

释　辪①

释辪上

　　彝器多见"辪"字。毛公鼎云："㸌辪厥辪。"又云："辪我邦、我家。"克鼎云："辪王家。"又云："保辪周邦。"宗妇敦云："保辪鄩国。"晋邦盦云："保辪王国。"其字或作"辪"，或作"辪"。余谓此经典中"乂"、"艾"之本字也。释诂："乂，治也。""艾，相也，养也。"说文："嬖，治也。从辟，乂声。虞书曰：'有能俾嬖。'"是经典"乂"字，壁

　　---

　　①　选自王国维《观堂集林》（卷第六·艺林六）。

中古文作"嬖"。此"嬖"字盖"辪"字之讹。初以形近讹为"辟"，后人因"辟"读与"辪"读不同，故又加"乂"以为声。经典作"乂"、作"艾"，亦"辪"之假借。书君奭之"用乂厥辟"，即毛公鼎之"𠭿辪厥辟"也。康诰之"用保乂民"，多士、君奭之"保乂有殷"，康王之诰之"保乂王家"，诗小雅之"保艾尔后"，即克鼎、宗妇敦、晋邦盦之"保辪"也。"辪厥辟"之"辪"用"相"义，"保辪"之"辪"兼"相"、"养"二义，皆由"治"义引申。其本义当训为治。殷虚卜辞有𡥀字，殷虚书契前编卷六第四、第十一页。其字从自从𠂔，即说文"辛"字。与"辟"字从人、从𠂔同意。古文"辟"字皆从人、从𠂔。凡篆文从卩之字，古文亦皆从人。自者，众也。金文或加从止，盖谓人有辛，自以止之，故训为治。或变"止"为"屮"，与小篆同。"屮"者，"止"之讹。犹"奔"字，盂鼎作"𡙟"，从三"止"，克鼎及石鼓文均变而从三"屮"矣。说文不知"嬖"为"辪"之讹字，以"辪"之本义系于"嬖"下，复训"辪"为"辠"，则又误以"辛"之本谊为"辪"之本义矣。

释辪下

　　说文"辪"字在辛部，从辛。然古文皆从辛，或从辛、辛、辛，皆说文"辛"之初字也。说文"辛"、"辛"分为二部。辛部云："辛，辠也。从干、二。二，古文'上'字。"又辛部："辛，从一、辛。辛，辠也。"罗参事振玉殷虚书契考释云："说文分'辛'、'辛'为二部。卜辞只有'辛'字。凡十干之'辛'皆作'辛'。古金文始有作'辛'者，其实本一字。许君以'童'、'妾'二字隶辛部，而辛部诸字若'辠'、'辜'以下，无一不含'辛'谊，不当分为二部明矣。"案：参事谓辛部"辠"、"辜"以下诸字皆当入辛部，其说甚确。惟谓"辛"、"辛"一字，则颇不然。余谓十干之"辛"自为一字，其字古文作辛、作辛或作辛。训

『皋』之"辛"又自为一字，其字古作〇、作〇、作〇、作〇。此二字之分，不在横画之多寡，而在纵画之曲直。何以证之？凡古文"宰"、"辟"、"辥"、"辝"、"章"诸字，其义与"辛"字相关者，皆从〇或〇。其中直皆折而左，无一从〇若〇作者。惟"童"、"妾"、"言"、"豪"诸字，"辛"字在上，其左折之跡不可见。又殷虚卜辞有〇字，殷虚书契前编卷五第二十一页及卷六第二十九页。即说文"〇"字。说文："〇，语相诃岠也。从口、辛。"是篆文之"辛"，亦或作〇，盖"辛"、"亏"一字，卜辞"辥"字作〇，亦其一证，兮田盘："王命田政〇成周四方责。"即"委积"之"积"。〇从裔、咢，即篆文从裔、辛之"辥"。"政辥"乃"政嗣"之假借。知〇乃〇之緐文。"亏"、"咢"又一字矣。"亏"字当从说文"咢"字读，读如"蘗"，即"天作孼"之"孼"之本字，故训为皋。"辥"字从自、止、咢，会意，亦以为声。凡"宰"、"辟"、"辥"诸字，皆从此字会意、至说文所说"辛"、"辛"、"辥"诸字，皆从後起之篆文立说，故动辄龃龉矣。

诸字释义[①]

释 滕

经典“滕薛”皆作“滕”，从水，朕声。上虞罗氏藏㸙虎敦，其铭曰：“㸙虎敢肇作厥皇考公命中宝尊彝。”“㸙”字旧释为“然”。余谓此字从火，𦨶声，即“滕薛”之“滕”字也。礼记檀弓上：“滕伯文为孟虎齐衰，其叔父也；为孟皮齐衰，其叔父也。”然则虎为滕伯文叔父，其父本是滕君。此敦云“㸙虎敢肇作厥考公命中宝尊彝”，是此敦之“㸙虎”

① 此部分收录的文章选自王国维《观堂集林》（卷第六·艺林六），此标题为编者拟。

即檀弓之"滕孟虎"之证，亦"塍"即"滕"字之证也。郑注檀弓以伯文为殷时滕君。今观此敦文字，乃周中叶以后物。然则此敦不独存"滕薛"之本字，亦有裨于经训矣。

释 脖

归安吴氏藏一鼎，其铭曰："呼侯□作父乙鼎。"又某氏藏一匜，其铭曰："呼侯作□妊□滕匜，其眉寿万年，子子孙孙永宝用。"呼、呼二字，旧释为"胥"、为"脖"。余谓此"薛国"之本字也。其字所从之𠀖、𠀖，即说文"亏"字，其音古读如"辥"。见上释。此字从月、亏声，与"薛"字从艸、辥声同。而脖侯匜言"脖侯作□妊□滕匜"，则"脖"为任姓之国，其为"滕薛"之薛审矣。

释 礼

说文示部云："礼，履也。所以事神致福也。从示、从豊，豊亦声。"又豊部："豊，行礼之器也。从豆，象形。"案：殷虚卜辞有豊字，其文曰："癸未卜，贞，酻豊。"殷虚书契后编卷下第八页。古"珏"、"玨"同字，卜辞"玨"字作丰、羊、玨三体，则豊即"豊"矣。又有吕字，书契前编卷六第三十九页。及𡆥字。后编卷下第二十九页。吕、𡆥又一字。卜辞𡆥字，后编卷下第四页。或作𡆥，铁云藏龟第一百四十三页。其证也。此二字，即小篆"豊"字所从之"曲"。古凵、凵一字，卜辞"出"或作凵，或作凵，知"曲"可作吕、𡆥矣。"豊"又其繁文。此诸字皆象二玉在器之形。古者行礼以玉，故说文曰"豊，行礼之器"，其说古矣。惟许君不知玨字即"珏"字，故但以从豆、象形解之。实则"豊"从"珏"在"凵"中、从豆，乃会意字，而非象形字也。盛玉以奉神人之器谓之

"曲"若"豐"。推之而奉神人之酒醴，亦谓之"醴"。又推之而奉神人之事通谓之"礼"。其初当皆用"曲"若"豐"二字，卜辞之"醴豐"，"醴"字从"酒"，则"豊"当假为"酒醴"字。其分化为"醴"、"礼"二字，盖稍后矣。

释觯觛卮䰞𤮍

徐器二，出江西高安县。其一铭曰："郤王义楚罴其吉金自作祭𤮍。"其一曰："义楚之祭嵩。"其器皆觯也。"𤮍"、"嵩"二字，张公束大令以为即说文"𤮍"字。余谓说文"觯"、"觛"、"卮"、"䰞"、"𤮍"五字实一字也。说文："觯，乡饮酒角也。受四升。"其重文作"觗"、"觝"二体。而汉书高帝纪注引应劭曰："卮，乡饮酒礼器也。古以角作，受四升。古'卮'字作'觝'。"其说本于叔重。是"觯"、"卮"为一之证也。说文："觛，小觯也。"又急就篇颜本"蠡斗参升半卮觛"，皇象本"觛"作"箪"。盖假"箪"为"觯"。是"觯"、"觛"为一之证也。说文："卮，一名觛。"又"卮"、"觛"为一之证。"䰞"、"𤮍"二字亦本一字。古书多以"嵩"为"专"。急就篇颜本之"蹲踒"，皇本作"踹踒"。贾谊鵩鸟赋"何足控抟"，史记、文选作"抟"，汉书作"揣"。又急就篇皇本、颜本之"樽檥"，宋太宗本作"㮳檥"。而"樽"即"䰞"，"㮳"即"𤮍"，尤为"䰞"、"𤮍"为一之证。徐之祭器名"𤮍"若"嵩"，而形与觯同。又"𤮍"、"觯"为一之铁证矣。此五字之音，又同出一源。"觯"、"觛"、"䰞"、"𤮍"四字于形声皆在元部。"𤮍"，说文读为"棰击"之"棰"，于古音在歌部，今在支部。"觯"之重文作"觝"，氏声，今与"觯"、"卮"亦皆在支部。支部之音与歌部最近，歌、元二部又阴阳对转。单声之字，如"郸"、"瘅"、"驒"、"鼉"等字，古多转入歌部。"蝉"字又转入支部。**汉书地理志乐浪郡**"黏蝉县"，**服虔音**"提"。崑声之字亦然。此五字同声，则亦当为同物。许君因其字不同，乃以形之大小与有耳、盖与否别之，其实一而已矣。

战国古文

战国古文诸篇①

战国时秦用籀文六国用古文说

余前作史籀篇疏证序，疑战国时秦用籀文、六国用古文，并以秦时古器遗文证之。后反覆汉人书，益知此说之不可易也。班孟坚言苍颉、爰历、博学三篇"文字多取诸史籀篇，而字体复颇异，所谓秦篆者也"。许叔重言："秦始皇帝初兼天下，丞相李斯乃奏同文字，罢其不与秦文合者。斯作仓颉篇，中车府令赵高作爰历篇、太史令胡母敬作博学篇，皆

---

① 此部分收录的文章选自王国维《观堂集林》（卷第七·艺林七），此标题为编者拟。

取史籀大篆，或颇省改，所谓小篆者也。"是秦之小篆，本出大篆。而仓颉三篇未出、大篆未省改以前，所谓秦文，即籀文也。司马子长曰："秦拨去古文。"扬子云曰："秦划灭古文。"许叔重曰："古文由秦绝。"案：秦灭古文，史无明文。有之，惟有一文字与焚诗、书二事。六艺之书行于齐、鲁，爰及赵、魏，而罕流布于秦，**犹史籀篇之不行于东方诸国**。其书皆以东方文字书之。汉人以其用以书六艺，谓之古文。而秦人所罢之文，与所焚之书，皆此种文字。是六国文字即古文也。观秦书八体中有大篆，无古文。而孔子壁中书与<u>春秋左氏传</u>，凡东土之书，用古文，不用大篆，是可识矣。故古文、籀文者，乃战国时东、西二土文字之异名，其源皆出于殷周古文。而秦居宗周故地，其文字犹有丰镐之遗。故籀文与自籀文出之篆文，其去殷周古文反较东方文字**即汉世所谓"古文"**。为近。自秦灭六国，席百战之威，行严峻之法，以同一文字，凡六国文字之存于古籍者，已焚烧划灭；而民间日用文字，又非秦文不得行用。观传世秦权、量等，"始皇廿六年诏"后多刻"二世元年诏"，虽亡国一二年中，而秦法之行如此，则当日同文字之效可知矣。故自秦灭六国以至楚汉之际，十余年间，六国文字遂遏而不行。汉人以六艺之书皆用此种文字，又其文字为当日所已废，故谓之"古文"。此语承用既久，遂若六国之古文即殷周古文，而籀、篆皆在其后，如许叔重说<u>文序</u>所云者，盖循名而失其实矣。

史记所谓古文说

自秦并天下，同一文字，于是篆、隶行，而古文、籀文废。然汉初古文、籀文之书，未尝绝也。史记<u>张丞相列传</u>："张丞相苍好书律历。秦时为御史，典柱下方书。"而许氏说<u>文序</u>言"北平侯张苍献春秋左氏传"，盖即"柱下方书"之一。是秦柱下之书至汉初未亡也。<u>太史公自序</u>言

"秦拨去古文，焚灭诗、书，故明堂石室金匮玉版图籍散乱"，而武帝元封三年，司马迁"为太史令，细史记石室金匮之书"。是秦石室金匮之书，至武帝时未亡也。故太史公修史记时所据古书，若五帝德、若帝系姓、若谍记、若春秋历谱谍、若国语、若春秋左氏传、若孔氏弟子籍，凡先秦六国遗书非当时写本者，皆谓之"古文"。五帝本纪云："孔子所传宰予五帝德及帝系姓，儒者或不传。余尝西至崆峒，北过涿鹿，东渐于海，南浮江淮矣，至长老皆各（各）〔往往〕[一]称黄帝、尧、舜之处，风教固殊焉。总之不离古文者近是。"索隐云："古文，谓帝德、帝系二书也。"是五帝德及帝系姓二篇，本古文也。三代世表云："余读谍记，黄帝以来皆有年数。稽其历谱谍、终始五德之传，古文悉不同乖异。"是谍记与终始五德传褚先生补三代世表引黄帝终始传。是终始五德传亦书名。亦古文也。十二诸侯年表云："太史公读春秋历谱谍。"又云："谱谍独记世谥，其辞略，欲一观诸要难。于是谱十二诸侯，自共和始，讫孔子，表见春秋、国语学者所讥盛衰大指著于篇，为成学治古文者要删焉。"由是言之，太史公作十二诸侯年表，实为春秋、国语作目录，故云"为成学治古文者要删"。是春秋、国语皆古文也。吴太伯世家云："余读春秋古文，乃知中国之虞与荆蛮句吴兄弟也。"此即据左氏传宫之奇所云"太伯、虞仲，太王之昭者"以为说，而谓之春秋古文。是太史公所见春秋左氏传亦古文也。七十二弟子列传云："弟子籍出孔氏古文近是。"此"孔氏古文"非谓壁中书，乃谓孔氏所传旧籍，而谓之"古文"，是孔子弟子籍亦古文也。然则，太史公所谓"古文"，皆先秦写本旧书，其文字虽已废不用，然在当时，尚非难识。故太史公自序云："年十岁则诵古文。"太史公自父谈时已掌天官，其家宜有此种旧籍也。惟六艺之书为秦所焚，故古写本较少。然汉中秘有易古文经，河间献王有古文先秦旧书周宜、尚书、礼、礼记，固不独孔壁书为然。至孔壁书出，于是尚书、礼、春秋、论语、孝经皆有古文。孔壁书之可贵，以其为古文经故，非徒以其文字为古文故也。盖汉景、武间，距用古文之战国时代不及百年，其识古文当较今日之识篆、隶为易。乃论衡正说篇谓"鲁恭王得百篇尚书于屋壁中。使使者取视，莫能读者。"作伪孔安国尚书序者仍之，谓"科斗书废已久，时人莫能知"。卫恒四体书势亦云："汉武时，鲁恭王坏孔子宅，得尚书、春秋、论语、孝经，时人已不复知有古文，谓之'科斗书'。"是亦疏矣。求之史记，但云"孔氏有古文尚书，而安国以今文读之。因以起其家。逸书得十余篇。"此数语，自来读者多失其解。王氏念孙读书杂志用其子伯申氏之说曰："当读'因以起其家'为句，'逸书'二字连下读。'起'，兴起也。'家'，家法也。汉世尚书多用今文，自孔氏治古文经，读之、说之，传以教人，其后遂有古文家。是古文家法自孔氏兴起也。故曰'因以起其家。'"又云："汉书艺文志曰：'凡书九家。'谓孔氏古文、伏生大传、欧阳、大小夏侯说，及刘向五行传记、许商五行传记、逸周书、石渠议奏也。刘歆传曰：'数家之事，皆先帝所亲论，今上所考视，谓逸礼、古文尚书、春秋左氏也。'是古文尚书自为一家之证。书序正义引刘向别录曰：'武帝末，民间有得泰誓，献之与博士，使读说之，数月皆起。'后汉书桓郁传注引华峤书：'明帝问郁曰："子几人能传学？"郁曰："臣子皆未能传学。孤兄子一人学方起。"帝曰："努力教之，有起者，即白之。"'是'起'谓其学兴起也。"盖古文尚书初出，其本与伏生所传颇有异同，而尚无章句、训诂。安国因以今文定其章句，通其假借，读而传之，是谓"以今文读之"。其所谓"读"，与班孟坚所谓"齐人能正苍颉读"、马季长所谓"杜子春始通周官读"之"读"无以异也。然则安国之于古文尚书，其事业在"读之、起之"。至于文字，盖非当世所不复知，如王仲任辈所云也。自武、昭以后，先秦古书传世益少，其存者往往归于秘府，于是"古文"之名渐为壁中书所专有。然秘府古文之书，学者亦类能读之。如刘向以中古文易经校施、孟、梁丘经及费氏经，以中古文尚书校欧阳、大小夏侯三家经文。又谓礼古经与十七篇文多相似，多三十九篇；谓孝经诸家说不安处，古文字读皆异。刘歆校秘书，见古文春秋左氏传，大好之。子政父子皆未闻受古文字学，而均能读其书，是古文迄于西京之末，尚非难识如王仲任辈所云也。嗣是迄后汉，如杜伯山、卫敬仲、徐巡、班孟坚、贾景伯、马季长、郑康成之徒，皆亲见壁中书或其传写之本，然未有苦其难读者。是古文难读之说，起于王仲任辈未见壁中书者。其说至魏晋之间而大盛，不知汉人初未尝有是事也。

汉书所谓古文说

后汉之初所谓"古文"者，专指孔子壁中书。盖自前汉末亦然。说文叙记亡新"六书"，一曰"古文"，孔子壁中书也；二曰"奇字"，即古文而异者也。汉书艺文志所录经籍冠以"古文"二字若"古"字者，惟尚书古文经四十六卷、为五十七篇。礼古经五十六卷、春秋古经十二篇、论语古二十一篇、孝经古孔氏一篇，皆孔子壁中书也。惟礼古经有淹中及孔壁二本。然中秘古文之书，固不止此。司马子长作史记时所据石室金匮之书，当时未必尽存，固亦不能尽亡。如六艺略所录孔子徒人图法二卷，未必非太史公所谓弟子籍；数术略所录帝王诸侯世谱二十卷、古来帝王年谱五卷，未必非太史公所谓谍记及春秋历谱谍。而志于诸经外书，皆不著"古"、"今"字。盖诸经之冠以"古"字者，所以别其家数，非徒以其文字也。六艺于书籍中为最尊，而古文于六艺中又自为一派，于是"古文"二字，遂由书体之名，而变为学派之名。故地理志于古文尚书家说，亦单谓之"古文"。如右扶风"汧县"下云："吴山在西，古文以为汧山。"又"武功"下云："太壹山，古文以为终南。垂山，古文以为敦物。皆在县东。"颍川郡"崇高"下云："古文以崇高为外方山。"江夏郡"竟陵"下云："章山在东，古文以为内方山。"又

"安陆"下云："横尾山在北，古文以为陪尾山。"东海郡"下邳"下云："葛绎山，古文以为峄阳。"会稽郡"吴县"下云："具区泽在西，扬州薮，古文以为震泽。"豫章郡"历陵"下云："傅易山、傅易川在南，古文以为敷浅原。"武威郡"武威"下云："休屠泽在东北，古文以为猪野泽。"张掖郡"居延"下云："居延泽在东北，古文以为流沙。"凡汧山、终南、敦物、外方、内方、陪尾诸名，欧阳、大小夏侯三家经文用字或异，而名称皆同。而地理志独云"古文以为"者，盖古文尚书家如王璜、儒林传作"王璜"，沟洫志作"王横"。桑钦、杜林等说禹贡，以右扶风汧县之吴山为禹贡之汧山，以武功之太壹、垂山为禹贡之终南、敦物。是地理志所谓"古文"，非以文字言，而以学派言也。其以文字言者，则亦谓之"古文"或谓之"古文字"。郊祀志言"张敞好古文字"，又载敞美阳得鼎议曰："臣愚不足以迹古文。"是孔壁书外之彝器文字，亦谓之"古文"，与许叔重谓鼎彝之铭皆"前代之古文"同。然后汉以降，凡言"古文"者，大抵指壁中书。故许叔重言"'古文'者，孔子壁中书"；又云"孔氏古文"也。

说文所谓古文说

许叔重说文解字叙言"古文"者凡十，皆指汉时所存先秦文字言之。其一曰："周宣王太史籀著大篆十五篇，与古文或异。"此"古文"似指仓颉以来，迄五帝、三王之世，改易殊体之文字，即余前所谓"殷周古文"，以别于战国古文者。实则不然。叔重但见战国古文，未尝多见殷周古文。叙云："郡国往往于山川得鼎彝，其铭即前代之古文，皆自相似。"潘文勤公攀古楼彝器款识序遂谓："说文中古文，本于经者，必言其所出；其不引经者，皆凭古器铭识也。"吴清卿中丞则谓："说文中古文皆不似今之古钟鼎，亦不言某为某钟、某为某鼎字，必响拓以前，古器无毡墨传布，许君未能足征。"余案：吴说是也。拓墨之法，始于南北朝之拓石经，浸假而用以拓秦刻石。至拓彝器文字，赵宋以前，未之前闻。则郡国所出鼎彝，许君固不能一一目验，又无拓本可致，自难据以入书。全书中所有重文、古文五百许字，皆出壁中书及张苍所献春秋左氏传；其在正字中者亦然。故其所谓"籀文与古文或异者"，非谓史籀大篆与史籀以前之古文或异，而实谓许君所见史籀九篇与其所见壁中书时或不同。以其所见史籀篇为周宣王时书，所见壁中古文为殷周古文，乃许君一时之疏失也。其二曰："至孔子书六经，左丘明述春秋，皆以古文。"此亦似谓殷周古文。然无论壁中所出与张苍所献，未必为孔子及丘明手书。即其文字亦当为战国文字，而非孔子及丘明时之文字。何则？许君此语实根据所见壁中诸经及春秋左氏传言之。彼见其与史籀篇文字不类，遂以为即殷周古文。不知壁中书与史籀篇文字之殊，乃战国时东、西二土文字之殊。许君既以壁中书为孔子所书，又以为即用殷周古文，盖两失之。故此二条所云"古文"，虽似谓殷周古文，实皆据壁中古文以为说。惟叙末云"其称易孟氏、书孔氏、诗毛氏、礼、周官、春秋左氏、论语、孝经皆古文也"，此"古文"二字乃以学派言之，而不以文字言之，与汉书地理志所用"古文"二字同意，谓说解中所称多用孟、孔、毛、左诸家说，皆古文学家，而非今文学家也。易孟氏非古文学家，特牵率书之。其余所云"古文"者六，皆指先秦古文。其尤显明者，曰"古文者，孔子壁中书也"，曰"皆不合孔氏古文"，又申之曰："壁中书者，鲁恭王坏孔子宅而得礼记、尚书、春秋、论语、孝经，又北平侯张苍献春秋左氏传。"其示说文中所收古文之渊源，最为明白矣。至其述山川鼎彝，又分别言之曰："其铭即前代之古文，皆自相似。"云"前代之古文"者，所以别于孔壁之古文；云"皆自相似"者，以明与孔壁古文不甚相似也。汉代鼎彝所出无多，说文古文又自成一系，与殷周古文截然有别。其全书中正字及重文中之古文，当无出壁中书及春秋左氏传以外者。即有数字不见于今经文，亦当在逸经中，或因古今经字有异同之故。学者苟持此说以读说文，则无所凝滞矣。

说文今叙篆文合以古籀说

许君说文叙云："今叙篆文，合以古籀。"段君玉裁注之曰："小篆因古籀而不变者多。其有小篆已改古籀、古籀异于小篆者，则以古籀附小篆之后，曰'古文作某'、'籀文作某'。此全书之通例也。其变例则先古籀、后小篆。"又于"皆取史籀大篆或颇省改"下注曰："许所列小篆固皆古文大篆。其不云'古文作某'、'籀文作某'者，古籀同于小篆也。其既出小篆，又云'古文作某'、'籀文作某'者，则所谓'或颇省改'者也。"此数语可谓千古卓识。二千年来治说文者，未有能言之明白晓畅如是者也。虽然，段君所举二例，犹未足以尽说文。何则？如段君之说，必古籀所有之字篆文皆有而后可。然篆文者，秦并天下后所制定之文字。秦之政治、文化皆自用而不徇人，主今而不师古。其易籀为篆，不独有所省改，抑且有所存废。凡三代之制度、名物，其字仅见于六艺而秦时已废者，李斯辈作字书时，必所不取也。今仓颉三篇虽亡，然足以窥其文字及体例者，犹有急就篇在。急就一篇，其文字皆仓颉中正字，其体例先名姓字，次诸物，次五官，皆日用必需之字，而六艺中字十不得四五。故古籀中字，篆文固不能尽有。且仓颉三篇五十五章，章六十字，凡三千三百字，且尚有复字。加以扬雄训纂，亦只五千三百四十字。而说文正字多至九千三百五十三。此四千余字者，许君何自得之乎？曰：此必有出于古文、籀文者矣。故说文通例，如段君说，"凡古籀与篆异者，则出古文、籀文；至古籀与篆同，或篆文有、而古籀无者，则不复识别。"若夫古籀所有而篆文所无，则既不能附之于篆文后，又不能置而不录。且说文又无于每字下各注"此古文"、"此籀文"、"此篆文"之例，则此种文字必为本书中之正字审矣。故叙所云"今叙篆文，合以古籀"者，当以正字言，而非以重文言。重文中之古、籀，乃古、籀之异于篆文及其自相异者。正字中之古、籀，则有古、籀、篆文俱有此字者，亦有篆文所无而古、籀独有者。全书中引经以说之字，大半当属此第二类矣。然则说文解字实合古文、籀文、篆文为一书。凡正字中，其引诗、书、礼、春秋以说解者，可知其为古文。其引史篇者，可知其为籀文。引杜林、司马相如、扬雄说者，当出仓颉、凡将、训纂诸篇，可知其为篆文。虽说文诸字中有此标识者十不逮一，然可得其大略。昔人或以说文正字皆篆文，而古文、籀文惟见于重文中者，殆不然矣。

汉时古文本诸经传考

一、周易

一、中古文本　汉书艺文志："刘向以中古文易经校施、孟、梁丘经，或脱去'无咎'、'悔亡'，惟费氏经与古文同。"案：七略但云："易经十二篇，施、孟、梁丘三家。"而古文经与费、高二家经均未著录。然刘子政用以校四家经，则汉中秘有古文易审矣。

易为卜筮之书，秦时未焚，其有古文本，亦固其所。

二、费氏本　后汉书儒林传："东莱费直传易，授琅邪王横，为费氏学。本以古字，号古文易。"然汉书无此语，或后人因刘向校费氏经与古文经同，遂傅会为是说与？

二、尚书

一、伏氏本　史记儒林传："秦时焚书，伏生壁藏之。其后兵大起，流亡。汉定，伏生求其书，亡数十篇，独得二十九篇。即以教于齐、鲁之间。"是伏生所藏，为秦未焚书以前写本，当是古文。其传授弟子，则转写为今文。壁藏之本，当时已视为筌蹄，不复珍惜。当欧阳、大小夏侯之世，盖已不复有原本矣。

二、孔壁本　汉书艺文志："尚书古文经四十六卷，为五十七篇。"又云："古文尚书出孔子壁中。""孔安国者，孔子后也，悉得其书，以考二十九篇，得多十六篇。安国献之。遭巫蛊事，未立于学官。刘向以中古文校欧阳、大小夏侯三家经文，酒诰脱简一，召诰脱简二。率简二十五字者，脱亦二十五字。简二十二字者，脱亦二十二字。文字异者七百有余，脱字数十。"建武之际，亡武成一篇，其余篇，迄后汉末尚在秘府。

三、河间本　汉书景十三王传："河间献王所得书，皆古文先秦旧书，周官、尚书、礼、礼记、孟子、老子之属。"

三、毛诗

汉书艺文志："毛诗二十九卷。"不言其为古文。河间献王传列举其所得古文旧书，亦无毛诗。至后汉始以毛诗与古文尚书、春秋左氏传并称。其所以并称者，当以三者同为未列学官之学，非以其同为古文也。惟卢子干言"古文科斗，近于为实"而下，列举毛诗、左传、周礼三目。盖因周礼、左传而牵连及之。其实毛诗当小毛公、贯长卿之时，已不复有古文本矣。

四、礼经

一、淹中本　汉书艺文志："礼古经五十六卷。"又云："礼古经者，出于鲁淹中及孔氏，学七十篇文相似，多三十九篇。"刘氏敞曰："'学七十篇'当作'与十七篇文相似'。五十六卷除十七，正多三十九也。"

二、孔壁本　汉书艺文志："鲁恭王坏孔子宅，欲以广其宫，而得古文尚书及礼记、论语、孝经凡数十篇，皆古字也。"又云："礼古经者，出于鲁淹中及孔氏。"说文叙："鲁恭王坏孔子宅，而得礼记、尚书、春秋、论语、孝经。"是孔壁中亦有礼经。或谓之"礼记"者，"礼"谓本经，"记"谓附经之记也。今十七篇之记，郑注亦多云"古文某为某"、或云"今文某为某"，是古文本兼有经、记，与今本同。而记之附经，自先秦已然矣。又艺文志所纪孔壁诸经，都篇数与其分篇数不合。既云孔壁古文"凡数十篇"。然其分篇数，则尚书五十七篇，春秋十二篇，论语二十一篇，孝经一篇，已九十一篇。若加礼经五十六篇，当得百四十余篇。盖"数十篇"上夺一"百"字，或孔壁所得礼古经不过数篇，不及淹中之多与？

三、河间本　汉书景十三王传："河间献王所得书皆古文先秦旧书，周宜、尚书、礼、礼记、孟子、老子之属。"

五、礼记

汉书景十三王传："河间献王所得书皆古文先秦旧书，周宜、尚书、礼、礼记、孟子、老子之属。"案：汉志及说文叙皆云孔壁中有礼记，乃谓礼古经五十六卷。此既言"礼"，复言"礼记"，礼盖谓礼经，礼记盖谓汉志"礼"家"记百三十篇"之属。隋书经籍志云："刘向考校经籍，得记百三十篇，明堂阴阳记三十三篇，孔子三朝记七篇，王史氏二十一篇，乐记二十三篇。凡五种，合二百十四篇。"经典释文叙录引刘向别录云："古文记二百十四篇。"数正相合。则献王所得礼记盖即别录之古文记。是大、小戴记本出古文。史记以五帝德、帝系姓、孔氏弟子籍为古文，亦其一证也。但其本不出孔氏，而出于河间，后经大、小戴二氏而为今文家之学，后世遂鲜有知其本为古文者矣。

六、周官

景十三王传举河间献王所得"古文旧书"有周官。而汉志著录"周官经六篇",不冠以"古文"者,凡汉志言"古文",皆以与今学相别。言"尚书古文经"者,以别于欧阳、大小夏侯三家之二十九卷若三十二卷;言"礼古经"者,以别于后氏之十七篇;言"春秋古经"者,以别于公、谷二家之十一卷;言"论语古"者,以别于齐、鲁二家;言"孝经古孔氏"者,以别于长孙氏、江氏、后氏、翼氏四家。周官经无今学,自毋庸冠以"古文"二字。然其原本之为古文审矣。后汉以降诸儒所见,大抵传写隶定之本。郑注礼经云"古文某为某",其注周官则但云"故书某为某"。此一因礼经有今、古文二本,而周官无今文,故不得称"古文";一则因所见周官旧本已非古文,故变而称"故书"也。

七、春秋经

汉书艺文志:"春秋古经十二篇。"不言其所从得之处。说文序则系之孔子壁中书。周礼小宗伯注:"郑司农云:'立'读为'位'。古者'立'、'位'同字。"古文春秋经"公即位"为"公即立"。是其本至后汉尚存矣。

八、春秋左氏传

论衡案书篇:"春秋左氏传者,盖出孔子壁中。孝武皇帝时,鲁共王坏孔子教授堂以为宫,得佚春秋三十篇,左氏传也。"然说文序则云:"北平侯张苍献春秋左氏传。"而叙孔壁中书,但有春秋经,无左氏传。汉志亦然。疑王仲任所云"出孔壁中"者,涉春秋经而误也。汉志所著录者,即古文本。刘歆传:"歆校秘书,见古文春秋左氏传,大好之"是也。服虔注襄二十五年传云："古文篆书一简八字。"盖子慎之时，其原本或传写古文之本，犹有存焉者矣。

九、论语

汉书艺文志："论语古二十一篇。出孔氏壁中，两子张。"其本亦至后汉尚存。故说文解字中颇引其字。

十、孝经

汉书艺文志："孝经古孔氏一篇，二十二章。"又云：孝经"诸家说不安处，古文字读皆异。"许冲上说文解字表云："古文孝经者，昭帝时鲁国三老所献。建武时，给事中议郎卫宏所校。"是其本亦至后汉尚存。

以上十种，十有五本。其存于后汉者，惟孔子壁中书及左氏传。故后汉以后"古文"之名遂为壁中书所专有矣。

汉时古文诸经有转写本说

上既述汉时诸经、传古文本矣。夫今文学家诸经，当秦汉之际，其著于竹帛者固无非古文。然至文、景之世，已全易为今文。于是鲁国与河间所得者，遂专有"古文"之名矣。古文家经，如尚书、毛诗、逸礼、周官、春秋左氏传、论语、孝经，本皆古文。而毛诗、周官，后汉已无原书，惟孔壁之尚书、礼经、春秋、论语、孝经及张苍所献之春秋左氏传尚存。于是孔壁之书遂专有"古文"之名矣。然汉时古文经、传盖已有传写本。虽无确证，然可得而悬度也。河间献王传言："献王从民得善书，必为好写与之，留其真。"此就真本可得者言之。若真本不可得，则必降而求写本矣。传记献王所得古文旧书，有尚书、礼。此二书者，皆出孔壁，或出淹中，未必同时更有别本出。而献王与鲁恭王本系昆弟，献王之薨仅前于恭王二年，则恭王得书之时，献王尚存，不难求其副本。故河间之尚书及礼，颇疑即孔壁之传写本。此可悬拟者一也。又鲁恭王得孔壁书，当在景、武之际。而孔安国家献古文尚书，乃在天汉之后。**汉书刘歆传及荀悦汉纪**。鲁国三老献古文孝经，更在昭帝时。**许冲上说文解字表**。安国虽读古文以今文，未必不别为好写藏之，而后献诸朝。其迟之又久而始献者，亦未必不因写书之故。此可悬拟者二也。杜林于西州得漆书古文尚书一卷。此卷由来，迄无可考。虽后汉之初，秘府古文尚书已亡武成一篇，然杜林所得，未必即秘府所亡。又西州荒裔，非齐、鲁比，则此卷又不能视为西州所出。疑亦孔壁之传写本。此可悬拟者三也。两汉古文尚书及春秋左氏传，人间均有传业。后汉书贾逵传："帝令逵自选公羊、严、颜诸生高才者二十人，教以左氏，与简、纸经传各一通。"是当时授业，皆有经本。且其经本，犹当为古文。观汉代古学家，如张敞、杜林、卫宏、徐巡、贾逵、许慎等，皆以小学名家。盖以传古学者，均须研究古文字故。此可悬拟者四也。后汉古文学家，如卫宏、贾逵、许慎、马融，或给事中，或领秘书，或校书东观，故得见中秘古文。然如郑玄，平生未尝窥中秘，而其注尚书、周官，颇引逸书；又其注礼经也，不独以古文校今文，且其所据之古文亦非一本。如聘礼"繅三采"注云："古文'繅'或作'藻'。今文作'璪'。"公食大夫礼"设洗，如飨"又"皆如飨，拜"注皆云："古文'飨'或作'乡'。"士丧礼"设决丽于掔"注云："古文'丽'亦为'连'。"既夕礼"夷床輁轴"注云："古文'輁'或作'拱'。"士虞礼"祝入，尸谡"注云："古文'谡'或为'休'。"又"明日以其班祔"注云："古文'班'或为'辨'。"又"中月而禫"注云："古文'禫'或为'导'。"凡言"某古文或为某"者八。是其所据古文，必非一本，且皆非中秘之本。夫两汉人未闻有传古文礼者，而传世之古文礼尚有数本，则古文尚书、左氏传等民间本有是学者，其有别本可知。此可悬拟者五也。卫恒四体书势言："魏初传古文者出于邯郸淳。恒祖敬侯尝写淳尚书以示淳，而淳不别。"是淳有古文尚书写本。隋书经籍志亦言晋秘府有古文尚书经文。此种既不能视为壁中原本，当系由壁中本转写。此可悬拟者六也。立此六义，则汉时古文经皆有别本甚明。由是观之，不独魏三体石经之古文具有渊源，即梅赜之伪书，其古字亦非全出杜撰也。

两汉古文学家多小学家说

后汉书卢植传：植上疏，言"古文科斗，近于为实，而厌抑流俗，降在小学。中兴以来，通儒达士班固、贾逵、郑兴父子并敦悦之。今毛诗、左氏、周礼各有传记，其与春秋共相表里，宜置博士，为立学官"。循子干疏意，"古文科斗"实目下毛诗、左氏、周礼三家。三家皆经，而当时抑之于小学。是后汉之末，视古文学家与小学家为一。然此事自先汉已然。观两汉小学家皆出古学家中，盖可识矣。原古学家之所以兼小学家者，当缘所传经本多用古文。其解经须得小学之助，其异字亦足供小学之资，故小学家多出其中。比而录之，亦学术沟通之林也。

张敞　汉书儒林传："汉兴，北平侯张苍及梁太传贾谊、京兆尹张敞皆修春秋左氏传。"经典释文叙录："左氏传，贯长卿授京兆尹张敞。"是敞传左氏学者。而艺文志言："苍颉多古字，俗师失其读。宣帝时征齐人能正读者，张敞从受之，传至外孙之子杜林，为作训故。"说文叙略同。又郊祀志言，宣帝时，美阳得鼎，献之。张敞好古文字，按鼎铭勒而上议曰："今鼎出于郊东，中有刻书曰：'王命尸臣："官此栒邑，赐尔旂鸾、黼黻、雕戈。"尸臣拜手稽首曰："敢对扬天子丕显休命。"'臣愚不足以迹古文，以传记言之，此鼎殆周之所以褒赐大臣，大臣子孙刻铭其先功，臧之于宫庙者也"云云。是敞不独通苍颉篇，且能读宗周古文矣。

桑钦　汉书儒林传：古文尚书，孔安国授都尉朝，朝授胶东庸生，庸生授清河胡常少子，常授徐敖，敖"授王（横）〔璜〕[二]、平陵涂恽子真，子真授河南桑钦君长"。是钦传古文尚书者也。汉书地理志六引桑钦说，说文水部三引桑钦说，皆其说禹贡之语。而说文金部"铦"下云："臿属，从金，舌声，读若棪。桑钦读若镰。"案：尚书无"铦"字，则此条非钦尚书说，当又有说小学之书，而许君引之。然则钦亦小学家矣。

杜林　汉书杜邺传："邺母，张敞女。邺壮，从敞子吉学问。吉子竦又幼孤，从邺学问，亦著于世，尤长小学。邺子林，清静好古，亦有雅材。其正文字，过于邺、竦。故世言小学者由杜公。"艺文志"小学"类有杜林苍颉训纂一篇，杜林苍颉故一篇。后汉书本传："林少好学沈深。家既多书，又外氏张竦父子喜文采，林从竦受学，博洽多闻，时称通儒。河南郑兴、东海卫宏皆长于古学，兴尝师事刘歆。林既遇之，欣然言曰：'林得兴等，固谐矣。使宏得林，且有以益之。'及宏见林，暗然而服。济南徐巡始师事宏，后皆更从林受学。林前于西州得漆书古文尚书一卷，常宝爱之。虽遭艰困，握持不离身。出以示宏等曰：'林流离兵乱，常恐斯经将绝。何意东海卫子、济南徐生复能传之，是道竟不坠于地也。古文虽不合时务，然愿诸生无悔所学。'宏、巡益重之。于是古文遂行。"是林本小学家，又古文尚书家也。郑康成书赞述古文尚书授受，仅言卫、贾、马三君子之业，似林于此事无与者。说文引杜林说十六条，皆苍颉训纂、苍颉故二书中语。然水部"渭"下引："杜林说夏书，以为出鸟鼠山。"是林固传古文尚书，不独漆书一卷矣。

卫宏　后汉书儒林传："卫宏字敬仲，东海人也。少与河南郑兴俱好古学。初，九江谢曼卿善毛诗，乃为其训。宏从曼卿受学，因作毛诗序，善得风、雅之旨，于今传于世。后从大司空杜林更受古文尚书。时济南徐巡师事宏，后从林受学，亦以儒显。由是古文大兴。光武以为议郎。"许冲上说文解字表："古文孝经者，昭帝时鲁国三老所献，建武时给事中议郎卫宏所校。"是宏既传古学，又通知古文。说文用部："用，可施行也，从卜、中。卫宏说。"又黹部："黺，衮衣山龙华虫。黺，画粉也，从黹，分声。卫宏说。"前条无考。后条乃其说尚书语。然宏自是小学名家。隋书经籍志"小学"类："古文官书一卷，后汉议郎卫敬仲撰。"唐书艺文志有"卫宏诏定古文字书一卷"。尚书正义、艺文类聚引之，谓之"卫宏古文奇字"。史记正义、汉书注引之，谓之"卫宏诏定古文尚书"。史记正义序例云："卫宏官书数体。"是其书体例，盖罗列异字，与汗简诸书略同，玄应一切经音义引"导、得同体"、"枹、桴同体"、"图、啚同体"是也。其字皆作古文，汗简引卫宏字说"臧"字是也。其书至唐宋间尚存。近儒疑为六朝人依托，盖无确证。然则宏亦小学家矣。

　　徐巡　说文解字引徐巡说二条。卤部"枣"下云："㮃，古文枣。从西从二卤。徐巡说：木至西方，战栗也。"又自部"陧"下曰："徐巡以为'陧，凶也'。"此二条，一说尧典"宽而栗"，一说秦誓"邦之阢陧"，皆其说古文尚书语。然如"㮃"字，由字形以说其义，与汉人诂经家法不同。盖巡本受学于杜林、卫宏，故以小学说经。然则巡亦小学家也。

　　贾逵　贾逵治古文尚书、毛诗、周官、春秋左氏传、国语，亦兼治小学。许冲上说文解字表："臣父故太尉南阁祭酒慎，本从逵受古学，又博问通人，考之于逵。作说文解字。"今全书载贾侍中说十有七条，皆专论文字，与经文无涉。然则逵之学，亦与杜、卫诸氏为近。

　　许慎　说文叙："其称易孟氏、书孔氏、诗毛氏、礼、周官、春秋左氏、论语、孝经皆古文也。"许冲上说文表云："慎本从逵受古学。"又云："慎又学孝经孔氏古文说。"是慎本治古文学，而著说文解字十五篇，为后世言小学者之祖。

　　由此观之，两汉古文学家与小学家，实有不可分之势。此足证其所传经本多为古文。至改用隶定之本，当在贾、马、郑以后，而非两汉间之事实矣。

科斗文字说

"科斗文字"之名，先汉无有也。惟汉末卢植上书有"古文科斗，近于为实"之语。而其下所言，乃毛诗、左传、周官，不及壁中书。郑康成书赞云："书初出屋壁，皆周时象形文字，今所谓'科斗书'。"始以古文尚书为"科斗书"。然卢、郑以前，未尝有此名也。卫恒四体书势始云："鲁恭王坏孔子宅，得尚书、春秋、论语、孝经。时人已不复知有古文，谓之'科斗书'。汉世秘藏，希得见之。"伪孔安国尚书序亦云："鲁共王坏孔子旧宅，于其壁中得先人所藏古文虞、夏、商、周之书，皆科斗文字。"始以"科斗"之名为先汉所已有，然实则此语盛行于魏晋以后。杜预春秋经传集解后序云："汲郡汲县有发其界内旧冢者，大得古书，皆简编，科斗文字。"王隐晋书束皙传亦云："太康元年，汲郡民盗发魏安釐王冢，得竹书桼字科斗之文。科斗文者，周时古文也。其头粗、尾细，似科斗之虫，故俗名之焉。"春秋正义引。今晋书束皙传亦云："汲冢书皆科斗书。"是"科斗书"之名起于后汉，而大行于魏晋以后。且不独古文谓之"科斗书"，且篆书亦蒙此名。束皙传又云："有人于嵩高山下得竹简一枚，上两行科斗书。司空张华以问皙，皙曰：'此汉明帝显节陵中策文也。'检验果然。"夫汉代册文皆用篆，不用古文，见独断及通典。而谓之"科斗书"，则魏晋间凡异于通行隶书者，皆谓之"科斗书"。其意义又一变矣。又汉末所以始名古文为"科斗"文字者，果目验古文体势而名之乎，抑当时传古文者所书或如是乎？是不可知。然魏三体石经中古文，卫恒所谓因"科斗"之名遂效其形者，今残石存字，皆丰中、锐末，与"科斗"之头粗、尾细者略近。而恒谓"转失淳法"，则邯郸淳所传之古文体势不如是矣。邯郸淳所传古文不如是，则淳所祖之孔壁古文，体势亦不必如是矣。卫恒谓"汲县人盗发魏襄王冢，得策书十余万言。案敬侯所书，犹有髣髴"，敬侯者，恒之祖卫觊，其书法出于邯郸淳。则汲冢书体，亦当与邯郸淳所传古文书法同，不必作科斗形矣。然则魏晋之间所谓"科斗文"，犹汉人所谓"古文"。若泥其名以求之，斯失之矣。

校勘记

［一］"各各"据史记改作"各往往"。

［二］"王横"，据汉书儒林传改作"王璜"。

简牍帛书

简牍检署考[①]

书契之用，自刻画始。金石也，甲骨也，竹木也，三者不知孰为后先，而以竹木之用为最广。竹木之用，亦未识始于何时。以见于载籍者言之，则用竹者曰"册"。书金縢"史乃册祝"，洛诰"王命作册逸祝册"，顾命"命作册度"。"册"字或假"鞭策"之"策"字为之。聘礼"百名以上书于策"、既夕礼"书遣于策"、周礼内史"凡命诸侯及公卿大夫，皆策命之"、左传"灭不告败，克不告胜，不书于策"、又"名藏

① 本書草成於一九一二年。同年由鈴木虎雄譯爲日文，載日本藝文雜誌第三年第三、四、五、六號。同年夏，增補若干條。秋，第四次改定。一九一四年刊於雲窗叢刻，後收入海寧王忠愨公遺書及海寧王静安先生遺書。今以海寧王静安先生遺書本爲底本，並參校中國國家圖書館所藏王氏手稿點校整理。

在诸侯之策"是也。曰"简",诗小雅"畏此简书"、左传"执简以往"、王制"太史执简记"是也。用木书者曰"方",聘礼"不及百名书于方"、既夕礼"书赗于方"、周礼内史"以方出之"、硩蔟氏"以方书十日之号"是也。曰"版",周礼小宰"听闾里以版图"、司书"掌邦（人）〔中〕[一]之版"、大胥"掌学士之版"、司士"掌群臣之版"、司民"掌民之数,自生齿以上皆书于版"是也。曰"牍",韩诗外传七周舍见赵简子云"墨笔操牍"是也。竹木通谓之"牒",亦谓之"札"。司马贞史记索隐:"牒,小木札也。"颜师古汉书注:"札,木简之薄小者也。"此谓木牒、木札也。说文六"简,牒也"、又七"牒,札也",论衡十二量知篇"截竹为简,破以为牒",文心雕龙五"短简编牒",此谓竹牒也。左传疏"单执一札谓之为简",此谓竹札也。殷周制度,虽不可得而详,然战国以降,则可略述焉。

　　简策之别,旧说不一。郑康成仪礼、〔礼〕记注、杜元凯左传注皆云:"策,简也。"贾公彦仪礼疏谓:"简据一片而言,策是连编之称。"孔颖达左传疏亦曰:"单执一札,谓之为简,连编诸简,乃名为策。"是贾、孔二君,均以简为策中一札。然孔氏于尚书疏又引顾彪说曰:"二尺四寸为策,一尺二寸为简。"则又以长短别之。前说是也。

　　古策有长短。最长者二尺四寸,其次二分而取一,其次三分取一,最短者四分取一。论衡十二量知篇:"截竹为简,破以为牒。加笔墨之迹,乃成文字。大者为经,小者为传记。"又十二谢短篇:"二尺四寸,圣人文语,朝夕讲习。义类所及,故可务知。汉事未载于经,名为尺籍短书,比于小道,其能〔知〕,非儒者之（责）〔贵〕也。"[三]案说文五引庄都说:"典,大册也。"而五帝之书名"典",则以策之大小为书之尊卑,其来远矣。周末以降,经书之策皆用二尺四寸,仪礼疏引郑（注）〔作〕[四]论语序云:"〔易〕[五]诗、书、礼、乐、春秋策,皆长尺二寸,孝经谦半之,论语八寸策,又谦焉。"案:"尺二寸"当作"二尺四寸"。

左传疏云："郑玄注论语序以孝经钩命决云：'春秋二尺四寸书，孝经一尺二寸书。'故知六经之策，皆长二尺四寸。"通典五十四封禅使许敬宗等奏："案孝经钩命决云：'六经策长二尺四寸，孝经策长一尺二寸。'"则贾疏之"尺二寸"为"二尺四寸"之讹，无疑也。以上三说，贾、孔二君仅见康成论语序，未见钩命决原文，而所引郑序，又皆仅掇其意，不尽举其辞。细绎之，则郑之所以知六经策皆二尺四寸者，亦第据钩命决所云春秋策推之，并未亲见六经策。盖郑君生年后于王仲任，其时中原简策制度已有变易。后汉书周磐传："磐遗令编二尺四寸简，写尧典一篇，以置棺前。"盖其时旧制渐废，故磐特用之，史亦著之云尔。且不独古六经策为二尺四寸也。荀勖穆天子传序："古文穆天子传者，太康二年，汲县民不准盗发古冢所得书也，皆竹简素丝（纶）〔编〕[六]。以臣勖前所考定古尺度其简，长二尺四寸，以墨书，一简四十字。"则周时国史记注，策亦二尺四寸也。礼制法令之书亦然。后汉书曹褒传："褒撰〔次〕天子至于庶人冠、昏、吉、凶、终始制度，以为〔百〕五十篇，[七]写以二尺四寸简。"则礼书之制也。盐铁论下贵圣篇："二尺四寸之律，古今一也。"则律书之制也。此上所云尺寸皆汉尺，非周尺。周尺二种：一以十寸为尺，一以八寸为尺。案周尺之制，其说不一。隋书律历志以周尺与汉尺为一种，汉人则多用周八寸为尺之说。今以经传考之，则考工记言琬圭九寸，琰圭九寸，璧琮九寸，大璋、中璋九寸，不云尺一寸也，国语："其长尺有咫"，不云二尺二寸也。左传："天威不违颜咫尺。"咫、尺并言，明咫自为咫，尺自为尺也。礼檀弓："棒以为笄长尺而总八寸。"明尺自为尺，八寸自八寸也。然说文尺部："咫，中妇人手，长八寸，周尺也。"又夫部："夫，丈夫也。周制八寸为尺，十尺为丈，人长八尺，故曰丈夫。"论衡二十八正说篇："周以八寸为尺。"独断："夏十寸为尺，殷九寸为尺，周八寸为尺。"通典五十五引白虎通："夏十寸为尺，殷十二寸为尺，周八寸为尺。"礼王制："古者以周尺八尺为步，

今以周尺六尺四寸为步。"郑注："周尺之数未详闻也。（据）〔按〕礼
制，周犹以十寸为尺，盖六国时多变〔乱〕[八]法度。或言周尺八寸，则
步更为八八六十四寸。"则周时自有八寸尺。郑君之解可谓明通。至周
代，此二种尺用于同时，或用之有先后，则不可考也。其以八寸为尺者，
汉之二尺四寸，正当周之三尺，故盐铁论言"二尺四寸之律"，而史记酷
吏传称"三尺法"，汉书朱博传言"三尺律令"，盖犹沿用周时语也。南
齐书文惠太子传："时襄阳有盗发古冢者，相传云是楚王冢，大获宝物，
玉屐、玉屏风、竹简书、青丝（纶）〔编〕[九]。简广数分，长二尺，皮节
如新。盗以把火自照。后人有得十余简，以示抚军王僧虔。僧虔云是科
斗书考工记，周官所阙文也。"案齐尺长短，史无明文。隋书律历志谓：
"宋氏尺比晋前尺与汉尺同。一尺六分四厘，梁朝俗间尺比晋前尺一尺七
分一厘。"齐尺当在宋、梁之间，南齐二尺，大抵当汉二尺一寸有奇。则
考工记竹简殆亦为汉之二尺四寸，而史特举其成数耳。此最长之简也。
二分取一，则得一尺二寸，钩命决所云孝经策是也。汉以后官府册籍亦
用一尺二寸。汉书元帝纪注："应劭曰：'籍者为尺二竹牒，今本作"二
尺竹牒"，从玉海八十五所引及崔豹古今注下改正。记其年纪、名字、物
色，悬之宫门。'"续汉书百官志亦云："凡居宫中者，皆有口籍于门之所
属。宫名两字，为铁印文符，案省符乃纳之。"注引胡广曰："符用木，
长尺二寸。"盖始用竹，而后改为木也。太平御览六百六引晋令："郡国
诸户口黄籍，皆用一尺二寸札，已在官役者载名。"疑亦用汉制也。三分
取一为八寸，论语策是也。论衡二十八正说篇："说论者皆知说文解语而
已，不知论语本几何篇；但周以八寸为尺，不知论语所独一尺之意。夫
论语者，弟子共（记）〔纪〕[一〇]孔子之言行，敕（己）〔纪〕[一一]之时甚
多，数十百篇，以八寸为尺，纪之省约，怀持之便也。以其遗非经传文，
纪识恐忘，故以但八寸尺，不二尺四寸也。"又书解篇云："秦虽无道，
不燔诸子，诸子尺书、文（书）〔篇〕[一二]具在。"此尺书当亦以八寸尺

言。则诸子亦八寸策也。四分取一为六寸，符、筭是也。说文五："符，信也。汉制以竹，长六寸，分而相合。"又："筭，长六寸，（纪）〔计〕[一三]历数者。"此种短简，连编不易，故不用于书籍。唯符信之但需二印相合者，始用之。筭筹则本分别用之，亦以短为便。故周时用一尺二寸者，汉亦用六寸。此周、秦、两汉间简策种类之大略也。

　　筹之为策，或颇疑之，然由其制度及字形观之，则为策之一种，无可疑也。礼投壶："筹长尺有二寸。"乡射礼则云："箭筹八十，长尺有握，握素。"郑注："箭，筴也。筹，筭也。""握，本所持处也。素，谓刊之也。刊本一肤。"贾疏："长尺，复云有握，则握在一尺之外，则此筹尺四寸矣。"其尺寸与投壶不同，盖此以周八寸尺言，而投壶以十寸尺言，其实一也。若计历数之筭，则其长半之，此当由便于运算之故。汉书律历志："筭法用竹（六寸），径一分，长六寸。"说文亦云："筭，长六寸。"尺二寸与六寸，皆二尺四寸之分数，其出于策之遗制，明矣。又，古者史官一名"作册"。其于文字，从手执中。中者，册也。故册祝、册命及国之典册，史实掌之。而大射礼实筭、释筭，亦太史之事，明策之与筭，非异物也。故古筭字往往作筴，筴者，策之别字也。既夕礼："主人之史请读赗，执筭从，枢东。"郑注："古文筭皆作筴。"老子："善计者不用筹策。"意谓不用筹筭也。史记五帝本纪："迎日推筴"。集解引晋灼曰："筴，数也。迎，数之也。"案说文："算，数也。"则原文当作"迎日推筭"，又借"筭"为"算"也。汉张迁碑："八月筴民。"亦以"筴"为"算"之证。又，古者筮亦用筭以代蓍，故言龟策者多于言蓍龟。易系辞传言"乾之策"、"坤之策"，曲礼言"龟筴敝，则埋之"、"倒筴侧龟于君前，有诛"、"龟筴不入公门"、"龟为卜，筴为筮"。秦策言"错龟数策"，楚辞言"端策拂龟"，韩非子言"凿龟数策"，史记有龟策传，皆以龟策并称。筴字从竹，当亦由此。愚意此字或竟从筴，而周礼之"筹"，小篆之"**算**"，均非其本字，本字当从筴从

ᄇ，即周礼篡字所从出。或从筴从廾，即小篆**筭**字所从出。一象筴在下
韇中，一象两手奉筴之形，于义为长。是以古筭、筴互相通假。筮、筴
二字亦然。士冠礼："筮人执筴抽上韇，兼执之，进受命于主人。"是言
仪也。而特牲馈食礼则云："筮人取筮于西塾，执之，东面受命于主人。"
少牢馈食礼则云："史朝服，左执筮，右抽上韇，兼（于）〔与〕[一四]筮执
之，东面受命于主人。"又云："抽下韇，左执筮，右兼执韇以击筮。"又
云："吉，则史韇筮，史兼执筮与卦，以告于主人。"郑注特牲馈食礼之
"筮人取筮"曰："筮人，官名也。筮，问也。取其所用问神明者谓著
也。"其实，"取筮"、"执筮"、"击筮"、"韇筮"之"筮"，均当作
"筴"。郑君于士冠礼、既夕礼注亦皆云："韇者，藏筴之器。"而此独云
"筮，问也"，殊为迂曲，必为"筴"字无疑。然则筮也、筴也、筭也，
实非异物也，故知"筭"为"策"之一种也。

制策之始，所以告鬼神，命诸侯，经所谓"册祝"、"策命"是也。
说文二："册，符命也，诸侯进受于王者也。象其札一长一短，中有
（两）〔二〕[一五]编之形。"此言"王"、言"诸侯"殆谓周制。史记三王
世家："褚先生曰：'孝武帝之时，同日而俱拜三子为王，为作策以申戒
之，至其次序分绝，文字之上下，简之参差长短，皆有意，人莫之能
知。'"则汉策亦有长短也。后汉犹然。独断云："策书，策者简也。其制
长二尺，短〔者〕[一六]半之。此或较古制稍短，或举成数，不可考。其次
一长一短，两编，下附篆书，起年月日，称皇帝曰，以命诸侯、王、三
公。"自是以降，讫于北齐，仍用此制。隋书礼仪志：后齐"诸王、三
公、仪同、尚书令、五等开国、太妃、妃、公主封拜册，轴长二尺，以
白练衣之。用竹简十二枚，六枚与轴（平）〔等〕，六枚长尺二寸，文出
集书，〔书〕皆篆字。[一七]哀册、赠册亦同"是也。释名六："简，间也。
编之篇篇有间。"殆亦长短相间，故云"篇篇有间"也。初疑此制惟策命
之书为然，未必施之书籍。然古书之以策名者有战国策。刘向上战国策

〔书〕[一八]序中书本号，或曰"国策"，或曰"国事"，或曰"短长"，或曰"事语"，或曰"长书"，或曰"修书"。窃疑周秦游士甚重此书，以策书之，故名为"策"；以其札一长一短，故谓之"短长"；比尺籍短书，其简独长，故谓之"长书"、"修书"。刘向以战国时游士辅所用之国，为之策谋，定其名曰"战国策"。以"策"为策谋之"策"，盖已非此书命名之本义。由是观之，则虽书传之策，亦有一长一短，如策命之书者。至他书尽如此否，则非今日所能臆断矣。

若一简行数，则或两行，或一行。字数则视简之长短以为差，自四十字至八字不等。晋书束皙传："有人于嵩高山下得竹简一枚，上两行科斗书，传以相示，莫有知者。司空张华以问皙，皙曰：'此汉明帝显节陵中策文也'"。穆天子传简长二尺四寸，而一简四十字，恐亦两行。然以一行为常，左传疏云："简之所容一行字耳。"尚书本二尺四寸策，聘礼疏引郑注云："尚书三十字一简。"汉书艺文志："刘向以中古文尚书校欧阳、大小夏侯三家经文，酒诰脱简一，召诰脱简二。率简二十五字者，脱亦二十五字。简二十二字者，脱亦二十二字。"〔今康诰篇首一节，其为洛诰脱简无疑，共四十八字，以刘向所说者差之，当为两简，则一简二十四字。〕[一九]以二尺四寸策，而每简二三十字，则一行可知。左传之策当短于孝经，或用八寸策。聘礼疏引服虔注左氏曰："古文篆书，一简八字。"当亦每简一行也。此外，易、诗、礼经、春秋策之长短与尚书同，则字数亦当如之。礼记为释经之书，其策当视左传。今考记中错简，则玉藻错简六，计三十五字、三十一字者各一，二十九字者二，二十六字者一，八字者一。乐记错简二，一为五十一字，一为四十九字。杂记错简四，一二十一字，与十九字相错；一二十九字，与十八字相错。唯玉藻之"王后袆衣，夫人揄狄"一简，独为八字。由此推之，则五十一字、四十九字者，当由五简相错；三十五字、三十一字、二十九字者，当由三简相错；其二十六字者，简末"天子素带，朱里，终辟"，与下简

之首"而朱里，终辟"五字不接，其下（常）〔当〕[二〇]脱烂"诸侯
□□"四字，并脱字计之，共三十字，则亦三简也。其二十一字、十九
字、十八字者，当为二简，则每简一行可知也。

　　上古简策书体，自用篆书，至汉、晋以降，策命之书亦无不用篆者。
独断云："策书，（晋）篆书。三公以罪免，亦赐策文，〔体〕如上策，
而隶书。〔以〕尺一木，两行，惟此为异。"[二一]通典五十五："晋博士孙
毓议曰：今封建诸王，裂土树藩，为册告庙，篆书竹册，执册以祝，讫，
藏于庙。中略。四时享祀祝文，事讫，不藏。故但礼称祝文尺一白简，
此简字谓木简，犹独断之"以尺一木"为策也。隶书而已。"然则事大者
用策，篆书；事小者用木，隶书，殆为通例。隋志言北齐封拜册用篆字，
盖亦用汉晋之制也。孔安国尚书序云："以所闻伏生之书考论文义，定其
可知者，为隶古定，更以竹简写之。"则汉时六经之策似用隶书，然孔传
赝作，不足信。又，汉经籍虽有古、今文之分，然所谓今文，对古籀言
之，亦不能定其为篆、为隶。唯汉时宫籍狱辞亦书以简，则容有用隶书
之事。又书传所载，似简策亦有用草书者，则殊不然。史记三王世家：
"褚先生曰：臣幸得以文学为侍郎，好览观太史公之列传。列传中称三王
世家文辞可观，求其世家终不能得。窃从长老好故事者，取其封策书，
编列其事而传之。中略。谨论次其真草诏书，编于左方。"顾氏炎武日知
录二十一据此遂谓："褚先生亲见简策之文，而孝武时诏已用草书。"然
褚先生所谓"真草诏书"，盖指草稿而言。封拜之册，诸王必携以就国，
则长老好故事者所藏，必其草稿无疑，未足为草书策之证也。宋黄伯思
东观余论上汉简辨云："近岁关右人上条记与刘无言论书云："政和初，
人于陕（右）〔西〕发地，得竹木简一瓮。"[二二]发地得古瓮，中有东汉时
竹简甚多，往往散乱不可考。独永初二年讨羌符文字尚完，皆章草书，
书迹古雅可喜。其词云云。"则汉时似真有草书之简。然据赵彦卫云麓漫
钞七所纪，则不云"竹简"，而云"木简"，且谓吴思道亲见之于梁师成

所，其言较为可据。则以章草书简均无确证，或竟专用篆（隶）[二三]矣。至简策之文，以刀书或以笔书，殊不可考。考工记："筑氏为削。"郑注："今之书刀"。贾疏："古者未有纸笔，则以削刻字，至汉虽有纸笔，仍有书刀。"案汉之书刀，殆用以削牍，而非用以刻字，故恒以刀笔并言。虽殷周之书，亦非尽用刀刻。大戴礼践阼篇："师尚父谓黄帝、颛顼之道在丹书。"周礼司约："小约剂，书于丹图。"左传："斐豹，隶也，著于丹书。"郑注周礼云："丹（书）〔图〕[二四]，未（详）〔闻〕[二五]。"杜注左传云："以丹书其罪。"案越绝书十三云："越王以丹书帛，致诸枕中，以为国宝。"则杜说殆是也。至周之季年，则有墨书。管子九霸形篇："令百官有司削方墨笔，明日皆朝于太庙之门，朝定令于百吏。"韩诗外传七："周舍见赵简子曰：'臣愿为谔谔之臣，墨笔操牍，从君之后，伺君之过而书之。'"此足为周时已有墨书之据。且汲冢所出穆天子传，必书于魏安釐王以前，而为墨书。见上。则战国以后，殆无有用刀刻者矣。古又有漆书之说。后汉书杜林传："林前于西州得漆书古文尚书一卷。"又儒林传："有私行金货，定兰台漆书经字，以合其私文。"案周末既有墨书，则汉时不应更有漆书。盖墨色黑而有光，有类于漆，故谓之漆书。且杜林所得古文尚书，云"卷"而不云"篇"，则其书当为缣帛，而非简策。简策用漆，殊不足信也。

策之编法，用韦或丝。史记孔子世家："孔子晚而喜易，读易，韦编三绝。"此用韦者也。穆天子传以素丝纶，考工记以青丝纶，并见上。孙子以缥丝纶，见御览引刘向别录。此用丝者也。至编次之状，则说文所谓"中有二编"，独断所谓"两编"者是，观篆文删字之形可悟矣。

汉魏以后，两简相连之处，并作鐜缝。颜师古匡谬正俗六："款缝，此语言元出魏晋律令，字林本作'鐜，刻也'。古未有纸之时，所有簿领皆用简牍，其编连之处，恐有改动，故于缝上刻记之，承前以来，呼为鐜缝。"此即六朝以后印缝、押缝之所由出，未必为周秦汉初之制也。说文刀部："券别之书，以刀判契其旁，故曰书契。"此为古制或汉制，许君不言。郑玄周礼质人注："书契，取予市物之券也。其券之象，书两札，刻其侧。"此亦与魏晋之鐵缝略同。然恐许、郑二君以契字为刊刻之义，故望文训之，未必周制如是也。

周时方版尺寸，盖不可得而详。若秦汉以降之牍，则其制度可略言焉。牍之未成者为椠。说文七："椠，牍朴也。"论衡量知篇："断木为椠，析之为板，力加刮削，乃成奏牍。"此椠之本义也。牍之未制者，必长于常牍，故牍之长者亦称为椠。西京杂记三："杨子云好事，常怀铅提椠，从诸计吏，访殊方绝域四方之语。"释名六："椠，板之长三尺者也。椠，渐也，言其渐渐然长也。"颜师古急就篇注三亦云此后起之义也。牍之最长者为椠，其次为檄，长二尺。说文六："檄，二尺书。"段氏玉裁注据韵会所引说文系传及后汉书光武纪注所引说文，改为"尺二书"。然宋本说文系传实作"二尺书"。又史记索隐于张仪、韩信二传中两引说文，艺文类聚（二）〔五〕十八[二六]、太平御览五百九十七、玄应一切经音义十所引说文，与颜师古汉书申屠嘉传、急就篇注均作"二尺"，不作"尺二"，段改非是。其次为传信，长一尺五寸。汉书孝平纪"一封轺传"注："如淳曰：'律，诸当乘传及发驾置传者，皆持尺五寸木传信，封以御史大夫印章'"是也。其次为牍，长一尺。汉书游侠传："陈遵与人尺牍，主皆藏弄之以为荣。"说文七"牍，书版也"。后汉书北海靖王兴传、蔡邕传注皆云："说文曰：'牍，书版也。'长一尺。"盖通行之制也。唯天子诏书独用尺一牍。史记匈奴传："汉遗单于书牍以尺一寸。"汉旧仪之"尺一板"，续汉志注、大唐六典、通典诸书引。汉仪之"尺一诏"，御览五百九十三引。独断之"尺一木"，皆是也。汉人又单谓之"尺一"。后汉书杨赐传云"断绝尺一"，李云传云"尺一拜用"，儒林传云"尺一出升"，续汉书五行志云"尺一雨布"，皆是。魏志夏侯玄传："先是有诈，作尺一诏书，以玄为大将军"，则魏制犹然。汉时以长牍为

尊，故臣下用一尺，天子用尺一。至中行说教单于用尺二寸牍，乃用以
夸汉，非定制。惟封禅玉牒，其制仿牍为之，而长尺三寸，此又非常大
典，不能以定制论也。魏晋以后，浸以加侈，有至一尺二寸者。通典五
十八注："晋六礼版，聘皇后用。长尺二寸，以（象）〔应〕[二七]十二月；
博四寸，以象四时；厚八分，以象八节。皆真书。"又有至一尺三寸者。
隋书礼仪志："后齐正旦，侍中宣诏慰劳州郡国使。诏牍长一尺三寸，广
一尺，雌黄涂饰，上写诏书三。"又有二尺五寸者。隋志：后齐"颁五条
诏书于诸州郡国使人，写以诏牍，一版长二尺五寸，广一尺三寸，亦以
雌黄涂饰，上写诏书。正会依仪宣示使人，归以告刺史二千石"。此二事
殆因所书非一诏，又或因宣示使人，故书以大牍，自非常制。若汉时之
牍，则仅有一尺、尺一两种，此外别无所闻。又其次则为五寸，门关之
传是也。汉书孝文帝纪："除关无用传。"案传信[二八]有二种，一为乘驿
者之传，上所云"尺五寸"者是也；一为出入关门之传，郑氏周礼注所
谓"若今过所文书"是也。其制则崔豹古今注云："凡传，皆以木为之，
长五寸，书符信于上，又以一板封之，皆封以御史印章。"此最短之牍
也。此二者一为乘传之信，一为通行之信；一长尺五寸，一长五寸；一
封以御史大夫印章，一封以御史印章。尊卑之别，显然可知。由是观之，
则秦汉简牍之长短，皆有比例存乎其间。简自二尺四寸，而再分之。三
分之，四分之；牍则自三尺、椠。而二尺、檄。而尺五寸、传信。而一
尺、牍。而五寸、门关之传。一均为二十四之分数，一均为五之倍数，
此皆信而可征者也。

　　简[二九]之长短，皆二十四之分数，牍皆五之倍数，意[三〇]简者秦制，
牍者汉制欤？案史记秦始皇本纪："数以六为纪，符、法冠皆六寸。"六
寸之符，本为最短之策。自是而一尺二寸正得其二倍；二尺四寸正得其
四倍。又以秦一代制度推之，无往而不用六为纪。秦刻石文以三句为一
韵，一句四字，史记所录文中，"二十有六年"、"二十有九年"、"三十

有七年"，皆当作"廿有六年"、"廿有九年"、"卅有七年"，观峄山刻石可知。三句十二字。十二字者，六之一倍也。故碣石刻石文九韵，一百八字，为六之十八倍。泰山、之罘、东观、峄山诸刻，皆十二韵，一百四十四字，为六之二十四倍。会稽刻石二十四韵，二百八十八字，为六之四十八倍。唯琅琊台刻石颂文二句一韵，然用三十六韵，二百八十八字，亦六（字）〔之〕[三一]四十八倍也。不独字数为然，以韵数言之，则九者六之一倍有半，十二者六之二倍，二十四者六之四倍，三十六者又六之自乘数也。此外，如上虞罗氏所藏秦虎符，文曰："甲兵之符，右在皇帝，左在阳陵。"凡十二字。阿房宫址所出瓦当文曰："惟天降灵，延元万年，天下康宁"，亦十二字。秦之遗物殆无一不用六之倍数，则简策之长短，亦何必不然？然穆天子传出于魏安釐王冢，而已用二尺四寸策，又八寸为尺，是周末之制。若简策长短自秦制出，则二尺四寸之律不应称三尺法。且论语八寸策又何以不以六为纪也？牍亦如之。据史记封禅书："武帝太初元年，始更印章以五字数，以五为纪。"此后，汉之符传，皆用五寸，颇疑牍之制或出于此。然当文帝时，遗单于书已用尺一牍。天子用尺一，则臣下自用一尺，余牍当以此差之，则牍用五之倍数，亦不自武帝始矣。恐后人必有以余之所疑为疑者，故附辨之。

周时方版尺寸虽不可考，然聘礼云："不及百名，书于方。"则一方固可容八九十字。既夕礼："知死者赠，知生者赙。书赗于方，若九，若七，若五。"郑注："方，板也。书赗奠赙赠之人名与其物于板。若九行，若七行，若五行。"夫一方之字数可至八九十，而行数可至于九，则其制不得过狭。所谓方者，或即以其形制名欤。至汉时之牍，则分广、狭二种。广者为牍，狭者为奏。释名六："奏，邹也。邹，狭小之言也。"论衡十三效力篇："书五行之牍、十奏之记，其才劣者笔墨之力尤难。"案记之为言书也，"十奏之记"犹言十牍之书也。史记滑稽列传："东方朔至公车上书，用三千奏牍。"盖奏事之书以狭牍连编之，故得"奏"之名。魏志张既传注引魏略云:"既常蓄好刀笔及版、奏,伺诸大吏有乏,辄给与。"则版与奏明为二物。释名六:"画姓名于奏上曰'画刺'。"以刺但需写爵姓里名,故用牍之狭者也。至诸牍广狭之制,则常牍之广,大抵三分其表而有其一。续汉书祭祀志:玉牒书"长尺三寸,广五寸",通典:晋六礼版"长尺二寸,广四寸",其式可以此推。牍上之字以五行为率。论衡云:"五行之牍。"独断云:"表文多,(以)〔用〕[三二]编两行;少,以五行。"盖文多者编两行牍若干书之,而少者以五行牍一,与周之"百名以上书于策,不及百名书于方"同意。广四五寸者,容五行之字,于形制亦宜。若以小字细书之,则得书十行。后汉书循吏传:"初,光武长于民间,颇达情伪,见稼穑艰难,百姓病害。至天下已定,务用安静。中略。其以手迹赐方国者,皆一札十行,细书成文,俭约之风行于上下。"此于五行之牍书十行之字,乃光武示民以俭之意,初[三三]非常制如斯也。至狭牍之书,则容两行。独断云:"表文多,以编两行。"又云:"三公以罪免,亦赐策文,隶书,尺一木,两行。"案前、后汉书所载策免三公之文,多者至数百字,断非一牍两行所能容,当亦编众牍为之也。匈牙利人斯坦因于敦煌西北长城址所得木札,长汉尺一尺,广半寸许。余所见日本橘瑞超所得于吐峪沟者,大略相同。未及以汉尺量之。其书或一行,或二行。此当为最狭之牍矣。南齐书祥瑞志:"延陵令戴景度称所领季子庙泉中,得一(根)〔银〕[三四]木简,长一尺,广二寸。隐起文曰:'庐山道人张陵谒诣起居。'"此牍出方士伪造,盖无可疑,然其文实名刺之体裁,或足征古代奏之广狭也。

版牍书体,周秦以上自用篆书,汉后多用隶书。独断言:"隶书,尺一木。"通典载晋博士孙毓议亦以"篆书,竹册"与"尺一白简,隶书"并称,此所谓"尺一白简"即指"尺一木",而非竹简。李善注文选引萧子良古今篆隶文体云:"鹤头书、偃波书,俱诏板所用,汉时谓之尺一简。"上云"诏板",下云"尺一简",亦简、板互文也。"鹤头书"谓隶书之一体，隋书百官志之"鹤头板"，指"鹤头书"所书之板也。"偃波书"亦同。初学记二十一引挚虞决疑要注云："尚书台召人用虎爪书，告下用偃波书，皆不可卒学，以防诈伪[三五]。"盖官省所用隶书变体也。晋纳后六礼版文用真书，则通行版牍自以真、行为主。后汉书北海靖王传："作草书尺牍。"蔡邕答诏问灾异八事亦云："受诏书各一通，尺一木版，草书。"宋时所得汉永初二年讨羌符亦用草书。则汉牍固亦通用章草矣。

　　简牍之外，古人所用以书字者尚有一种，则曰"籥"、曰"笘"、曰"觚"是也。说文三："籥，书僮竹苦也。"又云："颍川人名小儿所书写为笘。"礼所谓"（伸）〔呻〕[三六]其占毕"是也。又谓之"觚"。广雅云："笘，觚也。"至其形制如何，殊不可确知。急就篇云："急就奇觚与众异。"颜师古注："觚者，学书之牍，或以记事，削木为之，其形或六面，或八面，皆可书。"今以仓颉、训纂诸篇每章之字数计之，然后知颜氏之说之足据也。汉书艺文志："汉时间里书师，合仓颉、爰历、博学三篇，断六十字以为一章，凡五十五章，并为仓颉篇。"又云："元始中，征天下通小学者以百数，各令记字于廷中，扬雄（采）〔取〕[三七]其有用者以作训纂篇，顺续仓颉，又易仓颉中重复之字，凡八十九章。"而许氏说文解字序则云："黄门侍郎扬雄采以作训纂篇，凡仓颉以下十四篇，凡五千三百四十字。"以八十九章而得五千三百四十字，则训纂篇亦以六十字为一章也。急就篇则每章六十三字。求其所以以六十字为一章之故，则此种字书必书于觚，而以一觚为一章，故急就篇首句即云"急就奇觚与众异"也。其觚既为六面形或八面形，则每面必容一行，每行必容十字或八字。凡小学诸书皆如是，故他书每章字数〔殊〕[三八]无一定，而字书独整齐如是也。古人字书非徒以资诵读，且兼作学书之用，观皇象书急就篇可知。故书以觚。觚可直立，亦可移转，皆因便于临摹故也。至小儿所书之笘，势无即仿其制之理，或即以所学之牍之名，加诸学之之牍，亦未可知。此实由简牍而变者，故附著之。

简策、版牍之制度，略具于右。至简牍之用，始于何时，讫于何代，则无界限可言。殷人龟卜文字及金文中，已见"册"字，则简策之制古矣。"方"、"版"二字，始见周礼，然古代必已有此物。又世或有以缣帛之始为竹木之终者，则又不然。帛书之古，见于载籍者，亦不甚后于简牍。周礼大司马："王载太常，中略。各书其事与其号焉。"又司勋："凡有功者，铭书于王之太常。"士丧礼："为铭各以其物，注："杂帛为物。"亡则以缁，曰某氏某之柩。"皆书帛之证。墨子八明鬼篇："古者圣王必以鬼神为其务，又恐后世子孙不能知也，故书之竹帛，传遗后世子孙。咸恐其腐蠹绝灭，后世子孙不得而纪，故琢之盘盂，镂之金石，以（章）〔重〕[三九]之。有毕注："当为犹。"国维案，"有"即"又"字。恐后世子孙不能敬若以取羊，故先王之书，圣人一尺之帛，一篇之书，语数鬼神之有也，重又重之。"墨子之书，虽作于周季，然以书竹帛称先王，则其来远矣。晏子春秋七："昔吾先君桓公予管仲狐与谷，其县十七，著之于帛，申之（于）〔以〕[四〇]策，通之诸侯。"论语："子张书诸绅。"越绝书十三："越王以丹书帛。"韩非子安危篇亦云："先王致理于竹帛。"则以帛写书，至迟亦当在周季。然至汉中叶，而简策之用尚盛。汉书公孙贺传朱安世曰："南山之竹不足尽我辞。"是狱辞犹用简也。刘向序录诸书，皆云"定以杀青"，是书籍多用简也。汉书艺文志所录各书，以卷计者不及以篇计者之半。至言事通问之文，则全用版奏。少竹之处，亦或用以写书，虽蔡伦造纸后犹然。晋时户口黄籍，尚用一尺二寸札，至晋末始废。初学记二十一引桓玄伪事曰："古无纸，故用简，非敬也。今诸用简者，皆以黄纸代之。"至版牍之废，则尚在其后。晋人承制拜官则曰"版授"，抗章言事则曰"露版"。南史张兴世传："宋明帝即位，四方反叛。时台军据赭圻，朝廷遣吏部尚书褚彦回就赭圻行选。是役也，皆先战授位，檄板不供，由是有黄纸札。"盖简牍时代，肇于缣素之先，而尚延于谷网等纸之后，至南北朝之终，始全废矣。

　　既知简牍之制，则书记所用之版牍，亦略可识矣。至书牍之封缄法，则于牍上复加一板，以绳缚之。古今注下："凡传皆以木为之，长五寸，书符信于上，又以一板封之，皆封以御史印章。"此虽言符传，然可以见书函之制。其所用以封之板谓之检。说文六："检，书署也。"此为"检"字之本义，其所书署之物，因亦谓之检。徐锴说文系传十一："检，书函之盖也。玉刻今祁氏重刊宋本作"玉刻"，疑"三刻"之讹。其上，绳封之，然后填以金泥，题书而印之也。大唐开元封禅礼，为石函以盛玉牒，用石检也。"戴侗六书故亦云："检，状如封箧，盖以木为之。"其说盖从系传出。今案徐说颇确，当有所本，惟由封禅所用玉检、石检，遂谓通用之检如是，未免小误。然欲明检之制度，亦舍封禅之检末由矣。汉书孝武纪注："孟康曰：'王者功成治定，告成功于天，刻石纪号，有金策石函、金泥、玉检之封。'"案历代东封泰山者，有秦始皇、汉武帝、光武帝、唐高宗、玄宗、宋真宗，凡六次。秦制不可考，汉武封禅之礼，史亦不详，惟光武所用，尚为元封故事，其典物具详。续汉书祭祀志曰："有司奏当用方石，再累坛中，皆方五尺，厚一尺。用玉牒书藏方石，厚五寸，长尺三寸，广五寸，有玉检。又用石检十枚列于石旁，东西各三，南北各二，皆长三尺，广一尺，厚七寸。检中刻三处，深四寸，方五寸，有盖，检用金缕五周，以水银和金为泥。玉玺一方寸二分，一枚方五寸。"又云"尚书令奉玉牒（简）〔检〕，皇帝以寸二分玺亲封之，讫。太常（令）〔命〕人发坛上石，尚书藏玉牒已，复石覆讫。尚书令以五寸（玺）〔印〕封石检"云云。此仅言玉检，未言其用。石检十枚，但云列于石旁，未言其嵌（石）〔合〕[四一]之道也。凡诸疑窦，览唐制而始明。唐封禅玉石检制度，见于开元礼六十三、通典五十四、旧唐书礼仪志、唐书礼乐志者大略相同，而旧志之文尤明。文曰："造玉策三枚，皆以金绳编玉简为之。每简长一尺二（分）〔寸〕[四二]分，广寸二分，厚三分，刻玉填金为字。又为玉匮一，以藏正座玉策，长一尺三寸。并玉检方五寸，当绳处刻为五道，当封玺处刻深二分，方一寸二分。又为金匮二，以藏配座玉策。又为黄金绳以缠玉匮、金匮各五周。为金泥以泥之。为玉玺一枚，方一寸二分，文同受命玺，以封玉匮、金匮。又为石礛，以藏玉匮。**此二字据通典补**。用方石再累，各方五尺，厚一尺。刻方石〔中〕^[四三]，令容玉匮。礛旁施检处**开元礼"处"作"篆"，新志无"处"字，皆误**。皆刻深三寸三分，阔一尺。当绳处皆刻深三分，阔一寸五分。为石检十枚，以检石礛，皆长三尺，阔一尺，厚七寸。皆刻为印齿三道，深四寸。当封玺处方五寸，当通绳处阔一寸五分，皆有小石盖，以检撖封泥。其检立于礛旁，南方、北方各三，东方、西方各二，〔去〕礛隅皆七寸。又为金绳以缠〔石〕^[四四]礛，各五周，径三分。为石泥以泥石礛，其泥，末石和方色土为之。"宋祥符封禅制度，见于**宋史礼志**者，亦与此同，皆足补汉志之简略者也。汉封禅玉牒检，**祭祀志**不详其制，惟唐贞观十一年，左仆射房玄龄议制封禅玉牒曰："今请玉牒，长一尺三寸，广厚各五寸。玉检厚二寸，长、短、阔一如玉牒。其印齿请随玺大小，仍缠以金绳五周。"**通典及旧志**。此略同于**续汉志**所云，而稍详明，盖从汉制。后麟德封禅，从许敬宗等议，废牒用策，其藏策玉匮之检，又与此不同，**见上所引**。亦当别有所本。然则检之为制，自有长短。其与底同广袤者，玉牒之检是也；其广同而袤少杀者，玉匮之检是也。若石检则形制全异，随石礛之形而变通之者也。此（二）〔三〕^[四五]者不必尽同，而其加于封物之上，刻数线以通绳，刻印齿以容泥、以受玺、以完封闭之用，则所同也。建武封禅用元封故事，而唐复用建武故事，则视唐志所云为汉制，无不可也。由汉玉牒、石礛之检以推书函之检，亦无不可。书函之上既施以检，而复以绳约之，以泥填之，以印按之，而后题所予之人，其事始毕。故论衡十二程材篇曰"简绳检署"，然则署为最后之事，许君所释，仅以最后之用言，未为赅也。若以徐、戴之说为不足，请征诸汉、唐人之说。**释名六**："检，禁也。禁闭诸物，使不得开露也。"又："书文书检曰署。署，予也，题所予者官号也。"明检与署为二事也。**急就篇**："简、札、检、署、椠、牍、家。"颜师古注："检之言禁也，削木施于物上，所以禁闭之，使不得辄开露也。署谓题书其检上也。"此即用**释名**之说。**广韵**云："检，印窠封题也。"此语当为陆法言、孙缅旧文。其实"印窠封题"，皆检之附属物，而非检，其说之不赅备，亦略与许君等也。若犹以汉、唐人之说为不足，则请引汉人之检以明之。**汉书王莽传**："梓潼人哀章见莽居摄，即作铜匮，为两检，署其一曰'天帝行玺金匮图'，其一署曰'赤帝行玺某传予黄帝金策书'。某者，高皇帝名也。""赤帝行玺某"，盖封泥之文，而"传予黄帝金策书"，则所署之字也。如以书籍所记者为不足，则请征诸实物以明之。近斯坦因于于阗所得书牍有二种。其一种刻上者，检与牍同大小，与唐房玄龄所议玉牒检同。其作长方形者，则检略短于牍，与唐玉匮之玉检同；其嵌于牍中，又与唐石礥之检同。至其刻线以通绳，刻印齿以容泥，则二种并同。则检之为书函之盖，盖一定而不可易也。

检之与牍同大小者，亦谓之梜，又谓之检柙。**说文六**："梜，检柙也。"**说文系传十一**："臣锴曰：'谓书封函之上，恐摩灭文字，更以一版于上柙护之，今人作"柙"。古封禅玉检上用柙也，今人言文书柙署是也。'"案徐说似是而非。古封禅石检当玺处有盖，玉检未尝用柙。唯玉牒上之检，与牒之长短广狭均同，与"梜"之字义合。若检，则大小之通称，梜可云检，而检不必尽为梜，如唐封禅金玉匮之检，其广与匮同，而其袤减匮之八寸，不能相夹，则不得命之为梜矣。

检之为制有穿窭，其背作正方形，如覆斗而刻深其中，以通绳且容封泥者，汉时谓之斗检封。**周礼司市**："凡通货贿，以玺节出入之。"注："玺节，印章，如今斗检封矣。"贾疏："案汉法斗检封，其形方，上有封检，其内有书。则周时印章，上书其物，识事而已。"疏语不明。余观斯坦因所得之刻上书牍，而悟其为汉斗检封之制，然后知阮文达、张叔未诸公以汉不知名之铜器为斗检封者，失之远矣。今传世铜器有方汉尺一寸一分许，高二分许，南北二边正中有孔，底面有篆文四，曰"官律所平"，底背亦有篆文四，曰"鼓铸为职"。文达积古斋钟鼎彝器款识十及鲍昌熙金石屑一均摹其形制文字，今传世尚多。余所见一枚，仅有底背铭四字，曰"官律所平"，其余形制皆同。初疑边上二孔为通绳之处，或施于检上，以容封泥，然玩其铭文，当为嘉量上之附属物，决非作封检之用者。且苟用诸封检，则底面之文适在封泥下，而底背之文又紧附于检上，均为赘设。若以斯氏所得刿上书牍之封检当之，则无乎不合。"斗"以言乎其形，"检"以言乎其物。"封"以言乎其用。盖秦汉之遗（物）〔制〕[四六]而留传于西域者也。

　　汉时书牍，其于牍上施检者，则牍检如一，所谓检柙是也。然大抵以囊盛书，而后施检。汉书东方朔传：文帝"集上书囊以为殿帷"，则汉初已用之。天子诏书用绿囊。汉书赵皇后传"中黄门田客持诏记，盛绿绨方底，封御史中丞印"、西京杂记四"中书以武都紫泥为玺室，加绿绨其上"、汉旧仪"玺以武都紫泥封，青布囊，白素里，两端无缝，尺一板，中约署"是也。亦用皂囊。后汉书公孙瓒传"皂囊施检，文称诏〔书〕[四七]是也。臣下章表则用皂囊。独断云："凡章表皆启封，其言密事，得皂囊盛。"亦用绿囊。汉书赵皇后传许美人"以苇箧一合盛所生儿，缄封，及绿囊报书"是也。亦用赤白囊。汉书丙吉传吉驭吏"见驿（吏）〔骑〕[四八]持赤白囊，边郡发奔命书驰来"是也。通用函牍亦用皂囊。通典五十八东晋王堪六礼辞："裹以皂囊，白绳（缄）〔缠〕[四九]之，如封章。"至囊之形制，则汉书谓之"方底"，师古曰："方底，盛书囊，形若今之算幐耳。"唐算幐之制不可考。旧书舆服志："一品以下带手巾、算袋。"算袋即算幐，亦不言其制。玉篇："两头有物，谓之幐担。"广韵："幐，囊可带者。"合此二条及汉旧仪所纪观之，其制亦不难测。旧仪云："青布囊，白素里，两端无缝，尺一板，中约署。"唐六典引作

"两端缝，尺一板"。然续汉志、通典诸书所引"缝"上皆有"无"字，殆六典误也。"两端无缝"，则缝当纵行而在中央，约署之处即在焉，则其形当略如今之捎马袋。"捎马"之音，疑"算码"之转，谓"算"为"马"，自礼投壶已然，今日犹谓之"（算）〔筹〕[五〇]马"，盖即唐之算袋。故两头有物，则可担，其小者可带，亦与媵之制合也。唯中央之缝，必与囊之长短相同，否则书牍无由得入耳。以上所引书牍之封，恒在囊外，惟西京杂记所云："中书以武都紫泥为玺室，加绿绨其上"，〔又似〕[五一]封而后加囊者。案汉诏皆重封。独断："凡制书，有竹使符，下远近，皆玺封，尚书今重封。"殆玺封在囊内，而尚书令印封在囊外。宫中书，御史中丞印封亦在囊外，观赵后传语可知"皂囊施检"，亦施于囊外之证也。囊用布帛为之，故其检亦用帛。说文六："检，书署也。"又七："帖，帛书署也。"知用木谓之检，用帛谓之帖。至后汉之末，始见书函。初学记二十一引魏武令曰："自今掾、属、治中、别驾，常以月朔各进得失，纸书函封，主者朝，常（结）〔给〕[五二]纸函各一。"此函以何物为之，亦不可考。然东晋六礼版文尚用皂囊，而如封章，则江左之初，犹有存焉者矣。

古之书牍，所以兼用梜与囊者，盖有故焉。盖用梜则每书仅能一牍，惟短文为宜。若用数牍或至数十牍，势必一牍一梜，不便孰甚焉。用囊则一书牍数稍多无害，且书牍各面均可书字。通典五十八："东晋王堪六礼辞，并为赞颂仪（文）〔云〕[五三]：于板上各方书礼文，婿父名、媒人正板中，纳采于板左方。裹以皂囊，白绳缠之，如封章。"此所谓"各方"，或指牍面之上下左右，尚未足为各面书字之证。然汉书赵皇后传："客持诏记与武，问：'儿死未？手书对牍背。'武即书对：'儿现在，未死。'"师古曰："牍，木简也。时以为诏记问之，故令于背上书对辞。"答书犹书牍背，则书语遇牍面不能容时，必书牍背无疑矣。然苟不用囊，则牍背向外，势无可书之理。此书囊之制之所以广也。

　　绳缄之法，亦无定制。古封禅玉石检，皆以金绳五周。至今日所见古封泥，则底面绳迹有从有横，有十字形，而以横者为多。其迹自一周以至五周皆有之。唯斯坦因所得于阗古牍，则检上皆刻通绳处三道，每道以绳一周或二周。古封禅石检，其通绳处亦三道，每道各五周。古金人之"三缄其口"，或即以缄牍之法缄之。而于阗古牍或犹用周、汉之制也。自书囊盛行而检之制多不如法，故今日所见封泥，罕有作正方形如斗检封之埴者，其绳迹亦少整齐画一者，盖已非最古之制矣。

　　古牍封处多在中央，<u>汉旧仪</u>所谓"中约署"是也，于阗古牍亦然。惟汉时传信亦有两封、三封、四封、五封者，<u>汉书孝平帝纪</u>"一封轺传"注："如淳曰：'律，诸当乘传及发驾置传者，皆持尺五寸木传信，封以御史大夫印章。其乘传参封之。参者。三也。有期会累封两端，（二）〔端〕[五四]各两封，凡四封也。乘置驰传，五封也。两端各二，中央一也。轺传两马再封之，一马一封（之）〔也〕[五五]。"此以封之多少为尊卑，盖传信特别之制，若书牍之封，固不必如此烦复矣。

　　古人以泥封书，虽散见于载籍，然至后世，其制久废，几不知有此事实。段氏<u>说文</u>注十三下至谓："周人用玺书印章，必施于帛，而不可施于竹木。"封泥之出土，不过百年内之事，当时或以为印范。及吴氏式芬之<u>封泥考略</u>出，始定为封泥。然其书但考证官制、地理，而于封泥之为物，未之详考也。案说文十二〔十三〕[五六]<u>土部</u>："璽，王者之印也。以主土，从土，尔声。籀文从玉。"段氏注曰："盖周人已刻玉为之，曰'籀文从玉'，则知从土者古文也。"段注以"璽"为古文，其说甚是。唯许君谓璽"以主土"，故从土，则颇有可疑者。古者上下所用印章通谓之"璽"，璽非守土者所专有。窃意璽印之创，在简牍之世，其用必与土相须，故其字从土。<u>周礼职金</u>："（揭）〔楬〕[五七]而璽之。"用璽于（揭）〔楬〕上，非用封泥不可。<u>吕氏春秋</u>十九离俗览："故民之于上也，若璽之于涂也。抑之以方则方，抑之以（圆）〔圜〕则（圆）〔圜〕[五八]。"淮南子十一齐俗训亦云："若玺之抑埴，正与之正，倾与之倾。"续汉书百官志：少府官属有守宫令，"主御纸、笔、墨及尚书财用诸物及封泥"。[五九]"封泥"二字，始见于此。古人玺印皆施于泥，未有施于布帛者，故封禅玉检则用水银和金为泥，天子诏书则用紫泥，常人或用青泥。御览六百六引东观汉记。其实一切粘土皆可用之。宋赵彦卫云麓漫钞十二云："古印文作白字，盖用以印泥，紫泥封诏是也。今之米印及印仓廒印近之。自有纸，始用朱字。"案古印但以印泥，其说甚确。唯印文之阴阳，则颇不拘。今周秦古玺多作阳文，唯汉印多阴文，故封泥之文亦有阴阳二种。赵氏之言未尽确也。唯印泥之废与印绢纸之始，殊不可考。周礼载师："宅不毛者出里布。"郑司农云："布参印书，广二寸，长二尺，以为币，贸易物。"或曰："布，泉也。"后郑则用后说。若如前说，又不知所谓"布参印书"者，为于布上施印乎，抑以泥附于布上而印之也？惟汉时门关之传，用木之外，兼用缯帛，汉书终军传"关吏予军缯"是也。古今注谓："传皆封以御史印章"，则缯亦当用印，或竟施于帛上，亦未可知。自后汉以降，纸素盛行，自当有径印于其上者。唐窦臮述书赋下："印验则玉矴胡书，金镌篆字，中略。古小雌文，东朝周颛。"唐代流传之古迹，仅有绢素，则晋周颛之印当施于其上矣。至南北朝，而朱印之事始明著于史籍。后魏中兵勋簿，"令本曹尚书以朱印印之"，又令"本军印记其上，然后印缝"。魏书卢同传。后齐有"督摄万机"印一钮，"以木为之，此印常在内，唯以印籍缝"。隋书礼仪志。而梁陆法和上元帝启文，"朱印名上，自称司徒"。北齐书陆法和传。盖印泥之事，实与简牍俱废矣。

　　若夫书牍封题之式，则亦不可得而详。释名："署，予也。题所予者官号也。"王莽传："哀章作铜匮，为两检，其一署曰'天帝行玺金匮图'，其一曰'赤帝行玺某传予黄帝金策书'。"疑"天帝行玺"、"赤帝行玺"八字，乃封泥上之玺文，而非题署者。盖有玺印，自不烦更题寄书之人，但题所予之人与所予之物足矣。通典五十八"后汉郑众百官六礼辞，六礼文皆封之，先以纸封表，又加以皂囊，著箧中。又以皂衣箧表讫，以大囊表之。题检上言：谒（表）〔箧〕[六○]某君门下。（某）〔其〕[六一]礼物〔凡〕[六二]三十种。各〔内〕有谒文，外有赞文各一首。封如礼文箧，表（记）〔讫〕[六三]蜡封题，用皂帔盖于箱中。无囊表，便题检文言：谒箧某君门下，便书赞文，通通上疑脱几字。共在检上。[六四]"由此观之，则检上所题，但所予之人与所遗之物，不题予者姓名也。至东晋王堪六礼辞"裹以皂囊，白绳缠之，如封章。某官〔某〕[六五]君门下封，某官甲乙白奏，无官言贱子"，则兼题予者姓名，盖其时封印之制已〔渐〕[六六]废不用矣。[六七]

校勘记

　[一]　据十三经注疏本周礼天官司书改。以下称"十三经本"。

　[二]　据王国维简牍检署考第四稿本改。以下称"稿本"。①

　[三]　据中华书局一九九○年版论衡校释本补、改。

　[四]　据稿本及十三经本改。

　[五]　据稿本改。

　[六]　据上海古籍出版社一九九○年版穆天子传改。

　[七]　据后汉书改。

　[八]　据十三经本改。

　[九]　据南齐书改。

　[一○]　据论衡校释改。

　[一一]　据稿本改。

　[一二]　据论衡校释改。

　[一三]　据中华书局一九六三年版说文解字及云窗丛刻所刊简牍检署考改。

---

　①　编者：原著正文中未见〔二〕的标注，但校勘中有。为保留原著的本来面目，故校勘中〔二〕未做删除处理。

以下称"云窗本"。

〔一四〕据稿本、云窗本改。

〔一五〕据说文解字改。

〔一六〕据吉林大学出版社一九九二年版汉魏丛书本独断改。

〔一七〕据隋书改。

〔一八〕据稿本、云窗本改。

〔一九〕此数句遗书本脱，据稿本补出。

〔二〇〕据稿本、云窗本改。

〔二一〕《独断》原文为："策书，策者，简也。礼曰：不满百文，不书于策。其制长二尺，短者半之。其次一长一短两编，下附篆书。起年月日，称皇帝曰，以命诸侯王、三公。其诸侯王、三公之薨于位者，亦以策书诔谥其行而赐之，如诸侯之策。三公以罪免，亦赐策文，体如上策，而隶书。以尺一木，两行，惟此为异者也。"据百川学海，中国书店一九九〇年版。

〔二二〕据中华书局一九八五年版丛书集成初编本东观余论改。

〔二三〕稿本"隶"字有圈画标示。

〔二四〕据稿本改。

〔二五〕据十三经本周礼改。

〔二六〕据稿本改。

〔二七〕据中华书局一九八四年版通典改。

〔二八〕稿本"传信"前有"汉"字。

〔二九〕稿本"简"前有"然则"二字。

〔三〇〕稿本"意"作"则"。

〔三一〕据前文文例改。

〔三二〕据独断文改。

〔三三〕稿本无"初"字。

〔三四〕据南齐书改。

〔三五〕"诈伪"，中华书局一九六二年版初学记作"矫诈"。

〔三六〕据十三经本改。

［三七］据汉书改。

［三八］据稿本改。

［三九］据稿本改。

［四〇］据稿本改。

［四一］据稿本改。

［四二］据旧唐书改。

［四三］据稿本补。

［四四］据稿本补。

［四五］据稿本改。

［四六］据稿本改。

［四七］据稿本改。

［四八］据汉书改。

［四九］据稿本改。

［五〇］据稿本改。

［五一］遗书本作"似又"，据稿本改。

［五二］据初学记改。

［五三］据通典改。

［五四］据稿本改。

［五五］据汉书改。

［五六］据稿本及说文解字改。

［五七］据十三经本改。

［五八］据上海古籍出版社二〇〇二年版吕氏春秋新校释改。

［五九］引文实为后汉书百官志三之"本注"。

［六〇］据通典改。

［六一］据通典改。

［六二］据稿本补。

［六三］据通典改。

［六四］此段文字，王国维的读法与一些通典点校本不同。中华书局一九八

八年版点校本作："后汉郑众百官六礼辞……六礼文皆封之，先以纸封表，又加以皂囊，著箧中。又以皂衣箧表讫，以大囊表之。题检文言：谒箧某君门下。便书赞文，通共在检上。"

　　［六五］据稿本补。

　　［六六］据稿本补。

　　［六七］稿本末有后记，云："壬子秋朔日，第四次写定，国维。""此稿日本铃木学士虎雄译为日文，登诸壬子年艺文杂志者乃未改定之本，夏间复增补若干条定为此稿。岁暮闻法国沙畹教授方研究斯坦因所得古牍，复写一本遗之。"

《齐鲁封泥集存》序①

序

　　自宋人始为金石之学，欧、赵、黄、洪各据古代遗文以证经考史，咸有创获。然涂术虽启而流派未宏。近二百年始益光大，于是三古遗物应世而出，金石之出于邱陇窟穴者，既数十倍于往昔。此外如洹阳之甲骨，燕齐之陶器，西域之简牍，巴蜀、齐鲁之封泥，皆出于近数十年中，而金石

　　① 本書係王國維受羅振玉之托，集郭申堂、劉鶚及羅氏本人所藏封泥或拓片墨本分類編次而成，一九一三年由上虞羅氏永慕園刊印。本次點校即此爲底本。

之名乃不足以该之矣。之数者，其数量之多，年代之古，与金石同。其足以证经考史，亦与金石同。皆古人所不及见也。癸卯之岁，罗叔言先生既印行敦煌古佚书及所藏洹阳甲骨文字为殷虚书契前编，复以所藏古封泥拓本，足补潍县陈氏、海丰吴氏封泥考略之阙者甚多，因属国维就考略所无者，据汉书表、志为之编次，得四百余种，付诸精印，以行于世。窃谓封泥之物与古玺印相表里，而官印之种类较古玺印为尤夥，其足以考正古代官制、地理者，为用至大。姑就此编所录，举其荦荦大者。以官制言之，则汉诸侯王官属之与汉朝无异也。汉书诸侯王表谓"藩国宫室百官同制京师"，百官公卿表谓诸侯王"群〔卿〕[一]大夫都官如汉朝"。贾谊书亦谓天子之与诸侯，臣同、御同、宫墙门卫同。初疑其为充类之说，非尽实录。乃此编所载齐国属官，除丞相、御史大夫外，则郎中当汉之郎中令，大匠当汉之将作大匠，长秋当汉之大长秋；下至九卿所属令丞，如太祝、祠祀、园、寝诸官为为奉常之属，中厩丞为太仆之属，内官丞为宗正之属，大仓、大官、乐府、居室、谒者、御府、永巷、宦者诸官为少府之属，武库丞为中尉之属，食官为詹事之属，钟官为水衡之属。始知贾生等齐之篇、孟坚"同制"之说信而有征。此其关于官制者一也。若夫班氏之表、司马之志，成书较后，颇有阙遗。此编所录，则汉朝官如雒阳宫丞、宫司空〔丞〕[二]、和官丞、中和官丞，王侯属官如齐武士丞、齐昌守丞、齐中右马、齐中左马、齐司空长、齐司宫丞、齐左工丞、菑川郎丞、载国大行，郡县属官如水丞、平丞、陶丞，余官如司空、祠官、橘监、发弩、兵府、冶府，皆班表、马志所未载。余如挏马五丞中之有农丞、乐府之有钟官，此乐府铸钟镈之官，非水衡掌铸钱之钟官也。钟官之有火丞、技巧之有钱丞，班表亦仅列官府之目，未详分职之名。此关于官制者二也。至于考证地理，所裨尤多。以建置言之，则此编中郡守封泥有临菑、济北二郡，太守封泥有河间、即墨二郡，郡尉封泥有城阳一郡，皆汉志所无。案汉书高帝本纪："以胶束、胶西、临淄、济北、博阳、城阳郡七十三县，立子肥为齐王。"史记齐悼惠王世家："以齐之城阳郡立朱虚侯为城阳王，以齐济北郡立东牟侯为济北王。"则汉初及全齐之时，有临淄、城阳、济北三郡也。楚元王世家：取赵之河间郡，立赵王遂弟辟疆为河间王。是赵国有河间郡也。且济北建国，自兴居国除之后，安都侯未封之前，中为汉郡者十一年；城阳则共王徙淮南后，中为汉郡者四年，皆在孝景改郡守为太守、郡尉为都尉之前。则济北、城阳守、尉二印固所宜有也。唯临菑守一印，则齐国既建之后，当称内史；国除之后，又当称齐郡太守。此印云"临菑守"，必在高帝初叶，悼惠未封之时，且"临菑"二字，犹当为秦郡之名也。夫始皇既灭六国，所置诸郡无即以其国名之者。东郡不云卫郡，颍川不云韩郡，邯郸不云赵郡，何独临菑乃称齐郡？然则汉之初，郡必袭秦名，则班固以齐郡为秦置而不云"故秦临淄郡"者，非也。河间、即墨二太守封泥，皆孝景中二年以后物。即墨乃胶东国属县，而河间、胶东二国自孝景以至孝平，未有绝世。光武中兴，乃并河间于信都，以胶东封贾复。然则此二郡太守之印，当在新室之后、建武之初，与封泥考略之"胶东太守"、"胶西太守"二印，均足补汉志之阙者也。此外，县邑封泥，如卢丘丞、卢平丞、梧里丞、稷丞等，前、后二志均无此县。此关于地理之建置者一也。汉表称列侯所食县曰国，皇太后、皇后、公主所食曰邑。今此编中邑丞封泥凡二十有八，除琅邪为鲁元公主所食邑外，余皆列侯食邑。唯"载国大行"一印乃称国耳。此关于地理之称号者二也。又县邑之名往往岐误，如齐悼惠王子罢军所封侯国，史、汉二表均作"管"。今封泥有"菅侯相印"，菅属济南，时为齐县，王子所封，当在境内，知"管侯"乃"菅侯"之误也。齐哀王舅驷钧所封国，史记孝文纪作"清郭"，汉书文〔帝〕纪作"靖郭"，史表作"清都"，汉表作"邬"，徐广注史表又云"一作枭"。今封泥有"请郭邑丞"、"请郭丞"，则知此五者皆"请郭"之讹也。华毋害所封国，史表作"绛阳"，汉书则"终陵"。今有"绛陵邑丞"封泥，则史记一误，汉书再误也。秘，彭祖之国，史、汉二表并作"戴"，索隐"音再"。今有

"载国大行"封泥，则音不误而字误也。余如"临淄"之为"临菑"、"剧"之为"勮"、"莱芜"之为"来无"、"不其"之为"弟其"、"临辕"之为"临袁"，字有通假，形有增损，非有实物，孰能正之？此关于地理者三也。至于二书违异，无所适从，如汉表"洨夷侯周舍"，史表"洨"作"郊"；"郁根侯骄"，史表作"郁狼"。今封泥有"郊侯邑丞"、"郁狼乡印"，则史是而汉非也。济南著县，前、后二志均为"著"字，韦昭读为菁龟之"菁"，师古非之。然后魏济南尚有菁县，今封泥又有"菁丞之印"，则韦是而颜非也。东莱掖县，二志皆从手旁，唯齐策"封安平君以夜邑万户"，及"东有夜邑之奉"，均作"夜"字。今封泥有"夜丞之印"、"夜印"，则齐策是也。前志平原郡之漯阴，后志作"濕阴"，今封泥有"濕阴丞印"，则后志是也。历数与地名之"历"，自汉以后均作"历"字，唯周礼遂师之"抱磨"、秦策及史记春申君列传之"濮磨"、史记侯表之"磨侯"、乐毅传之"磨室"、礼记正义引易通卦验之"律磨"，义虽为历，而字均作"磨"。今封泥有"磨城丞印"，其字从麻从石，可知作"历"固非，作"磨"亦误。颜氏家训谓世本"容城造历"，以"历"为碓磨之"磨"，则"历"之正字自当从麻从石。六朝之际尚如此作，转讹作"磨"，事乃有因，然不有此印，奚以定之？此其关于地理者四也。凡此数端，皆足以明一代之故，发千载之覆，决聚讼之疑，正沿袭之误。其于史学，裨补非鲜。若夫书迹之妙，冶铸之精，千里之润，施及艺苑，则又此书之余事，而无待赘言者也。至封泥之由来与其运用，详余简牍检署考；其出土源流，则叔言先生序中详之，并不赘云。癸丑八月，海宁王国维。

校勘记

[一] 据汉书卷十九上百官公卿表补。

[二] 据印文补。

《流沙坠简》序

　　癸丑岁暮，始于罗叔言先生处读斯坦因博士所得之汉晋简牍，及沙畹博士考释之书。时先生方写定殷虚书契后编，又以世人亟欲先睹是简也，乃属国维分任考订。握椠逾月，粗具条理，乃略考简牍出土之地，弁诸篇首，以谂读是书者。

　　案古简所出，为地凡三：一为敦煌西北之长城，二为罗布淖尔北之古城，其三则和阗东北之尼雅城及马咱托拉、拔拉滑史德三地也。敦煌所出皆两汉之物；出罗布淖尔北者，则自魏末以讫前凉；其出和阗旁三地者，都不过二十余简，又皆无年代可考，然其古者犹当为后汉遗物，其近者亦当在隋唐之际也。今略论诸地古代之情状，而阙其不可知者，世之君子，以览观焉。

　　汉代简牍出于敦煌西北，其地当北纬四十度，自东经九十三度十分至九十四度三十分之间。出土之地东西绵亘一度二十分，斯氏以此为汉之长城，其说是也。案秦之长城西讫临洮，及汉武帝时，匈奴浑邪王降汉，以其地为武威、酒泉郡，元狩三年。后又分置张掖、敦煌郡，元鼎六年。始筑令居以西，列四郡，据两关焉。此汉代筑城事之见于史者，不言其讫于何地也。其见于后人纪载者，则法显佛国记云："敦煌有塞，东西可八十里，南北四十里。"晋书凉武昭王传云："玄盛乃修敦煌旧塞东西二围，"东西"，疑"东北"之讹。以防北虏之患；筑敦煌旧塞西南二围，以威南虏。"案唐沙州图经，则沙州有古塞城、古长城二址，"塞城周回州境，东在城东四十五里，西在城西十五里，南在州城南七里，北在州城北五里"；古长城则"在州北六十六里，东至阶亭烽一百八十里，入瓜州常乐县界，西至曲泽烽二百一十二里，正西入碛，接石城界"云云。李暠所修有东西南北四围，当即图经之古塞城。法显所见仅有纵横二围，其东西行者或即图经之古长城，而里数颇短，盖城在东晋之末当已颓圮，而图经所纪东西三百九十里者，则穷其废址者也。此城遗址，图经谓在州北六十二里，今木简出土之地在北纬四十度稍北，准其地望，正唐沙州图经所谓古长城也。前汉时分置三都尉于此，都尉之下又各置候官。由西而东，则首玉门都尉之大煎都候官、玉门候官，汉龙勒县境。次则中部都尉所属之步广候官、万岁候官；汉敦煌县境。又东则宜禾都尉所属各候官；汉效谷、广至二县境，说均见本书屯戍丛残娄隧类考释中。又东入酒泉郡，则有酒泉西部都尉所治之西部障，北部都尉所治之偃泉障；又东北入张掖郡，则有张掖都尉所治之遮虏障，疑皆沿长城置之。今酒泉、张掖以北，长城遗址之有无虽不可知，然以当日之建置言之，或宜如是也。今斯氏所探得者，敦煌迤北之长城，当汉志敦煌、龙勒二县之北境，尚未东及广至界，汉代简牍即出于此，实汉代屯戍之所，又自边郡通西域之孔道也。长城之说既定，则玉门关之方位亦可由此决。

玉门一关，汉志系于敦煌郡龙勒县下，嗣是则续汉书郡国志、括地志、元和郡县志、两唐书地理志、太平寰宇记、舆地广记，以至近代官私著述，无不以汉之玉门关为在今敦煌西北。唯史记大宛列传云，太初二年，贰师将军李广利伐大宛，还至敦煌，请罢兵，益发而复往。"天子闻之，大怒，而使使遮玉门曰：'军有敢入者，辄斩之。'贰师恐，因留敦煌。"沙畹博士据此以为太初二年前之玉门关尚在敦煌之东，其徙敦煌西北则属后日之事，其说是也。案汉志酒泉郡有玉门县，颜师古注引阚骃十三州志谓"汉罢玉门关屯，徙其人于此"。窃疑玉门一县正当酒泉出敦煌之孔道，太初以前之玉关当置于此，阚骃徙屯之说未必确也。嗣后关城虽徙，而县名尚仍其故，虽中更废置，讫于今日，尚名玉门，故古人有误以玉门县为玉门关者。后晋高居诲使于阗记云："至肃州后渡金河，西百里出天门关，又西百里出玉门关。"高氏所谓玉门关，实即自汉讫今之玉门县也。唐之玉门军亦置于此，而玉门关则移于瓜州境。元和志云玉门关在瓜州晋昌县西二里，而以在寿昌县西北者为玉门故关，则唐之玉关复徙而东矣。汉时西徙之关，则括地志始记其距龙勒之方向道里，曰"玉门关在县汉之龙勒在唐为寿昌县。西北一百十八里"，史记大宛传正义引。旧唐书地理志、元和志、寰宇记、舆地广记均袭其文。近日秀水陶氏辛卯侍行记记汉玉门、阳关道路，谓自敦煌西北行百六十里之大方盘城为汉玉门关故地，又谓其西七十里有地名西湖，有边墙遗址及烽墩数十所。斯氏亦于此发见关城遗址二所，一在东经九十四度以西之小盐湖，一在东经九十三度三十分，相距二十余分，与大方盘城及西湖相去七十里之说相近。然则当九十四度稍西者，殆即陶记之大方盘城；当九十三度三十分者，殆即陶氏所谓西湖耶。沙畹博士疑九十四度稍西之废址为太初以前之玉门关，而在其西者为后日之玉门关。余则谓太初以前之玉门关，当即酒泉之玉门县；如在东经九十四度、北纬四十度间，则仍在敦煌西北，与史记大宛传之文不合。而太初以后之玉门关，以括地志所记方向道里言之，则在寿昌县西北百一十八里。今自敦煌西南行一百四十里，有巴彦布喇泛，陶氏以为唐寿昌县遗址。自此西北百一十八里讫于塞上，则适在东经九十四度、北纬四十度之间。则当九十四度之废址，疑为汉太初后之玉门关；而当九十三度三十分者，当为玉门以西之他障塞。盖汉武伐宛之后，西至盐泽，往往起亭，又据沙州图经，则古长城遗址且西入碛中，则玉门以西亦当为汉时屯戍之所，未足遽为关城之证也。故博士二说之中，余取其前一说，但其地为汉志龙勒县之玉门关，而非史记大宛传之玉门，则可信也。其西徙之年，史书不纪。今据斯氏所得木简，屯戍丛残第一页。则武帝太始三年已有玉门都尉护众文书，其时关城当已西徙于此。是岁上距太初二年不过十岁，是其西徙必在李广利克大宛之后，太初四年。西起亭至盐泽之时也。可知斯氏长城玉门关之说确非臆造。吾侪得由斯氏之探索，沙氏之考证，以定玉门关之方位与其西徙之时，则二氏之功巨矣。

至魏晋木简残纸，则出于罗布淖尔涸泽之北稍西，于东经九十度，当北纬四十度三十一分之地。光绪庚子，俄人希亭始至此地，颇获古书札。后德人喀尔亨利、孔拉第二氏据其所得遗书，以是城为古楼兰之墟。沙畹博士考证斯坦因博士所得遗物，亦从其说。余由斯氏所得简牍，及日本橘瑞超氏于此所得之西域长史李柏二书，知此地决非古楼兰。其地当前凉之世实名海头，而汉书西域传、魏略西戎传之居卢仓，水经注之龙城，皆是地也。何以知其非古楼兰也？曰，斯氏所得简牍中，其云楼兰者凡三：一曰"帐下将薛明言，谨案文书，前至楼兰□还守堤兵"，本书屯戍丛残第三页。此为本地部将奉使楼兰后所致之文书，盖不待言；二曰"八月廿八日楼兰白疏，恽惶恐白"；本书简牍遗文第四页。其三曰"楼兰□白"。同上。而细观他书疏之例，则或云"十月四日具书，焉耆玄顿首"，同上。或云"敦煌具书，畔毗再拜"，同上第五页。皆于姓名前著具书之地。以此推之，则所云"楼兰白疏，恽惶恐白"者，必为自楼兰所致之疏，其书既自楼兰来，则此地不得为楼兰矣。此遗物中之一确证也。更求之地理上之证据，亦正不乏。水经注河水篇云"河水东径墨山国南"，"又东径注宾城南，又东径楼兰城南而东注"，"河水又东径^[一]于泑泽，即经所谓蒲昌海也"云云。案：河水者，今之宽车河及塔里木河；泑泽与蒲昌海者，今之罗布淖尔也。则楼兰一城当在塔里木河入罗布淖尔处之西北，亦即在淖尔西北隅，此城则当淖尔东北隅，此其不合一也。古楼兰国自昭帝元凤四年徙居罗布淖尔南之鄯善，后国号虽改而城名尚存。后书班勇传，议"遣西域长史将五百人屯楼兰，西当焉耆、龟兹径路，南强鄯善、于阗心胆，北扞匈奴，东近敦煌"；杨终传亦言"远屯伊吾、楼兰、车师、戊己"；魏略言"过龙堆到故楼兰"，皆谓罗布淖尔西北之楼兰城。故东方人之呼此淖尔也，曰泑，故名此淖尔曰牢兰海，括地志作"穿兰"，字之讹也。此又楼兰在淖尔西北之一证，此其不合二也。故曰希、斯二氏所发见淖尔东北之古城，决非古楼兰也。然则其名可得而言之欤？曰，由橘氏所得李柏二书观之，此地当前凉之世实名海头。李柏二书其中所言之事同，所署之月日同，所遣之使者同，实一书之草稿，可决其为此城中所书，而非来自他处者也。其一书曰"今奉台使来西，月二日到此"，"此"字旁注"海头"二字；其二曰"诏家见遣□来慰劳诸国，月二日来到海头"。或云"此"，或云"海头"，则此地在前凉时名曰海头，固无可疑。海头之名诸史未见，当以居蒲昌海东头得名，未必古有此称也。求古籍中与此城相当之地，唯水经注之龙城足以当之。水经注河水篇蒲昌海"水积鄯善之西北，龙城之东南^[二]。龙城，故姜赖之墟，胡之大国也。蒲昌海溢，荡覆其国。城基尚存而至大，晨发西门，莫达东门"云云，其言颇夸大难信，然其所记龙城方位，正与此城相合。又据其所云"姜赖之墟"，更可以推知此城汉时之名焉。案：列代史书绝不闻有姜赖国，唯两汉之际，由玉门出蒲昌海孔道以达楼兰、龟兹，中间有居卢仓一地。居卢、姜赖皆一声之转，准以地望，亦无不合。何以言之？汉书西域传：乌孙乌就屠"袭杀狂王，自立为昆弥。汉遣破羌将军辛武贤将兵万五千人至敦煌，遣使者案行表，穿卑鞮侯井以西，欲通渠转谷，积居卢仓以讨之"。孟康曰：卑鞮侯井，"大井六通渠也，下流涌出，在白龙堆东土山下"。井之下流在白龙堆东，则上流必在其西，而居卢仓则又西焉，其地望正与此城合。魏略西戎传魏志乌丸传注引。云："从玉门关西出，发都护井，回三陇沙北头，经居卢仓，从沙西井转西北，过龙堆，到故楼兰，转西诣龟兹，为西域中道。"案：今敦煌塞外沙碛如腰鼓形，从东南至西北分为二区，中有最细之处，古人或总称之曰白龙堆，如上所引西域传注孟康注。或总名之曰三陇沙。广志："流沙在玉门关，东西二千里，南北数百里，有断石曰三陇。"则又似以三陇沙为沙碛总名。而魏略之文殊为分晰，其在东南者谓之曰三陇沙，而在西北者则专有白陇堆之名。今所见古城适在二区之间腰鼓最细处之西北，又当玉门、楼兰间之古道，则其为汉之居卢仓又无可疑也。又观魏略、水经注所纪，淖尔以北之地仅有二城，其在西者二书均谓之楼兰，则在东者舍居卢、姜赖奚属矣。然则此城之称，曰居卢，曰姜赖，为汉时之旧名；曰海头，则魏晋以后之新名；而龙城则又西域人所呼之异名也。水经注所纪似本释氏西域记，观"晨发西门，暮达东门"二语，可知为西方人所记也。此地自魏晋以后为西域长史治所，匈奴人呼单于所居曰龙城，长史专制西域，故西域人遂呼之曰龙城矣。至此城之为长史治所亦有数证。橘氏所得李柏二书既明示此事，斯氏木简中有书函之检署，曰"因王督致西域长史张君坐前，元言疏"，简牍遗文第一页。又有出纳簿书，曰"西域长史文书事，郎中阚□"，屯戍丛残第十一页。一为抵长史之书，一则著长史之属，此二简皆不著年代，不能定其为魏晋或为前凉之物，然参伍考之，则魏晋间已置西域长史于此，不自前凉始矣。案后汉书西域传，西域长史实屯柳中以行都护之事，后汉之初亦放西京之制，以都护统西域，未几而罢。后班超以将兵长史平定西域，遂为都护，未几复罢。嗣是索班以行敦煌长史出屯伊吾。索班没后，班勇建议遣西域长史屯楼兰。延光三年，卒以勇为西域长史出屯柳中，不置都护，自是长史遂摄行都护事矣。故汉书纪西域诸国道里，以都护治所乌垒城为据，而后汉书所纪则以长史所治柳中为据。逮汉末中原多事，不遑远略，敦煌旷无太守且二十岁，魏志仓慈传。则柳中之屯与长史之官必废于是时矣。魏黄初元年，始置凉州刺史，张既传。并以尹奉为敦煌太守。阎温传。三年，鄯善、龟兹、于阗各遣使贡献，西域遂通，置戊己校尉，文帝纪。以行敦煌长史张恭为之。阎温传。而西域长史之置不见纪传，唯仓慈传言慈太和中迁敦煌太守，数年卒官，"西域诸胡闻慈死，共会聚于戊己校尉及长吏治下发哀"。"长吏"二字语颇含混，汉末西域除西域长史、戊己校尉外，别无大官，魏当仍之，则"长吏"二字必"长史"之讹也。又据斯氏所得一简云："西域长史承移，今初除，月廿三日当上道，从上邽至天水。"以简中所记地名考之，实为魏时至晋太康三年间之物，见屯戍丛残考释。恐西域长史一官，自黄初以来已与戊己校尉同置矣。唯其所治之地，不远屯柳中而近据海头，盖魏晋间中国威力已逊于两汉盛时，故近治海头，与边郡相依倚，此又时势所必然者矣。至前凉时，西域长史之官始见于史，晋书张骏传。而魏书张骏传则又称为西域都护，传言分敦煌、晋昌、高昌三郡，西域都护、戊己校尉、玉门大护军三营，为沙州，以西胡校尉杨宣为刺史。晋书地理志亦引此文，错乱不可读。案：前凉时西域有长史，无都护，"都护"二字必"长史"之讹，或以其职掌相同而互称之。斯氏所得一简云："今遣大侯究犁与牛诣营下受试。"屯戍丛残第三页。称长史所居为"营下"，此又魏书张骏传之"三营"其一当为西域长史之证也。此三营者，戊己校尉屯高昌，晋书张骏传："初，戊己校尉赵贞不附于骏，至是骏击擒之，以其地为高昌郡。"玉门大护军屯玉门，而西域长史则屯海头，以成首尾之势，则自魏晋暨凉，海头为西域重地，盖不待言。张氏以后，吕光、李暠、沮渠蒙逊父子迭有其地。后魏真君之际，沮渠无讳兄弟南并鄯善，北取高昌，此城居二国之间，必尚为一重镇。逮魏灭鄯善，蠕蠕据高昌，沮渠氏亡，此城当由是荒废，郦氏注水经时遂有海水荡覆之说。顾周隋以前碛道未闭，往来西域者尚取道于此，故善长得而记之，然非希、斯诸氏之探索，殆不能知其为古西域之重地矣。

其余木简出于和阗东北尼雅城北及马咱托拉、拔拉滑史德二地者，为数颇少。尼雅废墟，斯氏以为古之精绝国。案今官书尼雅距和阗七百十里，与汉书西域传、水经注河水篇所纪精绝去于阗道里数最近，而与他国去于阗之方位道里相去颇远，则斯氏说是也。后汉书西域传：光武时"莎车王贤诛灭诸国，贤死明帝永平四年。之后，遂更相攻伐，小宛、精绝、戎卢、且末为鄯善所并。"故范史纪西域诸国无精绝传。今尼雅所出木简十余，隶书精妙，似汉末人书，尚在永平以后。其所署受书之人，曰"王"，曰"大王"，曰"且末夫人"，盖且末王女为精绝王夫人者。盖后汉中叶精绝仍离鄯善而自立也。

考释既竟，爰序其出土之地，并具关于史事之荦荦大者如右。其戍役情状与言制度、名物者并具考释中，兹不赘云。甲寅正月之晦，海宁王国维序于日本京都之吉田山东麓寓庐。

校勘记

［一］"径"，戴震校水经注河水篇作"注"。

［二］水经注河水篇作"水积鄯善之东北，龙城之西南"。

汉晋简牍研究①

流沙坠简序

　　光绪戊申，英人斯坦因博士访古于我新疆、甘肃，得汉、晋木简千余以归，法国沙畹博士为之考释。越五年，癸丑岁暮，乃印行于伦敦。未出版，沙氏即以手校之本寄上虞罗叔言参事，参事复与余重行考订。握椠逾月，粗具条理，乃略考简牍出土之地，弁诸篇首，以谂读是书者。案：古简所出，厥地凡三：一为敦煌迤北之长城，二为罗布淖尔北之古

---

　　①　此部分收录的文章选自王国维《观堂集林》（卷第十四·史林六），此标题为编者拟。

城，其三则和阗东北之尼雅城及马咱托拉、拔拉滑史德三地也。敦煌所出，皆两汉之物。出罗布淖尔北者，其物大抵上自魏末，讫于前凉。其出和阗旁三地者，都不过二十余简，又皆无年代可考，然其最古者犹当为后汉遗物，其近者亦当在隋唐之际也。今略考诸地古代之情状，而阙其不可知者，世之君子以览观焉。

　　汉代简牍出于敦煌之北，其地当北纬四十度，自东经据英国固林威志经度。九十三度十分至九十五度二十分之间。出土之地，东西绵亘二度[一]有余，斯氏以此为汉之长城，其说是也。案：秦之长城，西迄临洮。及汉武帝时，匈奴浑邪王降汉，以其地为武威、酒泉郡，元狩三年。后又分置张掖、敦煌郡，元鼎六年。始筑令居，以西列四郡，据两关焉。此汉代筑城事之见于史者，不言其讫于何地也。其见于后人纪载者，则法显佛国记云："敦煌有塞，东西可八十里，南北四十里。"晋书凉武昭王传云："玄盛乃修敦煌旧塞东西二围，"东西"疑"东北"之讹。以防北虏之患；筑敦煌旧塞西南二围，以威南虏。"案唐沙州图经，则沙州有古塞城、古长城二址："塞城周回州境，东在城东四十五里，西在城西十五里，南在州城南七里，北在州城北五里"；"古长城则在州北六十（六）〔三〕[二]里，东至阶亭烽一百八十里，入瓜州常乐县界，西至曲泽烽二百一十二里，正西入碛，接石城界"云云。李暠所修，有东、西、南、北四围，当即图经之古塞城。法显所见仅有纵横二围，其东西行者，或即图经之古长城，而里数颇短，盖城在晋末当已颓废，而图经所纪东西三百里者，则穷其废址者也。此城遗址，图经谓在州北六十三里。今木简出土之地，正直其所，实唐沙州图经所谓古长城也。前汉时，敦煌郡所置三都尉，皆治其所。都尉之下，又各置候官。由西而东，则首玉门都尉下之大煎都候官、玉门候官；皆在汉龙勒县境。次则中部都尉所属之平望候官、步广候官；汉敦煌县境。又东则宜禾都尉所属各候官。汉效谷、广至二县境。以上说均见本书屯戍丛残"燧燧类"考释中及附录燧燧图表。又东入酒泉郡，则有酒泉西部都尉所治之西部障、北部都尉所治之偃泉障；又东北入张掖郡，则有张掖都尉所治之遮虏障，疑皆沿长城置之。今日酒泉、张掖以北，长城遗址之有无虽不可知，然以当日之建置言之，固宜如是也。今斯氏所探得者，敦煌迤北之长城，当<u>汉志</u>敦煌、龙勒二县之北境，尚未东及广至界，汉时简牍即出于此，实汉时屯戍之所，又由中原通西域之孔道也。长城之说既定，玉门关之方位亦可由此决。玉门一关，<u>汉志</u>系于敦煌郡龙勒县下。嗣是续<u>汉书郡国志</u>、<u>括地志</u>、<u>元和郡县志</u>、<u>两唐书地理志</u>、<u>太平寰宇记</u>、<u>舆地广记</u>，以至近代官私著述，皆以汉之玉门关在今敦煌西北。惟<u>史记大宛列传</u>云："太初二年，贰师将军李广利伐大宛，还至敦煌，请罢兵，益发而复往。天子闻之，大怒，而使使遮玉门，曰：'军有敢入者，辄斩之。'贰师恐，因留敦煌。"沙畹博士据此以为，太初二年前之玉门关尚在敦煌之东，其徙敦煌西北则为后日之事。其说是也。案<u>汉志</u>，酒泉郡有玉门县，颜师古注引阚骃<u>十三州志</u>，谓"汉罢玉门关屯，徙其人于此"。余疑玉门一县正当酒泉出敦煌之孔道，太初以前之玉门关当置于此，阚骃"徙屯"之说未必确也。嗣后关城虽徙，而县名尚仍其故，虽中更废置，讫于今日，尚名"玉门"，故古人有误以玉门县为玉门关者。后晋高居诲<u>使于阗记</u>云："至肃州后渡金河，西百里出天门关，又西百里出玉门关。"高氏所谓玉门关，实即自汉讫今之玉门县也。唐之玉门军亦置于此，而玉门关则移于瓜州境。<u>元和郡县志</u>云玉门关在瓜州晋昌县西二里^[三]，而以在寿昌县西北者为玉门故关，则唐之玉门关复徙而东矣。汉时西徙之关，则<u>括地志</u>始记其距龙勒之方向道里，曰"玉门关在县汉之龙勒，在唐为寿昌县。西北一百十八里"，<u>史记大宛传正义</u>引。<u>旧唐书地理志</u>、<u>元和志</u>、<u>寰宇记</u>、<u>舆地广记</u>均袭其文。近秀水陶氏<u>辛卯侍行记</u>记汉玉门、阳关道路，谓"自敦煌西北行百六十里之大方盘城，为汉玉门关故地"，又谓"其西七十里有地名西湖，有边墙遗址及烽墩数十所"。斯氏亦于此发见关城二所：一在东经九十四度以西之小盐湖，一在东经九十三度三十分，相距二十余分，与大方盘城及西湖相去七十里之说相近。然则当九十四度稍西者，殆即陶记之大方盘城；当九十三度三十分者，殆即陶氏所谓西湖耶？沙畹博士疑九十四度稍西之废址为太初以前之玉门关，而在其西者，乃其后徙之处。余则谓太初以前之玉门关，当在酒泉郡玉门县。如在东经九十四度、北纬四十度间，则仍在敦煌西北，与史记大宛传之文不合。而太初以后之玉门关，以括地志所记方位道里言之，则在唐寿昌县西北百一十八里。今自敦煌西南行一百四十里，有巴彦布喇泛，陶氏以为唐寿昌县故址。自此西北百一十八里，讫于故塞，则适在东经九十四度、北纬四十度之交。则当九十四度稍西之废址，实为太初以后之玉门关，而当九十三度三十分者，当为玉门以西之他障塞。盖汉武伐宛之后，西至盐泽，往往起亭。又据沙州图经，则古长城遗址且西入迹中，则玉门以西亦当为汉时屯戍之所，未足据以为关城之证也。故博士二说之中，余取其一，但其地为汉志龙勒县之玉门关，而非史记大宛传之玉门，则可信也。其西徙之年，史书不纪。今据斯氏所得木简，则有武帝太始三年玉门都尉护众文书，屯戍丛残第一页。其时关城当已西徙于此，上距太初二年不过十载，是其西徙必在李广利克大宛之后，太初四年。西起亭至盐泽之时也。又汉及新莽时玉门都尉所有版籍皆出于此，可为汉志玉门关之铁证，不独与古书所纪一一吻合而已。

　　至魏晋木简残纸，则出于罗布淖尔涸泽北之古城稍西，于东经九十度，当北纬四十度三十一分之地。光绪庚子，俄人希亭始至此地，颇获古书。后德人喀尔亨利及孔拉第二氏据其所得遗书，定此城为古楼兰之虚。沙畹博士考证斯坦因博士所得遗物，亦从其说。余由斯氏所得简牍，及日本橘瑞超氏于此所得之西域长史李柏二书，知此地决非古楼兰。其地当前凉之世，实名"海头"，而汉书西域传及魏略西戎传之"居卢仓"、水经河水注之"龙城"，皆是地也。何以知其非古楼兰也？曰：斯氏所得简牍中，其中言楼兰者凡三：一曰"帐下督薛明言，谨案文书，前至楼兰□还守堤兵"，**本书屯戍丛残第三页**。此为本地部将奉使至楼兰后所上之文书，盖不待言；二曰"八月廿八日，楼兰白疏，悃惶恐白"；**本书简牍遗文第四页**。其三曰"楼兰□白"。同上。而细观他书疏之例，则或云"十月四日具书焉者元顿首"，同上。或云"敦煌具书，畔毗再拜"，同上第五页。皆于姓名前著具书之地。以此推之，则所云"楼兰白疏，悃惶恐白"者，必为自楼兰所致之疏。其书既自楼兰来，则其所抵之地不得为楼兰矣。此遗物中之一确证也。更求之地理上之证据，亦正不乏。水经河水注云："河水东迳墨山国南，又东迳注宾城南，又东迳楼兰城而东注，河水又东迳于渤泽，即经所谓蒲昌海也"云云。案："河水"者，今之宽车河或塔里木河；"渤泽"与"蒲昌海"者。今之罗布淖尔也。则楼兰一城，当在塔里木河入罗布淖尔处之西北，亦即在淖尔西北隅。此城则在淖尔东北隅。此其不合者一也。古楼兰国自昭帝元凤四年徙居罗布淖尔西南之鄯善后，国号虽改，而城名尚存。后汉书班勇传："议遣西域长史将五百人屯楼兰，西当焉耆、龟兹径路，南强鄯善、于阗心胆，北扞匈奴，东近敦煌。"杨终传亦言"远屯伊吾、楼兰、车师、戊己"，魏略言"过龙堆到故楼兰"，皆谓罗布淖尔西北之楼兰城。故东方人之呼淖尔也，曰"渤泽"，曰"盐泽"，曰"蒲昌海"；而自西方来者；则呼之曰"牢兰海"。水经河水注引释氏西域记："南河自于阗于东北三千里，至鄯善入牢兰海"是也。古牢、楼同音，士丧礼"牢中"郑注："牢，读为楼。"盖自西方来，必先经楼兰城而后至罗布淖尔，故名此淖尔曰"牢兰海"。史记正义引括地志作"穿兰海"，字之误也。此又楼兰在淖尔西北之一证。此其不合二也。故曰希、斯二氏所发见淖尔东北之古城，决非古楼兰也。然则其名可得而言之欤？曰：由橘氏所得李柏二书观之，此地当前凉之世实名"海头"。李书二纸，其中所言之事同，所署之月日同，所遣之使者同，实一书之二草稿，可决其为此城中所书，而非来自他处者也。其一书曰"今奉台使来西，月二日到此"，"此"字旁注"海头"二字；其二曰"诏家见遣使来慰劳诸国，月二日来到海头"。或云"此"，或云"海头"，则此地在前凉时固名"海头"。海头之名，诸史未见，当以居蒲昌海东头得名，未必古有此称也。求古籍中与此城相当之地，惟水经之"龙城"足以当之。水经河水注："蒲昌海，水积鄯善之西北，龙城之东南。龙城，故姜赖之墟，胡之大国也。蒲昌海溢，荡覆其国。城基尚存而至大，晨发西门，莫达东门"云云，其言颇夸大难信，然其所记龙城方位，正与此城相合。又据其所云"姜赖之墟"，郦注此事，本凉州异物志。太平御览八百六十五引异物志云："姜赖之虚，今称龙城。恒溪无道，以感天廷，上帝震怒，溢海荡倾，刚卤千里，蒹葭之形，其下有盐，累棋而生。"原注："姜赖，胡国名也。"郦注櫽括其事。可以知此城汉时之名焉。案：各史西域传绝不闻有姜赖国，惟汉魏时，由玉门出蒲昌海孔道以达楼兰、龟兹，中间有"居庐仓"一地。姜、居、赖、庐，皆一声之转。准以地望，亦无不合。何以言之？汉书西域传："乌孙乌就屠袭杀狂王，自立为昆弥。汉遣破羌将军辛武贤将兵万五千人至敦煌，遣使者案行表，穿卑鞮侯井以西，欲通渠转谷，积居庐仓以讨之。"孟康曰："卑鞮侯井，大井六通渠也，下流涌出，在白龙堆东土山下。"夫井之下流在白龙堆东，而居庐仓则在井西，其地望正与此城合。魏略西戎传魏志乌丸传注引。云："从玉门关西出，发都护井[四]，回三陇沙北头，经居庐仓，从沙西井转西北，过龙堆，到故楼兰，转西诣龟兹，为西域中道。"案：今敦煌塞外大沙碛，古人或总称之曰"白龙堆"，汉书地理志"敦煌郡"下云"正西关外有白龙堆沙"，西域传云"楼兰当白龙堆"，孟康言"卑鞮侯井，在白龙堆东土山下"，是敦煌以西、楼兰以东之沙碛，皆谓之"白龙堆"也。或总名之曰"三陇沙"，广志："流沙在玉门关外，东西二千里，南北数百里，有断石，曰三陇。"则似以"三陇沙"为沙碛总名也。而魏略之文殊为分晓，其在东南者，谓之曰"三陇沙"；而在西北者，则专有"白龙堆"之名。今此城适在大沙碛之中间，又当玉门、楼兰间之孔道，与魏略之"居庐仓"地望正合，则其为汉之居庐仓无疑。又观魏略、水经注所纪，蒲昌海北岸之地仅有二城，其在西者，二书均谓之"楼兰"；则在东者，舍"居庐"、"姜赖"奚属矣？然则此城之称，曰"居庐"，曰"姜赖"，乃汉时之旧名。曰"海头"，则魏晋以后之新名；而"龙城"，则又西域人所呼之异名也。水经注所纪，出凉州异物志，疑亦用释氏西域记、观"晨发西门，莫达东门"二语，可知为西方人所记。即令为异物志语，恐亦本之西域贾胡也。此地自魏晋以后为西域长史治所，亦有数证。橘氏所得李柏二书，既明示此事；斯氏于此所得简牍中，有书函之检署，曰"因王督致西域长史张君坐前，元言疏"，简牍遗文第一页。又有出纳簿书，上署"□西域长史文书事，□中阙□"。屯戍丛残第十一页。一为抵长史之书，一则著长史之属，则西域长史曾驻此地，盖无可疑。此二简皆无年月，不能定其为魏晋及前凉之物，然参伍考之，则魏晋间已置西域长史于此，不自前凉始矣。案后汉书西域传，西域长史实屯柳中，以行都护之事。后汉之初，亦放西京之制，以都护统西域，未几而罢。后班超以将兵长史平定西域，遂为都护，未几复罢。嗣是索班以行敦煌长史出屯伊吾。索班没后，班勇建议遣西域长史屯楼兰。延光三年，卒以勇为西域长史，出屯柳中，不复置都护，自是长史遂摄行都护事矣。故汉书纪西域诸国道里，以都护治所乌垒城为据；而后汉书所纪，则以长史所治柳中为据。逮汉末，中原多事，不遑远略，敦煌旷无太守且二十载，魏志仓慈传。则柳中之屯与长史之官，必废于是时矣。魏黄初元年，始置凉州刺史，张既传。并以尹奉为敦煌太守。阎温传。三年，鄯善、龟兹、于阗各遣使贡献，西域遂通，置戊己校尉，文帝纪。以行敦煌长史张恭为之。阎温传。而西域长史之置，不见纪传，惟仓慈传言："慈太和中迁敦煌太守，数年卒官。西域诸胡闻慈死，共会聚于戊己校尉及长吏治下发哀。""长吏"二字，语颇含混。后汉以来，西域除西域长史、戊己校尉外，别无他长吏，魏当仍之，则"长吏"二字必"长史"之讹也。又据斯氏所得一简，云："西域长史承移：今初除，月廿三日当上道，从上邽至天水。"以简中所记地名考之，实为自魏至晋太康七年间之物。见屯戍丛残考释。恐西域长史一官，自黄初以来即与戊己校尉同置，惟其所治之地，不远屯柳中，而近据海头，盖魏晋间中国威力已不如两汉盛时，故近治海头，与边郡相依倚，此又时势所必然者矣。至前凉时，西域长史之官始见于史，晋书张骏传。而魏书张骏传则又称为"西域都护"。传言："骏分敦煌、晋昌、高昌三郡，西域都护、戊己校尉、玉门大护军三营为沙州，以西胡校尉杨宣为刺史。"晋书地理志亦引此文，错乱不可读。案：张骏时，西域有长史无都护，"都护"二字必"长史"之误，或以其职掌相同而互称之。[五]斯氏于此地所得一简，云"今遣大侯究犁与牛诣营下受试"，屯戍丛残第三页。称长史所居为"营下"；又斯氏于尼雅北古城所得木简，有"西域长史营写鸿胪书"语，本书补遗。此又魏书张骏传之三营，其一当为西域长史之证也。此三营者，戊己校尉屯高昌，晋书张骏（书）〔传〕："初，戊己校尉赵贞不附于骏，至是，骏击禽之，以其地为高昌郡。"玉门大护军屯玉门，而西域长史则屯海头，以成鼎足之势。则自魏晋讫凉，海头为西域重地，盖不待言。张氏以后，吕光、李暠及沮渠蒙逊父子迭有其地。后魏真君之际，沮渠无讳兄弟南并鄯善，北取高昌，此城居二国之间，犹当为一重镇。逮魏灭鄯善、蠕蠕，据高昌，沮渠氏亡，此城当由是荒废。作凉州异物志者，乃有"海水荡覆"之说，而郦氏注水经用之。顾周隋以前，碛道未闭，往来西域者尚取道于此，故郦氏犹能言其大略。然非希、斯诸氏之探索，殆不能知为古代西域之重地矣。

　　其余木简，出于和阗所属尼雅城北及马咱托拉、拔拉滑史德三地者，其数颇少。尼雅废墟，斯氏以为古之精绝国。案：今官书，尼雅距和阗七百十里，与汉书西域传、水经河水注所纪精绝去于阗道里数合，而与所纪他国去于阗之方向、道里皆不合，则斯氏说是也。后汉书西域传言"光武时，莎车王贤诛灭诸国，贤死明帝永平四年。之后，遂更相攻伐。小宛、精绝、戎卢、且末为鄯善所并"，故范书无精绝国传。今尼雅所出木简十余，隶书精妙，似汉末人书迹，必在永平以后。所署之人，曰"王"，曰"大王"，曰"且末夫人"，盖且末王女为精绝王夫人者。盖后汉中叶以后，且末、精绝仍离鄯善而自立也。考释既竟，爰序其出土之地，并其关于史事之荦荦大者如右，其成役情状与言制度名物者，并具考释中，兹不赘云。甲寅正月。

流沙坠简后序

余与罗叔言参事考释流沙坠简，属稿于癸丑岁杪，及甲寅正月，粗具梗概。二月以后，从事写定，始得读斯坦因博士纪行之书，乃知沙氏书中每简首所加符号，皆纪其出土之地，其次自西而东，自敦一、敦二迄于敦三十四，大抵具斯氏图中。思欲加入考释中，而写定已过半矣。乃为图一、表一，列烽燧之次及其所出诸简，附于书后，并举其要如次。前序考定汉简出土之地，仅举汉长城及玉门关二事；又考释中所定候官、烽燧次第，全据简文。今据其所出之地，知前由文字所考定者虽十得七八，今由各地所出之简以定其地之名，有可补正前考者若干事。

一、汉志效谷县及鱼泽障之故址也。效谷故城，自来无考。大清一统志云："效谷、龙勒故城，俱在沙州卫西。"西域图志亦云：今日敦煌县西逾党河，旧城基址，不一而足。效谷、龙勒诸城遗址，疑于是乎在。近宜都杨氏汉书地理志图，亦图效谷于敦煌之西、龙勒之东。惟唐写本沙州图经载"古效谷城在州唐沙州即今燉煌县。东北三十里，是汉时效谷县"云云。案汉志，效谷县本鱼泽障。今本此上有"师古曰"三字，然下引"桑钦说"实系班氏自注，胡胐明已驳正之，是也。今木简中虽不见效谷县，然"鱼泽"之名凡两见。其一云："入西薄[六]书一：吏马行。鱼泽尉印，十三日起诣府。永平十八年正月十四日日下餔时，扬威卒□□受□□卒赵□。"卷二"薄书"类第六十一简。此简出于敦二十八，其地在前汉为步广候官，在新莽及后汉为万岁扬威燧。简中所谓"府"者，谓敦煌太守或都尉府。前汉敦煌郡置宜禾、中部、玉门、阳关四都尉，后汉惟置敦煌都尉。故鱼泽障在前汉本属宜禾都尉，至后汉则属敦煌都尉也。太守、都尉皆治敦煌，自鱼泽诣敦煌之书；经过敦二十八，而曰"入西簿书"，则鱼泽必在敦二十八即步广。之东。又一简云："宜禾郡简中都尉所治，亦谓之郡。燧第：广汉第一，美稷第二，昆仑第三，鱼泽第四，宜禾第五。"卷二"燧燧"类第七简。此自东而西之次第。见考释。他简云"万岁扬威燧长许玄受宜禾临介卒张均"，同上第十简。又云"万岁扬威燧长石伋受宜禾临介卒赵时"，同上第十一简。此皆记受书簿录。而宜禾临介卒之书，传至万岁扬威燧，则万岁之东必为宜禾，宜禾之东乃为鱼泽。今据斯氏图，则敦二十八一地，即前汉步广，后汉万岁。已远在敦煌东北。如效谷县即鱼泽障，当在敦煌东北百里余，则一统志诸说固非，即沙州图经以沙州东北三十里之古城为效谷城，亦未为得也。今据诸简及汉志，知中部都尉所辖障塞在汉敦煌县境。其东则效谷县境，其障塞为宜禾、为鱼泽；又东则广至县境，其障塞为昆仑、为美稷、为广汉，皆宜禾都尉所辖。此敦煌以东诸地之可考者也。

二、汉敦煌郡中部、玉门二都尉及四候官之治所也。前考言敦煌中部都尉下二候官，东为万岁，西为步广。今知"莫宿步广"〔燧燧〕[七]类第二简。与"步广燧"同上第八简。两简均出于敦二十八；而"万岁候造史"同上第一简。一简则出于敦二十七，二地相距至近，乃知"步广"、"万岁"乃一候官之异名。而"万岁候造史"一简中有"间田"二字，乃王莽时物，则改步广候官为万岁，当属王莽时事也。至中部都尉下之弟二候官，实为平望。据"器物"类弟一及弟二十二两简，则平望青堆燧即敦二十二乙，平望朱爵燧即敦十九，则敦二十二乙与敦十九之间自为平望辖境。而敦二十二甲所出一简有"候官谨□亭"等语。"燹燧"类弟六简。又"簿书"类弟五十九简亦出于敦二十二乙，其文曰"入西书二封"，其一："中部司马□平望候官。""官"字，前不能确定为何字，后更审谛，确系"官"字。此二简皆平望本有候官之证。又"中部司马抵平望候官"之书，经过敦二十二乙，而谓之"入西书"，则候官治所自在敦二十二乙之西，或即敦二十二甲斯氏书中有此名，而图中无此地。矣。此中部都尉下二候官之可考者也。至玉门都尉下二候官，初疑玉门候官当与都尉同治，然都尉治敦十四，而其旁敦十五甲一地，所出木简颇多，自系当时重地。沙氏释文弟四百五十八简此简沙氏书中未景印。亦出于此，其文曰"玉门候官"，则其地为玉门候官治所无疑。至都尉所属大煎都候官，则据"簿书"类第六简，云"敦煌玉门都尉子光丞□年谓大煎都候"云云，此都尉告候官之书，出于敦六乙，即凌胡燧，则大煎都候官当治凌胡燧矣。此玉门都尉下二候官之可考者也。

　　三、各燹燧之次第也。顾由各燹燧所出之简以定其地之名，有当审慎者二：异地致书，自署地名，一也；记事之中，偶涉他地，二也。惟器物之楬所署之地，则以本地之物署本地之名，更无疑义。今以此求之，则自东徂西，首利汉燧，为斯氏图中敦三十四之地；次万岁显武燧，即敦二十六之地，而万岁扬威燧之即敦二十七，吞胡燧之即敦二十八，中部都尉治此。可由是决之矣；次平望青堆燧，即敦二十二乙之地；次平望朱爵燧，即敦十九之地；次玉门，即敦十四；次玉门候官下所属诸燧：当谷即敦十三，广新即敦十二，显明即敦八；又次则大煎都候官下属诸燧：凌胡燧即敦六乙，厌胡燧即敦六丙，以上均据"器物"类诸简所出地。而广武之为敦五，步昌之为敦六甲，广昌之为敦六丁，亦可由是决之矣。由是沙漠中之废址，骤得而呼其名；断简上之空名，亦得而指其地。较前此凭空文考定者，依据灼然。故已著其事于表，复会其要最于编首，览者详焉。甲寅三月。

敦煌所出汉简跋一

制诏酒泉太守：敦煌郡到戍卒二千人，发酒泉郡。其假□如品，司马以下与将卒长吏将屯要害处，属太守。察地刑，依阻险，坚辟垒，远候望，毋第一简

上阙陈却适者，赐黄金十斤。

□□元年五月辛未下。第二简

右二简书法相似。又自其木理观之，乃一简裂为二者。第二简"斤"字之半尚在第一简末，可证也。此宣帝神爵元年所赐酒泉太守制书。独断云制书"其文曰制诏"[八]三公、刺史、太守、相，又云："凡制书，有印，使符，下远近皆玺封，尚书令重封。"[九]故汉人亦谓之"玺书"。汉书武五子传："元康二年，遣使者赐山阳太守玺书，曰'制诏山阳太守'。"陈遵传：宣帝赐陈遂玺书，曰"制诏太原太守"，赵充国传："上赐书曰'制诏后将军'。"下文目为进兵玺书。则玺书之首，例云"制诏某官"。此简云"制诏酒泉太守"，则赐酒泉太守书也。案赵充国传："神爵元年，先零羌反。遣后将军赵充国击之。宣帝纪在四月。酒泉太守辛武贤奏言：'屯兵在武威、酒泉、张掖万骑以上，皆嬴瘦。可益马食，以七月上旬赍三十日粮，并出张掖、酒泉，合击罕、开在鲜水上者。'于是即拜武贤为破羌将军，宣帝纪在六月。而以书敕让充国曰：'今诏破羌将军武贤将兵六千一百人，敦煌太守快将二千人，长水校尉富昌、酒泉候奉世将姑、月氏兵四千，亡虑万二千人。赍三十日粮，以七月二十二日击罕羌，入鲜水北句廉上'"云云。后从充国计，兵不果出。均与此诏情事合。但此诏下于五月辛未，二十一日。尚在武贤拜破羌将军之前，

此时酒泉太守即系武贤。又其时敦煌戍卒已至酒泉，武贤奏言"屯兵在武威、张掖、酒泉万骑以上"可证也。后从武贤大举之议，故敦煌戍卒二千人别以敦煌太守快领之。此时太守未行，故令司马以下与将卒长吏将屯要害处，受酒泉太守节度也。司马与将卒长吏皆统兵之官，将卒长吏即将兵长史。古"史"、"吏"二字通用。汉书百官公卿表："郡守有丞，边郡又有长史，掌兵马，秩皆六百石。"续汉书百官志："郡当边戍者，丞为长史。"是边郡有长史，又称将兵长史。后汉书和帝纪："永元十四年五月丁未，初置象郡将兵长史官。"班超传："建初八年，拜超为将兵长史。"章帝纪称为"西域长史"。班勇传："元初六年，敦煌太守曹宗遣长史索班将千余人屯伊吾。"盖皆敦煌郡之将兵长史也。后延光二年，以班勇为西域长史，自是迄于汉末，常置此官以领西域各国，如都护故事。实则本敦煌郡吏，后乃独立，不属敦煌，然长史之名，犹郡吏之故号也。此诏乃神爵元年物，已有将卒长史。后汉谓"卒"为"兵"，故改称"将兵长史"，其实则一也。云"神爵元年五月辛未下"者，亦制诏旧式。隶释中常侍樊敏碑所载诏书，末署"延熹元年八月廿四日丁酉下"；魏下豫州刺史修老子庙诏，末署"黄初三年十月十五日□子下"；木简有新莽诏，末署"始建国三年五月己丑下"，皆是也。此诏本下酒泉太守，其出于敦煌塞上者，盖由酒泉传写至此也。

敦煌汉简跋二

四月庚子，丞吉下中二二二千郡太守、诸侯相，承书从事下当用者。

右简亦诏书后行下之辞而失其前诏者，且语多讹阙，盖传写者之失也。以文例言之，当云"丞吉下中二千石，中二千石下郡太守、诸侯相"。史记三王世家："太仆臣贺请三王所立国名。制曰：'立皇子闳为齐王，旦为燕王，胥为广陵王。'四月丁酉，奏未央宫。六年四月戊寅朔，癸卯，御史大夫汤下丞相，丞相下中二千石，二千石下郡太守、诸侯相，丞当作"承"。书从事下当用者。如律令。"以此例之，则此"中"字下之小"二"字当在"千"字之下，而其下又脱"石二"二字也。又"丞吉"二字间，疑脱一"相"字。考汉时行下诏书之例，如高帝十二年二月诏，则由御史大夫昌下相国，相国酂侯下诸侯王，御史中执法下郡守；上所引元狩六年诏书，则由御史大夫下丞相，丞相下中二千石，二千石下郡太守、诸侯相；孔庙置百石卒史碑载元嘉三年壬寅诏书，则由司徒、司空下鲁相；无极山碑载光和四年八月丁丑诏书，则由尚书令下太常，太常耽、丞敏下常山相。此简但云"丞吉"，不著何官之丞，汉代文书初无是例，则"丞"字下脱"相"字无疑也。汉丞相名吉者，惟有丙吉。丙吉为相在神爵三年四月戊戌，而卒于五凤三年正月癸卯，中间凡四年。此四年中，神爵四年，五凤元、二年四月，皆有庚子。此简即此三年中物也。"承书从事下当用者"，乃汉时公文常用语。三王世家、孔庙置百石卒史碑、无极山碑并有此文，犹后世所谓"主者施行"也。

敦煌汉简跋三

三月癸酉，大煎都候婴□下厌胡守土吏方，承书从事下当用者，如诏书。

令史偃第一简

□□丙寅，大煎都守候丞□□□□□□土吏异，承书从事下当用，如诏书。

令史尊第二简

右二简亦诏书后行下之辞，而脱其前简者。"大煎都"者，玉门都尉所属候官之名；"厌胡"者，燧名；"土吏"者，"土吏"之或作，汉碑"土"皆作"士"[一〇]。士吏，主兵之官。汉书王莽传："莽下书曰：'予

之皇初祖考黄帝定天下，士吏四十五万人，士千三百五十万人。'"其余
所举，悉汉官名，则"士吏"亦汉官也。汉书匈奴传注引汉律："近塞郡
皆置尉，百里一人，士史、尉史各二人。"古"史"、"吏"二字通用，
"士史"即"士吏"也。"守士吏"，则摄行士吏事者。"令史"者，主书
之官，故署名于简末。此二简，令史之上均以笔作斜画，下简亦然，不
知何义。或如后世押字欤？

敦煌汉简跋四

　　二月庚午，敦煌玉门都尉子光丞□年谓大煎都候写移书到乞郡□。言
到日，如律令。

卒史山书佐遂已

　　右简乃玉门都尉下大煎都候官之书。玉门都尉见汉书地理志。都尉
有丞，秩六百石，见百官公卿表。"言到日"者，犹史记三王世家及汉碑
诏书后所谓"书到言"也。汉时行下公文，必令报受书之日，或云"书
到言"，或云"言到日"，其义一也。"律令"者，史记酷吏传云"前主
所是著为律，后主所是疏为令"，汉书朱博传云"三尺律令"是也。汉时
行下诏书，或曰"如诏书"，或曰"如律令"。苟一事为律令所未具而以
诏书定之者，则曰"如诏书"，如孔庙置百石卒史碑、无极山碑及前二简
是也；苟为律令所已定而但以诏书督促之者，则曰"如律令"，三王世家
所载元狩六年诏书是也。"如"者，谓如诏令行事也。"如律令"一语，
不独诏书，凡上告下之文皆得用之，朱博传博告姑蔑令丞永初讨羌檄及
此简皆是。其后民间契约、道家符咒亦皆用之，唐李匡乂资暇录遂以律
令为雷边捷鬼，不经甚矣。卒史、书佐，亦主文书之官，故列名于简末。

敦煌汉简跋五

十一月壬子，玉门都尉阳丞□敢言之，谨写移敢言之。

掾安、守属贺、书佐通成

　　右简为玉门都尉言事之书。"敢言之"者，下白上之辞。汉书王莽传：莽进号宰衡，位上公，"三公言事称'敢言之'"。论衡谢短篇："郡言事二府，称'敢言之'。"孔庙置百石卒史碑："鲁相平行长史事卞守长擅叩头死罪，敢言之司徒、司空府。"此简不云"叩头死罪"，而但云"敢言之"，或系都尉与敦煌太守之书而出于都尉治所者，盖具书之草稿也。掾安、守属贺、书佐通成，皆主文书之官。樊毅复华下民租口算碑表后，署"掾臣条、属臣淮、书佐臣谋"，此简末亦署掾、属、书佐三人名，与彼碑同。汉书音义云："正曰掾，副曰属。"守属，则摄行属事者也。

敦煌汉简跋六

上阙。尉融使告部从事移

上阙。更主踵故以以上简面。

上阙。从事□事令史□以上简背。

　　右简盖窦融所下书也。案后汉书窦融传：融出为张掖属国都尉，酒泉太守梁统等推融行河西五郡大将军事，融居属国，行都尉职如故，置从事监察五郡。此简上半折去，其下尚存"尉融使告部从事移"八字。案：汉制，都尉下无部从事，此简必出窦融，其全文必云"某月日，行河西五郡大将军事、张掖属国都尉融，使告部从事"云云。而所告之"部从事"，即融所置监察五郡之从事也。续汉书百官志："司隶校尉、刺史下有部郡国从事，主督促文书，察举非法。皆州自辟除，故通为百石，每郡各一人。"窦融领河西五郡，与刺史体制略同，故亦置从事。此所告之"部从事"，盖即部敦煌郡从事也。凡汉时文书云"告"者，皆上告下之辞。若他都尉对刺史属官，非其所属，不得云"告"。此为窦融书无疑。

敦煌汉简跋七

本始六年三月癸亥朔，丁丑逮辛卯十五日。　乙酉到官。

右简云"本始六年"，案：宣帝本始之号仅有四年，无六年。本始六年，即地节二年。据太初术推之，则地节二年三月正得癸亥朔，与此简合。考武帝建元、元光、元朔、元鼎、元封六号，皆六年而改；太初、天汉、大始、征和四号，皆四年而改；昭帝始元、元凤二号，亦六年而改。疑宣帝本始之元，初亦因昭帝之制六年而改，后更用四年递改之制，遂以"地节"元年为三年，而追减"本始"为四年。否则敦煌距京师仅一月程，不应改元二年后尚用"本始"旧号，而月朔干支又恰与地节二年密合也。是月癸亥朔，则"丁丑"者，月之十五日；"辛卯"者，月之二十九日；是月小尽。"乙酉"则二十三日。"丁丑逮辛卯"，盖所定到官之程限、"乙酉到官"，则在限内矣。

敦煌汉简跋八

广昌候史、敦煌富贵里孙无恩，未得二月尽五月，积四月奉钱二千四百。

案：简云"积四月奉钱二千四百"，则月奉六百。考候史秩在候长下，据下简候长秩百石，则候史之秩当在百石以下，汉律所谓"斗食"

也。续汉书百官志："百石月奉十六斛，斗食月奉十一斛。凡受奉，皆半钱半谷。"刘昭注引晋百官志载汉延平中制："百石月钱八百，谷四斛八斗。"而汉书宣帝纪注引如淳曰："律，百石月奉六百。"二说不同。如淳所引汉律，不知何时制。此简乃前汉物，而候史之秩不满百石者月奉六百，与延平中制为近矣。

敦煌汉简跋九

敦德步广尉曲、平望塞有秩候长、敦德亭闲田东武里五士王参秩庶士，以上第一列。

新始建国地皇上戊元年十月乙未起，尽二年九月晦，积三百六十日，除月小五日，定三百五十五。以令二日当三日，增劳百枣十枣日半日为五月二十枣日半日。以上第二列。

右简乃计资劳之书。"敦德"者，王莽所改敦煌郡名。"步广尉"，即汉志之敦煌中部都尉。志云"中部都尉治步广候官"是也。"曲"者，部曲。续汉志："领军皆有部曲。大将军营五部，部校尉一人，比二千石。部下有曲，曲有军候一人，比六百石。曲下有屯。"汉制，都尉秩视校尉，其下有二候官，盖视军候。则候官即校尉下之曲矣。"平望"者，步广尉所辖塞名。"有秩候长"者，候长之秩百石者也。汉书百官公卿表："乡有三老、有秩、啬夫。"续汉志有"乡有秩"，秩百石。李翕西狭颂有"衡官"、"有秩"。此简有"有秩候长"。汉制计秩自百石始，不及百石者谓之"斗食"，百石则称"有秩"矣。以上十三字乃官名，而"敦德亭闲田东武里"，乃其县里之名。"敦德亭"即汉之敦煌县。莽时县以亭名三百六十九，凡县与郡同名者，亦皆加"亭"字以别之。汉志于"敦煌郡"下注"莽曰敦德"；于"敦煌县"下亦注"莽曰敦德"。不曰"敦德亭"，则夺"亭"字也。"闲田"者，莽传云"诸侯国闲田，为

黜陟增减"，乃用王制语，凡郡县未封之地，皆闲田也。"五士"，即汉之
"士伍"。汉人有爵者称爵，如云"公乘某"、"五大夫某"是；无爵者称
士伍，如淮南厉王传之"士伍开章"、丙吉传之"士伍尊"是。汉时
"五"、"伍"通用，莽改汉制，又喜颠倒反易其名，故"士伍"为"五
士"矣。"王参"，人姓名。"秩庶士"者，百石之秩，莽传云"更名秩
百石为庶士"是也。年号"始建国、地皇"之下复云"上戊"者，莽自
谓以土德王，故即位用戊辰日，又以戊子代甲子为首，故曰"上戊"。莽
传称"地皇三十年，其王光上戊之六年"；莽作新历，六岁一改元。王光
者，其所豫定之年号。宋韩缜家藏莽铜枓铭云"始建国天凤上戊六年"；
见避暑录话。候钲铭见隶续。及潍县陈氏藏常乐卫士上元士铜饭帻，皆
云"始建国地皇上戊二年"是也。此简乃计边吏资劳之书，云"令二日
当三日"者，即边郡增劳之制，疑汉制已如斯矣。

敦煌汉简跋十

建武十九年四月一日甲寅，玉门障尉戍告候长晏到任。

右简乃玉门障尉令候长到官之檄。案：前汉时有玉门关都尉。续汉
志："建武六年，省诸郡都尉及关都尉，惟边郡往往置都尉。"此建武十
九年事，故玉门关但有障尉，无都尉。续志云"边县有障塞尉"，又云
"诸边障塞尉、诸陵校尉长，皆二百石，盖微官也"。后汉书西域传及刘
宽碑阴皆有"玉门关候"。此"候官"之"候"，非"候长"、"候史"
之"候"。盖永平复通西域后，以敦煌都尉下之一候官移驻于此，此时则
惟有障尉，盖光武闭玉门以谢西域之质，其设官亦俭于前后矣。

敦煌汉简跋十一

入西书二封，一封中部司马□平望候官，一封中部司马□阳关都尉府。十二月丙辰日下餔时，受诣故卒张永，日下餔时□□燧长张□。第一简。

入西蒲书二封，其一封文德大尹章，诣大使五威将莫府；一封文德长史印，诣大使五威将莫府。始建国元年十月辛未日食时，关啬夫受□□卒赵彭。第二简。

入西蒲书一，吏马行。鱼泽尉印，十三日起诣府。永平十八年正月十四日日中时，扬威卒□□受□□卒赵仲。

第三简。

右三简皆记邮书之簿。"中部司马"者，敦煌中部都尉属官。"文德"，地名，不见汉志。据上简，文德有大尹，有长史，则为边郡矣。续汉志："郡当边戍者，丞为长史。"他简举西北边郡，有文德、酒泉、张掖、武威、天水、陇西、西海、北地八郡，举文德而无敦煌。故沙畹氏释彼简"文德"为王莽所改敦煌郡之初名，以此简证之，沙说是也。此简称"文德"，为始建国元年事，至地皇二年一简，则称"敦德"，与汉志合。然则汉志所载，乃其再改之名也。据莽传："始建国元年秋，遣五威将王奇等十二人颁符命四十二篇于天下，外及匈奴、西域。〔天凤〕[一]三年，又遣大使五威将王骏出西域。"此乃始建国元年事，则"大使五威将"者，乃王奇等十二人之一。其出匈奴者为王骏，出西域者其人无可考。据上简，十月辛未，文德大尹、长史之书自塞上送五威将莫府，其时当已出塞矣。"鱼泽尉"，亦障塞尉之类。诸简所云"某官诣某官"者，皆据封泥及检署之文录之。"中部司马"、"文德大尹章"、"文德长史印"、"鱼泽尉印"诸字，皆封泥上文；而"平望候官"、"阳关都尉府"、"大使五威将莫府"诸字，则检上所署之字也。余曩作<u>简牍检署考</u>，据<u>王莽传</u>哀章所作铜匮之检及<u>刘熙释名</u>，谓古人封书既用玺印，故但须署受书之人，不须自署官位、姓名。此数简所记足以证之。又第三简云"十三日起诣府"，则并署发书之日矣。此种邮书，皆自东向西之书，故曰"入西蒲书"。"蒲"者，"簿"之或作也。又诸简皆记受书日时，曰"日下餔时"，曰"日食时"，曰"日中时"；又皆燧卒致之燧长，或燧卒受之以次传送至他燧，可见汉时邮递之制即寓于亭燧中，而书到日时与吏卒姓名，均有记录。可见当时邮书制度之精密矣。

敦煌汉简跋十二

宜禾郡鑫第：广汉第一，美稷第二，昆仑第三，鱼泽第四，宜禾第五。第一简。

上缺。望步广燹第二简。

大威关蓬第三简。

右三简所记凡七燹，而或作"鑫"，或作"燹"，或作"蓬"，皆"燹"之别字也。<u>说文</u>："燹，隧，候表也。边有警，则举火。从火，逢声。"又："𨼐，塞上亭守燹者。从𨸏，遂声。"则隧以其地言，而燹以其物言，其实一也。然析言之，则"燹"与"隧"又自不同。<u>史记司马相如传</u>："闻烽举燧燔。"<u>集解</u>引汉书音义曰："烽，如覆米䉪，县著桔槔头，有寇则举之。燧，积薪，有寇则燔然之。"<u>汉书贾谊传</u>："斥候望烽燧不得卧。"注引文颖曰："边方备胡寇，作高土橹，橹上作桔槔，桔槔头悬兜零，以薪草置其中，常低之。有寇则火然，举之相告，曰烽。又积薪，寇至即然之，以望其烟，曰燧。"二说略同。则烽用火，燧用烟；夜宜用火，昼宜用烟。他简云"昼不见烟，夜不见火"是也。乃张揖、<u>文选谕巴蜀檄李善注引</u>。张宴、<u>汉书贾谊传注</u>。司马贞、<u>史记周本纪索</u>

隐。张守节史记司马相如传正义。皆以为烽主昼，燧主夜。颜师古独于贾谊传注破张宴之说，曰"昼则燔燧，夜乃举烽"，其识卓矣。据木简所记，则举烽燧之地，或曰熢，或曰燧，而燧之名多至数十，熢则仅上三简所记而已。以理度之，则夜中之火视昼中之烟所及者远。盖古者设熢必据高地，又烽台之高至五丈余，太白阴经、通典及木简皆云。烽干之高亦至三丈，沙畹书第六百九十简。二者合计，得八丈有奇，夜中火光自可及数十里。若昼中之烟，较不易辨，故置燧之数宜密于置烽，此自然之理。简中诸燧，以燧数及里数差之，大率相去十里许。而熢之相距，自右简观之，则昆仑在广至县境，鱼泽在效谷县境，宜禾在效谷西界，与敦煌中部都尉之步广候官相接，则诸熢间相去颇远矣。以后世事证之，则庾阐扬都赋注云："烽火以置于高山头，缘江相望，或百里，或五十里，或三十里。"太平御览卷三百三十五引。唐六典兵部"职方郎中职"云："凡烽候所置，大率相去三十里。"而唐沙州图经纪白亭烽与长亭烽相去四十里，长亭烽与阶亭烽相去五十里。盖塞外广衍，无林麓之蔽，幕中干燥，无雾雾之虞，则置烽自不必如内地三十里之密。后世如此，汉亦宜然。然则简中所记熢少而燧多，虽熢、燧本可互言，而多少殆为事实矣。"宜禾郡"者，汉无此郡名，殆指宜禾都尉辖境。以太守、都尉官秩略同，故其所治亦谓之郡。汉志"敦煌郡广至县"下"宜禾都尉治昆仑障"。此出平帝元始时版籍，其先当治鱼泽，故孝武时有鱼泽都尉。汉志"效谷县"下，注引桑钦说"孝武元封六年，济南崔不意为鱼泽尉"，唐沙州图经引作"鱼泽都尉"。其后盖徙治宜禾，故又称宜禾都尉。后徙治昆仑障，仍用宜禾之号。此简中五熢，其次自东而西。广汉、美稷、昆仑三熢皆在广至县境，鱼泽、宜禾皆在效谷县境。汉志云"效谷县，本鱼泽障也"，宜禾一熢又在效谷之西，西与敦煌之步广候官接界，详见流沙坠简后序。然则此五熢绵亘广至、效谷二县北界。其地不下二三百里，而仅有此五熢，可见熢、燧疏数之比矣。步广一熢，则属中部都尉，又在宜禾之西。至"大威关燧"一简，疑尚有阙字，当为玉门关之燧矣。

敦煌汉简跋十三

县承塞亭各谨候，北塞燧即举表皆和，尽南端亭。以札署，表到日时。第一简。

七月乙丑日出二干时，表一通至。其夜食时，苣火一通从东方来。杜充见。第二简。

右二简皆记举燧之事。"承塞亭"者，亭之最近塞者也。汉敦煌北塞，自西而东，所有亭燧皆沿塞上置之。此简乃云"承塞亭"及"南端亭"者，盖非塞上各亭燧，而谓自塞上南至郡治之亭燧也。汉制：内地十里一亭。其当孔道者，即为传烽之所矣。表，即说文所谓"燧隧，候表也"。然不云"举燧"而云"举表"者，意汉时塞上告警，燧、燧之外，尚有不然之燧。晋灼汉书音义云："烽，如覆米薁县著桔槔头，有寇则举之。"但言举而不言然。盖浑言之，则烽、表为一物；析言之，则然而举之谓之烽，不然而举之谓之表。夜则举烽，昼则举表。烽台五丈，上著烽干，举之足以代燔燧矣。墨子号令篇之"垂"，与杂守篇之"烽"，实皆谓是物也。号令篇云："望见寇，举一垂；孙氏诒让间诂以"垂"为"表"字之讹，是也。入境，举二垂；狎郭，举三垂；入郭，举四垂；狎城，举五垂。夜以火，亦如此。"杂守篇云："望见寇，举一烽；入境，举二烽；射妻，举三烽；郭会，举四烽；城会，举五烽。夜以火，如此数。"或云垂，或云烽，又别烽与火为二物，明烽即表也。"表到"、"表至"者，谓见表之时。"苣"者，炬之本字。说文："苣，束苇烧也。""一通"者，古者传烽以多少为识，如墨子号令、杂守二篇所言，皆以烽之多少示敌之远近者也。唐兵部烽式白氏六帖引。则云：

"寇贼不满五百，放燧一炬；得蕃界事宜，知欲南入，放二炬；蕃贼五百骑以上，放三炬；千人，放四炬；余寇万人，亦四炬。"<u>御览</u>引<u>李卫公兵法</u>，语亦略同。此以烽之多少，示敌之多寡者也。惟<u>李筌</u><u>太白阴经</u>及<u>通典</u>则云："每晨及夜半，安，举一火；闻警，因举二火；见烟尘，举三火；见敌，烧柴笼。"则又以一火为报平安之烽。汉人举烽，不知用何法。然沙氏书中别录一简释文原简沙书未印。云："六月丁巳，丁亥第二百一十，苣火一通从东方来。"所谓"丁亥第二百一十"者，盖谓自丁亥岁首至六月丁巳所见之烽数。一百七八十日间，而烽火之数至二百一十，恐汉时每夜亦有报平安之烽，如李、杜二书所云也。此简出玉门大煎都候官所治凌胡燧，"苣火一通从东方来"，则来自玉门方面也。

敦煌汉简跋十四

出粟一斗二升，以食使莎车续相如上书良家子二人，八月癸卯。下阙。第一简。

出粟五石二斗二升，以食使车师□君卒八十七人。下阙。第二简。

右二简，均记禀给行客之事。<u>汉书功臣侯表</u>："承父侯续相如以使西域，发外王子弟，诛斩扶乐王首，虏二千五百人，侯，千百五十户。太始三年五月封。"此事不见<u>西域传</u>。使莎车与斩扶乐，殆一时事，则此简乃太始二年以前物也。"良家子二人"，乃相如所遣上书者，时过塞下，故出粟食之。汉时禀食，率日六升。<u>匈奴传</u>："严尤谏王莽曰：'计一人三百日食，用糒十八斛。'"则百日得六斛，一日得六升。故右"一斗二升"者，二人一日食；"五石二斗二升"者，八十七人六日食也。此二简出玉门，而往反南北道之使皆过此者。案<u>西域传</u>言："自玉门、阳关出西域有二道。从鄯善傍南山北，波河西行至莎车，为南道；自车师前王庭随北山，波河西行至疏勒，为北道。"<u>后书</u>语亦略同。<u>魏略</u><u>西戎传</u>言：

"从玉门关入西域，前有二道，今有三道。从玉门关西出婼羌，转西越葱岭，经县度入大月氏，为南道；从玉门关西出，发都护井，回三陇沙北头，经居庐仓，从沙西井转西北，过龙堆到故楼兰，转西诣龟兹，至葱岭，为中道；从玉门关西北经横坑，避三陇沙及龙堆，出五船北，到车师界戊己校尉所治高昌，转西与中道合，至龟兹，为新道。"北史西域传所记二道，其一当魏略之新道，其一当其中道，而皆云"出玉门"。隋书裴矩传所言三道，亦皆与魏略同，而不言所从出。元和郡县志则言"阳关谓之南道，西趣鄯善、莎车；玉门谓之北道，西趣车师前庭及疏勒"。综上诸说观之，汉书记西域二道之所从出，但浑言玉门、阳关；魏略、北史专言玉门；元和志言南道出阳关，北道出玉门。今案：汉时南北二道分岐，不在玉门、阳关，而当自楼兰故城始。自此以南，则从鄯善傍南山北，波河西行至莎车；北则东趣车师前王庭，或西趣都护治所，皆随北山，波河西行至疏勒。故二道皆出玉门。若阳关道路止于婼羌，往鄯善者绝不取此，故西域传言"婼羌僻在东南，不当孔道"。汉书纪北道自车师前王庭始，纪南道自鄯善始，当得其实。然则楼兰以东，实未分南北二道也。右简出玉门塞上，而自南道莎车还者乃经其地，益知南北二道之分岐不在玉门、阳关，而当自故楼兰城始矣。

罗布淖尔东北古城所出晋简跋

西域长史承移：今初除，月廿三日当上道，从上邽至天水。

此简乃西域长史新除，移书旧长史或属吏。告以上道日期者。"承"者，长史之名。此简所出之地，在罗布淖尔东北一古城，其地在前凉时谓之"海头"，即魏晋西域长史治所也。案：后汉、前凉皆置西域长史，见于史传。至魏晋，此官书阙无考。惟魏志仓慈传之"长吏"，余序此书时疑为"长史"之讹，以此简证之，知魏晋间已置西域长史矣。简中有

"天水"郡名，晋书地理志："天水郡，汉武置，孝明改为汉阳，晋复为天水。"通典及元和郡县志、太平寰宇记皆从其说。然据陈寿书，则汉魏之间早已复为天水。魏志武、文二纪，董卓、贾诩、庞德诸传虽称"汉阳"，然明帝纪，曹真、张既、卫瓘、阎温、杨阜、邓艾诸传，蜀志诸葛亮、姜维诸传皆称"天水"，不称"汉阳"，则天水郡之名，恐不待晋时始复也。"上邽"者，天水属县，而郡治则在冀城。简所谓"天水"，当指冀城言之。晋志天水各县，以上邽为首，冀城次之，尔时郡治当已移上邽，故水经渭水注于"冀县故城"、"上邽县故城"下，皆云"故天水郡治"也。此简时代，必在天水治冀城之时。苟在徙上邽之后，则上邽、天水即为一地，不得复云"从上邽至天水"也。而天水郡之徙治上邽，其时代虽无可考，然晋志言"泰始五年，始分凉州置秦州，治天水之冀城。太康三年罢，七年复立，徙治上邽。"晋时州郡，大抵同治，则天水郡之徙治上邽，当与秦州之徙治上邽同时。此简为太康七年以前之物，亦可知也。

尼雅城北古城所出晋简跋

晋守侍中大都尉奉晋大侯亲晋鄯善焉耆龟兹疏勒第一简。

于寘王，写下诏书到。第二简。

右二简文义相属，书迹亦同，今定为一书之文。"晋守侍中大都尉奉晋大侯亲晋鄯善焉耆龟兹疏勒于寘王"者，析言之，当云"晋守侍中大都尉奉晋大侯亲晋鄯善王"、"晋守侍中大都尉奉晋大侯亲晋焉耆王"，以下放此。故上十三字，实此五王之公号也。不一一言之者，文例宜然也。案：中国假西域诸王以官号，自后汉始。后汉书西域传："光武建武五年，河西大将军窦融承制立莎车王康为汉莎车建功怀德王、西域大都尉，五十五国皆属焉。十七年，更赐以汉大将军印绶。"顺帝永建二年，疏勒王臣磐遣使奉献，帝拜臣磐为与汉大都尉，其子孙至灵帝时犹称之。案：传但言拜臣磐为汉大都尉，"汉"字上无"与"字，然下言"疏勒王与汉大都尉为其季父和得所射杀"，时疏勒外非别有汉大都尉，不得言"与"。盖"与汉"二字连读，"与汉"犹"亲汉"也。魏略西戎传："魏赐车师后部王壹多杂守魏侍中、大都尉，受魏王印。"此西域诸王受中国官号之见于史者也。考汉魏时本无大都尉一官，求其原始，实缘都护而起。前汉时本以骑都尉都护西域，见汉书百官公卿表及甘延寿段会宗传。后遂略称西域都护。新莽之后，都护败没，故窦融承制拜莎车王康为西域大都尉，使暂统西域诸国。盖不欲假以都护之名，又以西域诸国本各有左右都尉，故谓之"西域大都尉"，使其号若与西域都护。骑都尉相埒云尔。及莎车既衰，而疏勒王称"与汉大都尉"，车师后部王又单称"大都尉"，皆不冠以"西域"二字，其号稍杀。此简，西域五国王并有此号，以车师后部王称号观之，盖魏时已然矣。"奉晋大侯"亦然，以国王而受侯封，故谓之"大侯"，以别于西域诸国之"左右侯"，亦如"大都尉"之称所以别于诸国之"左右都尉"也。"亲晋某王"者，亦当时诸国王之美称。考汉时西域诸王，但称"汉某国王"。汉书西域传云："西域最凡国五十。自译长至侯、王，皆佩汉印绶，凡三百七十六人。"其印文虽无传者，然匈奴传云："汉赐单于印，言'玺'不言'章'，又无'汉'字，诸王以下乃有'汉'、言'章'。"西域诸王虽君一国，然其土地、人民尚不如匈奴诸王，则汉所赐印，必云"汉某某王章"无疑也。后汉之初，莎车王号尚冠以"汉"字。中叶以后，乃有"亲汉"之称。后书西域传："顺帝永建元年，班勇上八滑为后部亲汉侯。"然犹是侯号而非王号。惟建安中，始封鲜卑沙末汗为亲汉王。魏晋以后，封拜四裔，皆袭此称。如魏志明帝纪：太和三年，"大月氏王波调遣使奉献，以调为亲魏大月氏王"。又倭人传："景初二年，以倭女王卑弥呼为亲魏倭王。"晋书王浚传："浚表封鲜卑别部大飘滑及其弟渴末别部大屠瓮等皆为亲晋王。"又段匹䃅传："匹䃅父务弗尘遣兵助东海王越征讨有功，王浚表为亲晋王、辽西郡公。"传世古印又有"亲晋羌王"。此简中五王亦然。其官号上冠以"魏"、"晋"字者，所以荣之；其王号冠以"亲魏"、"亲晋"字而不直云"魏"、"晋"者，所以示其非纯臣也。此简所举五国，西域长史所统殆尽于此。案：西域内属诸国，前汉末分至五十，后汉并为十余，至魏时仅存六七。魏略言："且末、小宛、精绝、楼兰，皆并属鄯善；戎卢、扞弥、皮穴、汉书作"皮山"。皆并属于阗；尉犁、危须、山王国，皆并属焉耆；姑墨、温宿、尉头，皆并属龟兹；桢中、莎车、竭石、渠沙、西夜、依耐、蒲犁、亿若、榆令、捐毒、休修，汉书作"休循"。皆并属疏勒；且弥、单桓、毕陆、汉书作"卑陆"。蒲陆、汉书作"蒲类"。乌贪诸国，皆并属车师。"则魏时西域内属诸国，惟存鄯善、于阗、焉耆、龟兹、疏勒、车师六国而已。此简所举，又少车师一国，盖晋初车师后部当为鲜卑所役属。魏志鲜卑传注引王沈魏书云："鲜卑西部西接乌孙。"晋书武帝纪："咸宁元年六月，西域戊己校尉马循讨叛鲜卑，破之。二年，鲜卑阿多罗等寇边，西域戊己校尉马循讨之。"时鲜卑当据车师后部之地，故能西接乌孙、南侵戊己校尉治所矣。右简无车师王，当由于此。然则晋初长史所领者惟上五国，此西域诸国之大势，得由右简知之者也。此简所出之地，当今尼雅城绝北，在汉为精绝国地。后书西域传言："明帝时，精绝为鄯善所并。"但此地所出木简，其中称谓有"大王"，有"王"，有"夫人"，隶书精妙，似后汉桓、灵间书，疑精绝一国，汉末复离鄯善而独立。今此简无精绝王，而诏书乃到此者，必自鄯善或于阗传写而来，可见精绝至晋初又为他国所并。此尼雅一地之沿革，得从此简知之者也。右二简所存不及三十字，而足以裨益史事者如此。然非知此二简为一书，亦不能有所启发矣。

尼雅古北城所出晋简跋二

　　武威、西平、西郡、张掖、酒泉、敦下阙。

　　右简"敦"字下所阙者，当是"煌"字。共郡名六，皆晋书地理志凉州刺史所部之郡。据晋志，则凉州所部尚有金城、西海二郡，此简无之者。若有金城，当在武威之下、西平之上，因西平本分金城置。故知不在敦煌下也。晋书武帝纪："泰始五年二月，以雍州陇右五郡及凉州之金城、梁州之阴平置秦州。"地理志同。则金城于泰始五年后改隶秦州。此简无金城郡，当为泰始五年以后物矣。西海只有一县，此时或已并于张掖，或在"敦煌"之下简已折之处，均未可知。至诸郡次第，晋志：金城一，西平二，武威三。此简首武威者，凉州刺史治所故也。考汉献帝时分凉州河西四郡置雍州刺史，本治武威。见魏志庞淯传注引鱼豢典略。后雍州兼有凉州地，而徙于凉州旧治。天水冀县。魏初复置凉州，辖河西诸郡，与汉献帝初之雍州疆域略同，其治所史无明文，盖亦治武威。晋书武帝纪："咸宁四年六月，凉州刺史杨欣与虏若罗拔能战于武威，败绩，死之。五年（四）〔正〕[一二]月，虏帅树机能攻陷凉州。使讨虏护军、武威太守马隆击之。"上年战于武威，次年攻陷凉州，凉州之陷，即武威之陷也。此诸郡首武威，尤其一证。厥后，张轨为凉州，治武威之姑臧，迄于子孙，世都其地。符坚凉州刺史梁熙，亦治姑臧；吕光入姑臧后，始自领凉州刺史。然则凉州治所，自魏以后数百年，未尝易地矣，以史志无文，故备论之。

　　校勘记

　　[一]"二度"遗书本作"一度"。

　　[二]"六十六"，据鸣沙石室佚书本沙州图经改作"六十三"。

　　[三]"西二里"，武英殿聚珍版元和郡县志卷四十作"玉门关在（晋昌）县

东二十步"。

〔四〕"都护井"下，遗书本增小注如下：此"都护井"当即汉志之"卑鞮侯井"。

〔五〕"互称之"下，遗书本增小注如下：晋书刘曜载记："曜使其大鸿胪田崧署张茂为凉州牧，领西域大都护，护氐羌校尉、凉王。"则"西域大都护"乃凉州牧兼官，犹后此凉州牧之恒领西胡校尉也。

〔六〕"薄"，疑为"蒲"之误，见后篇敦煌汉简跋十一。遗书本作"簿"。

〔七〕底本原作"燹燹"，据"流沙墜简及遗书本改作"燹燧"。

〔八〕"制诏"，四部丛刊本独断作"制诰"。

〔九〕"尚书令重封"，独断"令"下有"印"字。

〔一〇〕遗书本作"汉碑'士'或作'土'"。

〔一一〕"天凤"，据汉书王莽传增补。

〔一二〕据晋书武帝纪改。

石　刻

魏石经残石考①

序

　　余于丁巳作魏石经考，据黄县丁氏所藏残石以定魏石经每行字数，又由每行字数推定每碑行数，复以御览引洛阳记所载碑数及诸经字数参互求之，以定魏石经经数。又排比隶释所存残字，为经文考、古文考，共书二卷，刊行于沪江。岁在辛酉，复删经文考、古文考诸篇，而掇取

---

　　① 本書草稿撰成於一九二三年八月，因石經殘石陸續出土而未能寫定，容庚鈔録時暫定名爲魏石經續考，後趙萬里以此書附以魏石經考下卷，題以今名，收入海寧王静安先生遺書。今以遺書本爲底本，校以中國國家圖書館所藏手稿本。

其首五篇编入观堂集林。癸亥春，乃闻洛阳复出魏石经残石一，两面分刻尚书无逸、君奭二篇，春秋僖、文二公，字数至千余。三月中，始得拓本，则已剖而为二矣。又见尚书多士、春秋文公一小石，亦二百余字。比四月，予来京师，则见小残石拓片至多。其为书皋陶谟者，有吴兴徐氏所藏"帝言"一石、"夜五"一石、"明庶"一石、"禹四"一石、"木臬"一石，皖中周氏所藏"都帝予"一石、"女说"一石；无逸篇则有鄞县马氏所藏"小马"一石；其背为春秋僖公卅二、三年经文。春秋则有某氏所藏"姬遇"一石，庄公卅年。徐氏所藏"赵敖"一石，文公八年，共十石。而鄞县马君两至洛阳，复得无逸、君奭未剖时拓本，中间君奭篇篇题一行，与春秋僖卅一年"取济西田"一行具存，余亦较剖后拓本多十余字，此石与丁氏残石正相衔接。总今日所有残石，凡得二千零二十七字，除磨灭不可见者，尚近二千字。视五代宋初人所见拓本字已逾倍，乃复为魏石经残石考，以补前考之未备焉，海宁王国维。

一、碑图[一]

尧典①

日若稽古帝尧曰放勋钦明文思安安允恭克让光被四表格于上下克明俊德以亲九族九族既睦平章百姓百姓昭明协和万邦黎民于变时雍乃命羲和钦若昊天历象日月星辰敬授人时分命羲仲宅嵎夷曰旸谷寅宾出日平秩东作日中星鸟以殷仲春厥民析鸟兽孳尾申命羲叔宅南交平秩南讹敬致日永星火以正仲夏厥民因鸟兽希革分命和仲宅西曰昧谷寅饯纳日平秩西成宵中星虚以殷仲秋厥民夷鸟兽毛毨申命和叔宅朔方曰幽都平在朔易日短星昴以正仲冬厥民隩鸟兽氄毛帝曰咨汝羲暨和朞三百有六旬有六日以闰

---

① "碑圖"部分，宋體字爲碑文殘文，仿體字是王國維據經文虛擬的文字。碑文需保持原貌，故不加標點。

月定四时成岁允厘百工庶绩咸熙帝曰畴咨若时登庸放齐曰胤子朱启明帝
曰吁嚚讼可乎帝曰畴咨若子采骓兜曰都共工方鸠僝功帝曰吁静言庸违象
恭滔天帝曰咨四岳汤汤洪水方割荡荡怀山襄陵浩浩滔天下民其咨有能俾
乂佥曰于鲧哉帝曰吁咈哉方命圯族岳曰异哉试可乃已帝曰往钦哉九载绩
用弗成帝曰咨四岳朕在位七十载汝能庸命巽朕位岳曰否德忝帝位曰明明
扬侧陋师锡帝曰有鳏在下曰虞舜帝曰俞予闻如何岳曰瞽子父顽母嚚象傲
克谐以孝烝烝乂不格奸帝曰我其试哉女于时观厥刑于二女厘降二女于妫
汭嫔于虞帝曰钦哉慎徽五典五典克从纳于百揆百揆时叙宾于四门四门穆
穆纳于大麓烈风雷雨弗迷帝曰格汝舜询事考言乃言底可绩三载汝陟帝位
舜让于德弗嗣正月上日受终于文祖在璿玑玉衡以齐七政肆类于上帝禋于
六宗望于山川遍于群神辑五瑞既月乃日觐四岳群牧班瑞于群后岁二月东
巡守至于岱宗柴望秩于山川肆觐东后协时月正日同律度量衡修五礼五玉
三帛二生一死贽如五器卒乃复五月南巡守至于南岳如岱礼八月西巡守至
于西岳如初十有一月朔巡守至于北岳如西礼归格于艺祖用特五载一巡守
群后四朝敷奏以言明试以功车服以庸肇十有二州封十有二山浚川象以典
刑流宥五刑鞭作官刑扑作教刑金作赎刑眚灾肆赦怙终贼刑钦哉钦哉惟刑
之恤哉流共工于幽州放骓兜于崇山窜三苗于三危殛鲧于羽山四罪而天下
咸服二十有八载帝乃徂落百姓如丧考妣三载四海遏密八音月正元日舜格
于文祖询于四岳辟四门明四目达四聪咨十有二牧曰食哉惟时柔远能迩惇
德允元而难任人蛮夷率服舜曰咨四岳有能奋庸熙帝之载使宅百揆亮采惠
畴佥曰伯禹作司空帝曰俞咨禹汝平水土惟时懋哉禹拜稽首让于稷契暨皋
陶帝曰俞汝往哉帝曰弃黎民阻饥汝后稷播时百谷帝曰契百姓不亲五品不
逊汝作司徒敬敷五教在宽帝曰皋陶蛮夷猾夏寇贼奸宄汝作士五刑有服五
服三就五流有宅五宅三居惟明克允帝曰畴若予工佥曰垂哉帝曰俞咨垂汝
共工垂拜稽首让于殳斨暨伯与帝曰俞往哉汝谐帝曰畴若予上下草木鸟兽
佥曰益哉帝曰俞咨益汝作朕虞益拜稽首让于朱虎熊罴帝曰俞往哉汝谐帝

曰咨四岳有能典朕三礼佥曰伯夷帝曰俞咨伯汝作秩宗夙夜惟寅直哉惟清
伯拜稽首让于夔龙帝曰俞往钦哉帝曰夔命汝典乐教胄子直而温宽而栗刚
而无虐简而无傲诗言志歌永言声依永律和声八音克谐无相夺伦神人以和
夔曰于予击石拊石百兽率舞帝曰龙朕圣谗说殄行震惊朕师命汝作纳言夙
夜出纳朕命惟允帝曰咨汝二十有二人钦哉惟时亮天功三载考绩三考黜陟
幽明庶绩咸熙分北三苗舜生三十征庸三十在位五十载陟方乃死

　　皋陶谟

　　曰若稽古皋陶曰允迪厥德谟明弼谐禹曰俞如何皋陶曰都慎厥身修思
永衵叙九族庶明励翼迩可远在兹禹拜昌言曰俞皋陶曰都在知人在安民禹曰
吁咸若时惟帝其难之知人则哲能官人安民则惠黎民之能哲而惠何忧乎驩
兜何迁乎有苗何患乎巧言令色孔壬皋陶曰都亦行有九德亦言其人有德乃
言曰载采采禹曰何皋陶曰宽而栗柔而立愿而恭乱而敬扰而毅直而温简而
廉刚而塞强而义彰厥有常吉哉日宣三德夙夜浚明有家日严祗敬六德亮采
有邦翕受敷施九德咸事俊乂在官百僚师师百工惟时抚于五辰庶绩其凝无
教逸欲有邦兢兢业业一日二日万几无旷庶官天工人其代之天叙有典敕我
五典五惇哉天叙有礼自我五礼有庸哉同寅协恭和衷哉天命有德五服五章
哉天讨有罪五刑五用哉政事懋哉懋哉天聪明自我民聪明天明畏自我民明
威达于上下敬哉有土皋陶曰朕言惠可厎行禹曰俞乃言厎可绩皋陶曰予未
有知思曰赞赞襄哉帝曰来禹汝亦詪禹拜曰都帝予何言予思日孜孜皋陶曰
吁如何禹曰洪水滔天浩浩怀山襄陵下民昏垫予乘四载随山刊木泉益奏庶
鲜食予决九川距四海浚畎浍距川暨稷播奏庶艰食鲜食懋迁有无化居烝民
乃粒万邦作乂皋陶曰俞师汝昌言禹曰都帝慎乃在位帝曰俞禹曰安汝止惟
几惟康其弼直惟　应徯志以昭受上帝天其申命用休帝曰吁臣哉邻哉邻哉臣
　　　　　　　动丕
哉禹曰俞帝曰臣作朕股肱耳目予欲左右有民汝翼予欲宣力四方汝为予欲
观古人之象日月星辰山龙华虫作会宗彝藻火粉粉黼黻絺绣以五介彰施于
五色作服汝明予欲闻六律五声八音在治忽以出纳五言汝听予违女弼汝无

面从退有后言钦四邻庶顽谗说若不在时俟以明之挞以记之书用识哉欲并
生哉工以内言时而扬之格则承之庸之否则威之禹曰俞哉帝光天之下至于
海隅苍生万邦黎献共惟帝臣惟帝①

　　图一②。以上凡五十三行，其前当有大题一行，共五十四行。当为二
碑，则每碑二十七行也。③

　　金縢之书乃得周公所自以为功代武王之说二公及

　　王乃问诸史与百执事对曰信噫公命我勿敢言王

　　右图二。金縢。

　　今惟民不静未戾厥心迪屡未同爽惟天其罚殛我

　　我其不怨惟厥罪无在大亦无在多矧曰其尚罪显

　　闻于天王曰呜呼封敬哉无作怨勿用非谋非彝蔽

　　右图三。康诰。

　　罔厉杀人亦厥君先敬劳肆徂厥敬劳肆往奸宄杀

　　人历人宥肆亦见厥君事戕败人宥王启监厥乱为

　　右图四。梓材。

　　其泽在今后嗣王诞罔显于天矧曰其有能听念于先

　　王勤家诞淫厥逸罔顾于天显民祗惟时上帝不保降

　　兹若大丧惟天弗畀不明厥德凡四方小大邦丧罔

　　非有辞于罚王若曰尔殷多士今惟我周王丕灵承

　　帝事有命曰割殷告敕于帝惟我事不贰适惟尔王

　　家我适予其曰惟尔洪无度我不尔动自乃邑予亦

　　念天即于殷大戾肆不正王曰猷告尔多士予惟时

---

　　① 底本本页第八行"昌言"二字并列，乃因据经文多出"言"字，疑为碑文有漏字。后文并列者
同。

　　② 编者：此处所说行数，是指原碑文行数。

　　③ 编者：因旧版是竖排版，"右图一"即是指此处说明右边的文字，在此版中指此处上面的文字。
右图二～右图十二亦如此。

其迁居西尔非我一人奉德不康宁时惟天命无违

朕不^敢有后王曰繇告尔多士无我怨惟尔知惟殷先

人有册^有_典殷革夏命今尔又曰夏迪简在王庭有服

在百僚予一人惟听用德肆予敢求尔于天邑商予

惟率肆矜尔非予罪时惟天命王曰多士昔朕来自

奄予大降尔四国民命我乃明致天罚移尔遐逖比

事臣我宗多逊王曰告尔殷多士今予惟不尔杀予

惟时命有申今朕作大邑于兹洛予惟四方罔攸宾

亦惟尔多士攸服奔走臣我多逊尔乃尚有尔土尔

乃尚宁干止尔克敬天惟畀矜尔尔不克敬尔不啻

不有尔土予亦致天之罚于尔躬今尔惟时宅尔邑

继尔居尔厥有干有年于兹洛尔小子乃兴从尔迁

王曰又曰时予乃或言尔攸居

无逸

周公曰呜呼君子所其无逸先知稼穑之艰难乃逸

则知小人之依相小人厥父母勤劳稼穑厥子乃不

知稼穑之艰难乃逸乃谚既诞否则侮厥父母曰昔

之人无闻知周公曰呜呼我闻曰在昔殷王中宗严恭

寅畏天命自度治民祗惧不敢荒宁肆中宗之飨国

七十有五年其在高宗时旧劳于外爰暨小人作其

即位乃或亮阴三年不言其惟不言言乃雍不敢荒

宁嘉靖殷邦至于小大无时或怨肆高宗之享国五

十有九年其在祖甲不义惟王旧为小人作其即位

爰知小人之依能保惠于庶民不敢侮鳏寡肆祖甲

之享国三十有三年自是厥后立王生则逸_则^生逸不知

稼穑之艰难不闻小人之劳惟耽乐之从自是厥后

亦罔或克寿或十年或七八年或五六年或四三年

右图五。尚书多士、无逸篇一碑。多士篇"其泽"前有一百八十二

字，计九行，并篇题十行，在前一碑。

周公曰乌虖厥亦惟我周大王王季克自抑畏文王

卑服即康功田功徽柔懿恭怀保小民惠鲜鳏寡自

朝至于日中昃不皇暇食用咸和万民文王不敢盘

于游于田以庶邦惟正之供文王受命惟中身厥享

国五十年周公曰乌虖继自今嗣王其无淫于观

于逸于游于田以万民惟正之供无皇曰今日耽乐

乃非民所训非天所若时人丕则有愆无若殷王受

之迷乱酗于酒德才周公曰呜呼我闻曰古之人犹

胥训告胥保惠胥教诲民无或胥诪张为幻此厥不

听人乃训之乃变乱先王之正刑至于小大民否则

用厥心韦怨不则用厥口诅祝周公曰乌呼自殷王

仲宗及高宗及祖甲及我周文王兹四人迪哲厥或

告之曰小人怨女詈女则皇自敬德厥愆曰朕之愆

兄若时不啻不敢含怒此厥不听人乃或诪张为幻

曰小人怨女詈女则信之则若时不永念厥辟不宽

绍厥心乱罚无辜杀无辜怨有同是丛于厥身周公

曰乌虖嗣王其监于兹

君奭

周公若曰君奭不吊天降丧于殷殷既坠厥命我有

周既受我弗敢智厥基永孚于休若天不忱我亦不

敢智曰其崇出于不祥乌呼君已曰时我我亦不敢

宁于上帝命弗永远念天畏越我民罔邮违惟人在
我后嗣子孙大弗克龚上下遏佚前人光在家不知天
命不易天难忱乃其隧命弗克经历嗣前人恭明德
在今予小子非克有正迪惟前人光施于我冲子又
曰天不可信我迪惟宁王德延天弗庸释于文王受
命公曰君我闻在昔成汤既受命时则有若伊尹格
于皇天在大甲时则有若保衡在大戊时则有若伊
陟臣扈佫于上帝巫咸乂王家在祖乙时则有若巫
贤在武丁时则有若甘盘卫惟兹有陈保乂有殷故
殷礼陟配天多历年所天惟纯右命则商实百姓王
人罔不秉德明恤小臣屏侯甸矧咸奔惟兹惟德称
用乂厥辟故一人事于四方若卜筮罔不是孚公曰
君奭天寿平佫保乂有殷有殷嗣天灭畏今汝永念

右图六。凡三十四行，行六十字

则有固命厥乱明我新造邦公曰君奭在昔上帝割
申劝宁王之德其集大命于厥躬惟文王尚克修和
我有夏亦惟有若虢叔有若闳夭有若散宜生有若
泰颠有若南宫括又曰无能往来兹迪彝教文王蔑
德降于国人亦惟纯佑秉德迪知天威乃惟时昭文
王迪见冒闻于上帝惟时受有殷命哉武王惟兹四
人尚迪有禄后暨武王诞将天威咸刘厥敌惟兹四
人昭武王惟冒丕单称德今在予小子旦若游大川
予往暨汝奭其济小子同未在位诞无我责收罔勖
不及耇造德不降我则鸣鸟不闻矧曰其有能格公
曰呜呼君肆其监于兹我受命无疆惟休亦大惟艰
告君乃猷
裕我不以后人迷公曰前人敷乃心乃悉命汝作汝

民极曰汝明勖偶王在亶乘兹大命惟文王德丕承
无疆之恤公曰君告汝朕允保奭其汝克敬以予监
于殷丧大否肆念我天威予不允惟若兹诰予惟曰
襄我二人汝有合哉言曰在时二人天休滋至惟时
二人弗戡其汝克敬德明我俊民在让后人于丕时
呜呼笃棐时二人我式克至于今日休我咸成文王
功于不怠丕冒海隅出日罔不率俾公曰君予不惠
若兹多诰予惟用闵于天越民公曰呜呼君惟乃知民
德亦罔不能厥初惟其终只兹往敬用治[二]
多方
惟五月丁亥王来自奄王至于宗周周公曰王若曰
猷告尔四国多方惟尔殷侯尹民我惟大降尔命尔
罔不知洪惟图天之命弗永寅念于祀惟帝降格于
夏有夏诞厥逸不肯慼言于民乃大淫昏不克终日
劝于帝之迪乃尔攸闻厥图帝之命不克开于民之
丽乃大降罚崇乱有夏因甲于内乱不克灵承于旅
罔丕惟进之恭洪舒于民亦惟有夏之民叨懫日钦
劓割夏邑天惟时求民主乃大降显休命于成汤刑
殄有夏惟天不畀纯乃惟以尔多方之义民不克永
于多享惟夏之恭多士大不克明保享于民乃胥惟
虐于民至于百为大不克开乃惟成汤克以尔多方
简代夏作民主慎厥丽乃劝厥民刑用劝以至于帝
右图七。
乙罔不明德慎罚亦克用劝要囚殄戮多罪亦克用
劝开释无辜亦克用劝今至于尔辟弗克以尔多方
享天之命呜呼王若曰诰告尔多方非天庸释有夏

非天庸释有殷乃惟尔辟以尔多方大淫图天之命
屑有辞乃惟有夏图厥政不集于享天降时丧有邦
间之乃惟尔商后王逸厥逸图厥政不蠲烝天惟降
时丧惟圣罔念作狂惟狂克念作圣天惟五年须暇
之子孙诞作民主罔可念听天惟求尔多方大动以
威开厥顾天惟尔多方罔堪顾之惟我周王灵承于
旅克堪用德惟典神天天惟式教我用休简畀殷命
尹尔多方今我曷敢多诰我惟大降尔四国民命尔
曷不忱裕之于尔多方尔曷不夹介乂我周王享天
之命今尔尚宅尔宅畋尔田尔曷不惠王熙天之命
尔乃迪屡不静尔心未爱尔乃不大宅天命尔乃屑
播天命尔乃自作不典图忱于正我惟时其教告之
我惟时其战要囚之至于再至于三乃有不用我降[三]
尔命我乃其大罚殛之非我有周秉德不康宁乃惟
尔自速辜王曰呜呼猷告尔有方多士暨殷多士今
尔奔走臣我监五祀越惟有胥伯小大多正尔罔不
克臬自作不和尔惟和哉尔室不睦尔惟和哉尔邑
克明尔惟克勤乃事尔尚不忌于凶德亦则以穆穆
在乃位克阅于乃邑谋介尔乃自时洛邑尚永力畋
尔田天惟畀矜尔我有周惟其大介赉尔迪简在王
庭尚尔事有服在大僚王曰呜呼尔不克劝忱我命
尔亦则惟不克享凡民惟曰不享尔乃惟逸惟颇大
远三命则惟尔多方探天之威我则致天之罚离逖
尔土王曰我不惟多诰我惟祗告尔命又曰时惟尔
初不克敬与和则无我怨
立政

周公若曰拜手稽首吉嗣天子王矣用咸戒于王曰
王左右常伯常任准人缀衣虎贲周公曰呜呼休兹
知恤鲜哉古之人迪惟有夏乃有室大竞吁俊尊上
帝迪知忱恂于九德之行乃敢告教厥后曰拜手稽
首后矣曰宅乃事宅乃牧宅乃准兹惟后矣谋面用
右图八。

丕训德则乃宅人兹乃三宅无义民桀德惟乃弗作
往任是惟暴德罔后亦越成汤陟丕釐上帝之耿命
乃用三有宅克即宅曰三有俊克即俊严惟丕式克
用三宅三俊其在商邑用协于厥邑其在四方用丕
式见德呜呼其在受德暋惟羞刑暴德之人同于厥
邦乃惟庶习逸德之人同于厥政帝钦罚之乃伻我
有夏式商受命奄甸万姓亦越文王武王克知三有
宅心灼见三有俊心以敬事上帝立民长伯立政任
人准夫牧作三事虎贲缀衣趣马小尹左右携仆百
司庶府大都小伯艺人表臣百司大史尹伯庶常吉
士司徒司马司空亚旅夷微卢烝三亳阪尹文王惟
克厥宅心乃克立兹常事司牧人以克 俊有德文 王罔攸
兼于庶言庶狱庶慎惟有司之牧夫是训用违庶狱
庶慎文王罔敢知于兹亦越武王率惟敉功不敢替
厥义德率惟谋从容德以并受此丕丕基呜呼孺子
王矣继自今立政立事准人牧夫我其克灼知厥若
丕乃俾乱相我受民和我庶狱庶慎时则勿有间之
自一话一言我则末惟成德之彦以乂我受民呜呼
予旦已受人之徽言咸告孺子王矣继自今文子文
孙其勿误于庶狱庶慎惟正是乂之自古商人亦越

我周文王立政立事牧夫准人则克宅之克由绎之
兹乃俾乂国则罔有立政用憸人不训于德是罔显
在厥世继自今立政其勿以憸人其惟吉士用劢相
我国家今文子文孙孺子王矣其勿误于庶狱惟有
司之牧夫其克诘尔戎兵以陟禹之迹方行天下至
于海表罔有不服以覲文王之耿光以扬武王之大
烈呜呼继自今后王立政其惟克用常人周公若曰
大史司寇苏公式敬尔由狱以长我王国兹式有慎
以列用中罚

顾命

惟四月哉生魄王不怿甲子王乃洮颒水相被冕服
凭玉几乃同召太保奭芮伯彤伯毕公卫侯毛公师
氏虎臣百尹御事王曰呜虖疾大渐惟几病日臻既
弥留恐不获誓言嗣兹予审训命汝昔君文王武王

右图九。以上尚书。

叔姬九月庚午朔日有食之鼓用牲于社冬公及齐
侯遇于鲁济齐人伐山戎　卅有一年春筑台于郎
夏四月薛伯卒筑台于薛六月齐侯来献戎捷

右图十。春秋庄公三十年经。自庄公元年至此，其前有六十五行。

戌刺之楚人救卫三月丙午晋侯入曹执曹伯畀宋
人夏四月己巳晋侯齐师宋师秦师及楚人战于城
濮楚师败绩楚杀其大夫得臣卫侯出奔楚五月癸
丑公会晋侯齐侯宋公蔡侯郑伯卫子莒子盟于践
土陈侯如会公朝于王所六月卫侯郑自楚复归于
卫卫元咺出奔晋陈侯鄬卒秋杞伯姬来公子遂如
齐冬公会晋侯齐侯宋公蔡侯郑伯陈子莒子邾子

秦人于温天王狩于河阳壬申公朝于王所晋人执
卫侯归之于京师卫元咺自晋复归于卫诸侯遂围
许曹伯襄复归于曹遂会诸侯围许　廿有九年春
介葛卢来公至自围许夏六月会王人晋人宋人齐
人陈人蔡人秦人盟于狄泉秋大雨雹冬介葛卢来
卅年春王正月夏狄侵齐秋卫杀其大夫元咺及公
子瑕卫侯郑归于卫晋人秦人围郑介人侵萧冬天
王使宰周公来聘公子遂如京师遂如晋　卅有一
年春取济西田公子遂如晋夏四月四卜郊不从乃
免牲犹三望秋七月冬杞伯姬来求妇狄围卫十有
二月卫迁于帝丘　卅有二年春王正月夏四月己
丑郑伯捷卒卫人侵狄秋卫人及狄盟冬十有二月
己卯晋侯重耳卒　卅有三年春王二月秦人入滑
齐侯使国归父来聘夏四月辛巳晋人及姜戎败秦师
于殽癸巳葬晋文公狄侵齐公伐邾取訾娄秋公子遂
衔师伐邾晋人败狄于箕冬十月公如齐十有二月
公至自齐乙巳公薨于小寝陨霜不杀草李梅实晋
人陈人郑人伐许

文公第六

元年春王正月公即位二月癸亥日有食之天王使
叔服来会葬夏四月丁巳葬我君僖公天王使毛伯
来锡公命晋侯伐卫叔孙得臣如京师卫人伐晋秋
公孙敖会晋侯于戚冬十月丁未楚世子商臣弑其
君頵公孙敖如齐　二年春王二月甲子晋侯及秦
师战于彭衙秦师败绩丁丑作僖公主三月乙巳及

右图十一。<u>春秋僖、文二公经在尚书无逸、君奭一碑之阴。凡三十</u>

四行。左右各空二行，故为三十二行，而次碑仍是三十四行，故知石经行款实不画一也。

晋处父盟夏六月公孙敖会宋公陈侯郑伯晋士縠

盟于垂陇自十有二月不雨至于秋七月八月丁卯

大事于大庙跻僖公冬晋人宋人陈人郑人伐秦公

子遂如齐纳币　三年春王正月叔孙得臣会晋人

宋人陈人卫人郑人伐沈沈溃夏五月王子虎卒秦

人伐晋秋楚人围江雨螽于宋冬公如晋十有二月

己巳公及晋侯盟晋阳处父帅师伐楚以救江　四

年春公至自晋夏逆妇姜于齐狄侵齐秋楚人灭江

晋侯伐秦卫侯使宁俞来聘冬十有一月壬寅夫人

风氏薨　五年春王正月王使荣叔归含且赗三月

辛亥葬我小君成风王使召伯来会葬夏公孙敖如

晋秦人入鄀秋楚人灭六冬十月甲申许男业卒

六年春葬许僖公夏季孙行父如陈秋季孙行父如

晋八月乙亥晋侯驩卒冬十月公子遂如晋葬晋襄

公晋杀其大夫阳处父晋狐射姑出奔狄闰月不告

朔犹朝于庙　七年春公伐邾三月甲戌取须句遂

城郚夏四月宋公王臣卒宋人杀其大夫戊子晋人

及秦人战于令狐晋先蔑奔秦狄侵我西鄙秋八月

公会诸侯晋大夫盟于扈冬徐伐莒公孙敖如莒莅

盟　八年春王正月夏四月秋八月戊申天王崩冬

十月壬午公子遂会晋赵盾盟于衡雍乙酉公子遂

会伊雒戎盟于暴公孙敖如京师不至而复丙戌奔

莒宋人杀其大夫司马宋司城来奔　九年春毛伯

来求金夫人姜氏如齐二月叔孙得臣如京师辛丑葬襄

王晋人杀其大夫先都三月夫人姜氏至自齐晋人

杀其大夫士縠及箕郑父楚人伐郑公子遂会晋人

宋人卫人许人救郑夏狄侵齐秋八月曹伯襄卒九

月癸酉地震冬楚子使椒来聘秦人来归僖公成风

之襚葬曹恭公　　十年春王正月辛卯臧孙辰卒夏

秦伐晋楚杀其大夫宜申自正月不雨至于秋七月

及苏子盟于汝栗冬狄侵宋楚子蔡侯次于厥貉

十有一年春楚子伐麋夏叔彭生会晋郤缺于承筐

秋曹伯来朝公子遂如宋狄侵齐冬十月甲午叔孙

得臣败狄于咸　　十有二年春王正月郕伯来奔

右图十二。此碑存末十行，即尚书多士残石之阴，与前碑相接，以行款计之凡三十四行。

此次所出魏石经中最可注目者，则尚书皋陶谟十七石中与高宗肜日以下诸石行款不同是也。"帝言"以下诸石，皆一格之中上列古文，而以篆、隶二体并列于下，成品字形。高宗肜日诸石，则古文、篆、隶三体直下，与隶释所录者同。其三字直下者，每行六十字，每碑三十四行，或三十二行。而品字式者，每行七十四字。七十四字者，汉石经每行之字数也。此二种款式虽异，石之高广必同。品字式者，每行中篆、隶二体并列，故横处较宽，以比例计之，每碑当得二十六七行。此二种非一人所书。品字式者，古文、篆、隶三体似出一手；直下式者，则三体似由三人分别书之。而书品字式古文与书直下式古文者，亦非一手。不独书人不同，即文字亦不画一。如"克"字，古文皋陶谟作𪸩，而君奭作𣄚；"帝"字，皋陶谟作𢆖，而君奭及春秋均作𢆖；"予"字，古文皋陶谟作𢀸，而多士、君奭作𨺗。又"攴"字偏旁，皋陶谟作𢼱，而周书、春秋皆作𠂤："水"字偏旁，皋陶谟作𣲖，而周书、春秋多作𢄈。此事虽细，然可知尚书、春秋在魏时虽或有古文原本，而上石时决非一一照原本摹写，则可断也。

校勘记

〔一〕序号"一"，诸本无，据下文"二、经文同异"、"三、古文"补。

〔二〕据尚书君奭，"只"下有"若"字。

〔三〕本行"囚"字，底本作空格，据手稿本及尚书多方补。

二、经文同异

"宗雏惟"一石，三字并列。当是高宗肜日之文。以今本排比之行款全不合，未晓其故。金縢篇"金王"一石，今本前只一百七十八字，石经此二字在行首，当有十八行，百八十字。

皋陶谟诸残石，以每行七十四字排比之，其文字多寡，大都与今本无异。惟"帝言"一石其左有一字作𤲃，右从攴，左与"克"之古文𠧻甚相似，似即"㨃"字。散氏盘有此字作𢼳，乃"克"之异文。以今本求之，当为"惇叙九族"之"惇"字。而字乃作"克"，然则石经此文与今本异也。

"言都帝予"一石之"言"字，与"禹四"一石之"禹"字，中间应阙三十二字。而今本除益稷篇题外，经文有三十三字，是今本羡一字。

"泉应"二字间，中间应阙七十二字。而今本有七十四字，是今本羡二字。

"介退"一石，左侧"予"字隶体末笔尚可辨，以行款求之，即"予欲宣力四方"、"以五介彰施于五色"、"退有后言"之"予介退"三〔字〕[一]。而"五介"，孔、郑二本并作"五采"，余亦未有作"五介"者。余谓郑注虽以"未用"、"已用"分解"采"、"色"二字，然究嫌不晳；石经作"五介"，盖即考工记所说"绘次"与"绣次"。如此则"彰施"二字乃得其解矣。

"在治忽"之"忽"，隶体作"智"，与郑本同。裴骃史记集解所列。

康诰"惟曰"二字间，石经当有十九字，而今本仅十八字，则石经多一字。

多士篇残石第二行至第三行间，当阙十四字，今本乃有十五字。盖"降若兹大丧"之"若"字，石经无之。

第八行末"我"字至第九行首"后"字，中间当阙十六字，而今本乃有十七字。或谓"时惟天命无违"，汉石经作"时惟天命元"，疑魏石经与汉同。余谓魏石经疑作"时惟天命无违，朕不敢后"，则上下文义贯通无滞。石经古文不必与今文同。

第九行"王曰繇"，今本无此句。"繇"，即今本上文"猷告尔多士"之"猷"字。大诰："王若曰：'猷！大诰尔多邦。'"释文："马本作'大诰繇尔多邦'。"知今本"猷"字马本并作"繇"。

第九行末"繇"字至第十行首"殷"字，中间当阙十七字。今本惟十四字。盖"繇"字下当有"呼殷多士"之辞。经每以"繇告"或"告繇"二字相连为文。上云"猷告尔多士"，多方云"猷告尔四国多方"，又云"猷告尔有方多士"，大诰云"大诰繇尔多邦"，则此"繇"字下亦当有"告尔多士"四字。如此又溢出一字，恐今本"惟殷先人有册有典"之"惟"字，石经无之耳。

多士残石仅存首十一行。以今本字足之，则多士篇尚有九行。无逸篇首有十四行，恰得三十四行。惟自今本无逸篇首至次碑首"周"字，于十四行外溢出三字。今据"飨国肆中宗之享国。作其"作其即位。四字残石，则"肆中宗之享国"前已校今本少一字。又据"逸第二句"生则逸"。厥自是厥后。"二字残石，则此二字间又校今本少一字。又，今本"三十有三年"之"三十"两字，石经殆当作一"卅"字，则恰校今本少三字矣。

无逸"肆中宗之享国"，"享"字存一隶书，作"飨"，与汉石经同。

今本作"享"，或卫包所改与。

无逸、君奭残石第四行"于游于田"，今本无下"于"字，然下文作"无淫于观于逸，于游于田"，则有者是也。

第五行末"乌"字至第六行首"于"字，中间当阙十二字，而今本仅十一字。盖今本"继自今嗣王"，石经当作"继自今后嗣王"。酒诰云"在今后嗣王酗身"，多士云"在今后嗣王诞罔显于天"，皆以"后嗣王"三字为文。

第七行"乃非民所训，非天所若"，今本两"所"字俱作"攸"。案：尚书"攸"字皆训"用"，则此处自当用"所"字。伪孔以尔雅"攸"训"所"，乃易为"攸"字耳。

第十一行"用厥心韦怨不则用厥"，今本无两"用"字。又"韦"作"违"，"不"作"否"。案："韦"、"违"古今字，"不"即"丕"字也。康诰云"丕则敏德"，上文云"时人丕则有愆"，作"否"者非。

第十二行"仲宗及高宗及祖甲"。案：隶释所载汉石经"肆高宗之飨国百年"下，即接以"自是厥后"四字。故洪丞相云"孔氏叙商三宗以年多少为先后，此碑独阙祖甲，计其字盖在'中宗'之上，以传序为次也"云云。案汉石经无逸篇每行所阙，率五六十字，独"中宗"上所阙仅二十一字，加以"祖甲"一节，始得与他行字数相等。洪说是也。魏石经叙三宗事在前碑，其次序虽不可考，而此以仲宗、高宗、祖甲为次，则异于汉石经而同于今本，可知马、郑古文本亦无不然。故郑君以"祖甲"为"帝甲"，不用今文"家大甲"之说也。

第十四行"兄若时"，汉石经及今本"兄"并作"允"。盖伪孔以今文改古文也。

第十六行"绍厥心乱"，今本"绍"作"绰"。案："绍"、"绰"二字，古音同部。石经盖假"绍"为"绰"。

第十八行"君奭"。案：篇题下无"第几"字样，亦不题周书，盖古文尚书原本如是。今本每篇之首〔云〕[二]"厶厶第几厶书",与以书序分冠篇首,皆伪孔所为。至序后复出篇题,除伪书二十四篇外,皆原本也。马、郑本篇题盖亦如是。其云虞、夏二十篇、商书四十篇、周书四十篇者,乃郑君注书序之说,未必每篇之下题某书某书。正义所云郑本汤誓第二十九、粊誓第九十七,亦以序中百篇之次言,未必署第几也。

第十九行"不吊",今本作"弗吊"。今本大诰之"弗吊",隶释所录魏石经亦作"不吊"。

第二十行"我(不)〔弗〕[三]敢智",今本"智"作"知"。"知"下又有"曰"字。案:次行出"敢智曰"三字,则此行夺一字。

第二十一行"其崇出於不祥",今本"崇"作"终","於"作"于"。案:释文云:"终,马本作'崇',云'充也'。"此同马本。古音"崇"、"终"同部。乐记"六成复缀以崇","崇"亦"终"也。

第二十二行"弗永远念天畏",今本"畏"作"威",唐卫包所改。敦煌及日本所出未改字尚书未见"威"字。第三十四行"嗣天灭畏"同。

第二十三行,"大弗克龏上下",今本"龏"作"恭",卫包所改,段氏古文尚书撰异已正之。

第二十三行末至第二十四行首,中间阙九字,而今本有十字。盖石经只云"命不易天难忱","命"上无"天"字。汉书王莽传引书"命不易天应棐谌乃亡队命",亦不云"天命不易"。然则石经古文正与今文尚书同。

第二十四行"天难忱乃其隧命",今本"忱"作"谌","隧"作"坠"。

第二十五行"在今予小子非克有正",今本"子"下有"旦"字。

第二十六行"我迪惟宁王德",今本"迪"作"道"。释文云:"道,马本作'迪'。"此与马本同。释文此篇出马本异文二科,石经均与之同。又,多士篇"繇"字亦与马本大诰同。知石经所用本与马、郑本极近。

"天弗庸释"，今本"弗"作"不"。

第二十七行"公曰君"，今本"君"下有"奭"字。

第二十九行"徦于上帝"，今本"徦"作"格"。

第三十行"衞惟兹有陈"，今本"衞"作"率"。

第三十二行"弜咸奔"，今本"奔"下有"走"字。

第三十三行"故一人事于四方"，今本"事"上有"有"字。案：文选王褒四子讲德论引书"迪一人使四方"，古文"事"、"使"一字，即"迪一人事四方"也。褒所引者今文尚书。石经古文亦无"有"字。

君奭、多方残石，君奭末行"祗"字，以多方"王至殷"三字度之，当在第十一格，是石本君奭自十八行以后，校今本少五字。

多方"王至于宗周"，今本无"王"字。立政第七行"克"字，第八行"伯"字间，石经较今本少二字。又第十一行"文"字至十二行"王"字间，亦少二字。

春秋僖公、文公碑第六行"陈侯欵卒"，欵，三传皆作"款"。案：款，说文作"歀"、"欵"二体，从祟声或柰声。而古假为"欵"字，则苦管反之音亦古矣。柯凤荪学士引毛诗板传"灌灌，犹款款也"说之。

第二十一行"及"字与第二十二行"于"字间，当阙四字，而今本左氏经有"姜戎败秦师"五字。案：公羊经作"败秦于殽"，无"师"字。石经古文经正与公羊同。

第二十二行"狄"字至是行"娄"字，中间当阙六字，而今本作"狄侵齐公伐邾取訾娄"，乃有七字。案：鄞县马氏残石"娄"上"取"字尚存小半，则石经无"訾"字。然"訾"[四]字以有为长。訾娄，谷梁作"訾楼"，公羊作"丛"。丛，古读如"菆"，乃訾娄二字之合音。

春秋文公碑第二十二行"赵"字至第二十三行"敖"字，中间当阙十九字，而今本止十八字。案：今本"公子遂会雒戎"，释文云"本或作'伊雒之戎'"。谷梁传释文同公羊，作"公子遂会伊雒戎"，与此石字数合。然则左氏古经正与公羊同。

第三十一行"汝栗"，今三传皆作"女栗"。释文："女，音汝。"盖本汉魏旧读。

校勘记

［一］据手稿本补。

［二］据手稿本补。

［三］据魏石经及前文碑图文字改。

［四］"訾"，手稿本作"此"。

三、古文

皋陶谟

克　散氏盘"克"作 ，与此字略同。

言　此字以篆文为正。此古文中欠一直，乃六国时俗体。吴县吴氏所藏梁鼎盖有 字，所从之 ，与此相似。说文"言"下不出古文，而言部诸字古文均从 旁，则又由此 字转讹。

五　与说文古文同。

辰　说文古文作 。

庶　汗简引石经作 ，引古孝经作 。

典　与说文古文同。

禹　与说文古文同。

予　此字亦以篆文为正。石经周书"予"字古文皆作 。金文则作 ，作 。此曲礼郑氏注所谓"余、予，古今字也"。独此作 ，盖非一人所书，说见前。

䰆泉　说文仦部："䰆，众词与也。从仦，自声。虞书䰆皋陶。[一]㑞，古文䰆。"案：此字疑"眔"字之误。殷周古文多用"眔"字。殷虚卜辞云："贞：兄庚□眔兄己其牛。"书契后编上第八页。扬敦云："眔䣊𡧪，眔䣊马，眔䣊寇，眔䣊工。"静敦云："王命静䣊射学宫，小子眔服、眔小臣、眔厥仆学射。"其谊均与尚书"䰆"字同。而殷周古文无"䰆"字，尚书无"眔"字。恐"䰆"即"眔"之讹也。其字卜辞作㑞、㑞诸形，金文多作㑞，而周公敦作㑞。其后或讹作"䰆"，如说文所引"䰆皋陶"；或如此字作䰆，马、郑本尚书如是，郑君诗谱引书无逸"爰洎小人"是也。字既从自，于是以为"暨"之古文，不知"眔"与"暨"虽均有及义，尚书自云"眔"，春秋自云"暨"，不能相混也。说文"䰆"之古文㑞，其上从目不从自，较"䰆"、"泉"二字为古。

㗊米　说文"緜"字下云："绣文如聚细米也。"即据尚书为说。徐仙民本尚作此字。

㗊弼　与说文古文同。

㘡纳

康诰

㗊静　说文"青"之古文作㘡。屮者，生之省；亼者，丹之讹也。此误以"彤"为"彭"。

汗简引义云章，以㘡为"彤"字，以㘡为"赡"字。

多士

㘡今　汗简、古文四声韵所引石经同。殷周古文作㖊，或作㖊，或作㖊。

㘡后　与说文古文同。

勤

诞

淫　案：此字以篆文为正，此古文讹舛。

厥　此字讹舛。朿，殆古文屮之讹；彐，则欠之讹也。

逸　集韵"逸"，古作"㲦"，即此字。夊者彐之讹，力者刀之讹，王者彡之讹也。尚书中"逸"、"泆"诸字，古本多作"屑"，或作"㑊"。多士"大淫泆有辞"，释文云："泆，音逸，又作'㑊'。注同。马本作'屑'，云'过也'。"多方"大淫图天之命屑有辞"，与多士"大淫泆有辞"句例相同。是伪孔本亦间作"屑"。又如盘庚"予亦拙谋作，乃逸"、"其发有逸口"，日本所存未改字尚书"逸"皆作"㑊"，薛季宣书古文训本亦然。考"屑"、"㑊"本一字。说文无"㑊"字，盖以为"屑"之俗字。从亻，从彳，在古文并无区别。然则马本作"屑"，与作"㑊"之本固无异。此逸字，盖本从水从屑，转讹而为㲦，犹逸字之又转讹而为"㲦"也。

罔　此与说文古文同。

丧　此字讹舛。

弗　上虞罗氏藏燕断戈上有"鏺鉘"二字，"鉘"字正从此，上有二点。

畀

罚　此以冂为冈，误。无逸"罥"字同，讹。

若　字当作㞢，或㞢，均见卜辞。象人奉手跽足唯诺之状。故古"若"、"诺"一字。智鼎。录伯敦作㞢，与此字上半形近，而此误多二笔。其下从女，女之字亦本象跽足之形。

割　此字右从刀，左不知所从。玉篇、汗简、集韵所录"割"之古文，与此略同。

殷 此字讹舛特甚。周初古文与篆文略同。

余 说文：“余，语之舒也。从八，舍省声。”此从八，舍声，不省。

戾 此字从犬立，不如篆文“戾”字之古。

肆 与说文古文同。

繇 师寰敦有此字。器作，盖作。其文曰“淮夷我员晦臣”，与兮伯吉父盘之“淮夷旧我员晦人”句法正同。盖假“繇”为“旧”也。录伯敦盖有字，亦即此字。此又从辵不从言，殆即“邎径”之“邎”字与。

革 与说文古文同。

夏 此字从日，疋声，说文古文作。

无逸

服 此“葡”字之别构。说文：“，古文箙。”此字乃合“葡”、“夅”二文而一之。古“服”、“葡”同声。故毛公鼎“簟弻鱼服”之“服”，作。易系辞传“服牛乘马”，说文引作“犕牛乘马”。春秋左氏传“伯服”，史记作“伯犕”；“备物典策”亦即“服物典策”。春秋残石文公元年“叔服”，亦作此字。

功 与说文“工”之古文同。

徽 篆文作徽，从糸，从微省。此从系，从散。

朝 殷虚卜辞有字，殷虚书契后编下第三页。从日月在茻中。日初生而月未没，此朝时也。与“茻”字从日在茻中同意。今隶“朝”字，即从此出，但省二“中”耳。小篆“朝”字乃变为从倝，舟声。倝者，乾之讹；舟者，月之讹也。殷周古文从月之字，篆文辄改（丛）〔从〕[二]舟。如“互”、“恒”、“朝”诸字，篆文皆从舟，古文皆从月，与今隶同也。此字乃从水，从朝省，本"潮汐"字。说文作🉑，亦失之。陈侯因脀敦"朝觐"字与此同。盂鼎"朝夕"字作🉑，中殷父敦作🉑，亦皆以"潮汐"字为"朝夕"字。

🉑中　此字古文异体甚多，惟卜辞之🉑，石鼓文及子禾子釜之🉑，与此略同。说文古、篆二体皆失之。

🉑昃　此字从日在人亦下，日昃之意。殷虚卜辞作🉑、🉑诸形，从日，从矢，矢亦声。此从大，意亦略同。

🉑游　石鼓文作🉑。此从🉑，即🉑之省。说文"游"之古文作🉑，乃误以🉑为"孚"矣。

🉑邦　石经于从邑之字，皆从🉑。案：古钵"都"字皆作🉑，从🉑，此六国文字也。

🉑年　郳公钟、齐侯壶"年"字均与此同。

🉑乌　与说文古文同。

🉑民　与说文古文同。

🉑迷　此以"麋"为"迷"。春秋庄十七年"多麋"，何氏公羊解诂云："麋之为言，犹迷也。"

🉑乱　古文四声韵引石经作🉑，与此小异。案：说文言部："🉑，古文䜌。"又叒部："🉑，古文𤔔。"二字音义皆同，殆系一字。观女部"嬬"，籀文作"孌"，可悟。敦煌本未改字尚书"乱"作"孿"，亦作"𤱥"。

🉑酗　篆、隶二体同。说文作"酌"。古音东、侯二部，阴阳对转，故亦作酗，从凶声。

🉑酒　商周古文均以"酉"为"酒"。

🉑德　与说文古文同。

🉑才　殷周古文作🉑，或作🉑，或作🉑。此稍变之者，盖虑其与"甲"字及"七"字之古文相混也。秦新郪、阳陵两虎符"在"犹作🉑，此盖齐鲁间书。

〇惠　此字讹舛。齐子仲姜镈作〇，与此略近。

〇听　此字从口耳，会意。

〇变　此字汗简、集韵作彫、彭二体。玉篇与日本未改字尚书均作彭。案：〇实"鼎"之古文。古"贞"、"鼎"一字，则作"彭"者殆近之。然于六书皆无可说，阙疑可也。

〇韦　与说文古文同。

〇怨　与说文古文同。从〇者，殆亦从夗之讹。

〇则　说文："〇，籀文则。"古金文"则"字亦多作"〇"，秦权量铭犹然。此从〇，亦鼎之省。夜君鼎"鼎"字作〇。襄鼎、名鼎曰〇、〇，从〇，或从〇，皆鼎之省也。"则"右从彡，古惟"利"字为然。魏石经刀部字无不从彡者，盖以是为刀字也。

〇及　春秋残石亦作〇，并与说文古文同。

〇甲　殷周古文"甲"皆作十，惟卜辞中殷先公"上甲"之"甲"独作田，从十在囗中。见余殷卜辞中所见先公先王考。周时尚用此字。兮伯吉父盘之"兮田"，即"兮甲"也。其与"田"畴字殊者，十之横直二画不与其旁相接。古人以其易与"田"畴字混也，故多用十字，罕用田字。而十字又易与在字及七字之古文相混，乃为此〇字以别之。实则由田字转变者也。说文木部"柙"之古文〇字，又由此字转变，小篆之〇亦即此字。秦新郪、阳陵二虎符，均如此作。此字篆文亦然。说文篆文作〇，乃从丁，不从十，盖六朝以后传写之讹矣。

〇小　此字误多一丶。

〇怒　集韵"怒"，"古作怘"。日本未改字尚书同。

〇皋　此字下从辛、不从辛。凡殷周古文"宰"、"辟"、"皋"、"嶭"、"辞"诸字，皆从辛。其所以与"辛"字别者，"辛"〔字〕[三]中一直皆屈而左。又或如子禾子釜之"辟"字，作👤，于辛旁加一丿；或如郑太宰簠之"宰"字，作👤，于辛下加一乀。此字及下君奭篇👤字，末一笔皆右撇，亦同其篆从辛，亦不用说文之说。

👤杀　与说文"杀"之古文第二体同。

👤受　此与殷周古文略同。但"舟"字之形稍失耳。

👤智　说文篆文作👤，从白。其古文作👤，下似丘字。于六书无可说。今知古文所从之👤，乃👤即"皿"字。之讹也。此字见于毛公鼎者作👤，下从👤，乃象盛物之器，绝非白字。即说文白部"鲁"、"者"诸字，在殷周古文其下亦或从👤，或从👤，皆象盛物之器皿，亦盛物之器也。如殷虚卜辞"盘"字作👤，戬寿堂所藏殷虚文字第五十一页。从👤，而籀文从皿。"卣"字卜辞作👤，从👤；亦作👤，从皿。同上第二十五页。"出"字多作👤，亦作👤，殷虚书契后编上第二十九页。知👤、👤、👤、👤均象器形，👤、👤殆是一字。说文👤部在皿部之后，甚合以形系连之法。此字或从👤，或从皿，其故亦同。然则此字不独可正说文古文之讹，亦可知许君以"鲁"、"智"诸字入白部，未免从后起讹字立说矣。

👤崇　此字讹舛特甚。古文四声韵引王存乂切韵，"崇"作👤，亦从木。

👤宁　此字讹舛。当作👤，此讹从衣。

👤上　此与说文篆文略同。乃古文之后起者。

👤远　与说文古文同。

👤嗣　此字讹舛。当如说文古文作👤。汗简引石经，与此同。

👤克　此与说文"克"之古文第二体👤相近。汗简、古文四声韵引石经作👤，则又👤之讹。

👤龚　秦公敦作👤，陈侯因𰯼敦作👤，右乃兄字。此省👤。

👤下　上虞罗氏藏鱼鼎匕系春秋以前物，又藏下宫矛系六国时物。铭中"下"字皆作👤，则"上"、"下"二字亦古矣。

忱　此字殆从口从枕。古文四声韵引云台碑"枕"作𣏌。

隧　说文："𨔼，古文遂。"𨔼乃𨖹之讹。然𨖹字亦不知所从。

迪　此字以篆体𨒈字为正。所从之𡴎，即"由"字也。余曩作释由二篇，据敦煌所出汉人手书急就章木简，定说文部首训"缶"之𡴎，即"由"字；复征之古文及古书得五六证。今此经二"迪"字篆体，均从𡴎作，又得一佳证。古文从𡴎，亦𡴎之变。石经所用多周秦间古文，反不如篆文，多出殷周间古文也。

信　此字从千。案：辟大夫信节。"信"作𨺍；又古鉥"信"字作𢢵、𢚓，并与此同。

庸　案：说文亯部："亯，用也。从亯，从自。自知臭香段注以"香"为"亯"之讹，是也。所食也。读若庸同。"考此字，与"章"本为一字。说文土部："章，古文墉。"其字殷虚卜辞作𩫖，毛公鼎作𩫡，召伯虎敦作𩫏，拍尊盖作𩫣，此作𩫡。"亯"、"亯"二字，由𡴎、𩫡递变，其迹显然。石经春秋僖公"廱"字作𩫖，不从章而从亯，亦其证也。沿用既久，遂分为二字、二义。许书亯部又以"章"为篆文"城郭"字，则又分为三。此以"亯"为"庸"，当本壁中古文，为说文"亯"字音义之所自出。此又可证说文正字中颇多古文，不皆篆文也。

释　此"泽"字，假为"释"。

闻　与玉篇所载古文同。

戊　"戊"字作"咸"，从口。殷周古文均未之见。白虎通姓名篇："殷家于臣民[四]亦得以生日名子何？不使亦不止也。以尚书道殷臣有巫咸，有祖己也。"王氏引之，据此谓今文尚书"巫咸"当作"巫戊"。今此"大戊"作"大咸"，则"巫戊"或本作"巫咸"，因讹为"巫咸"。古文、今文殆无异也。然殷虚卜辞有"咸戊"，是其人本名"咸戊"，故或云"巫咸"，或云"巫戊"，非因"咸"、"戊"二字互讹而然。此"大戊"作"大咸"，然反涉下文"巫咸"而误也。

陕　与说文古文同。

扈　说文邑部："扈，古文扈，从山𢀳。"此从𢀳，均于六书无说。案：石经"所"字，古文从𢀳；此疑𢀳之讹。

佫　此字见师虎敦。方言："佫，至也。"是汉时尚有此字，而说文惟有"徦"字，实与此一字也。

巫　说文："𢍮，古文巫。"与此不同。

义　此字周初古文作"𩑋"，后讹变如此，见余释𩑋二篇。

丁　古金文作●，象钉之首。此象钉之全形。丁盾铭作𠄐。

率　说文行部："衛，将卫也。"又辵部："達，先导也。"二字音义并同。毛公鼎作𢕌，师寰敦作𢕌，十三年上官鼎六国时器。作𢕌，正与此同。

陈　六国时器，如陈侯午敦、陈侯因𦮴敦、陈曼簠等，均如此作。

配　毛公鼎"配"字如此。说文从己，失之。

多　与说文古文𣥏字略同。

历　说文鬲部："鬴，汉令鬴，从瓦，麻声。"彼以"鬴"为"鬲"，此则假"鬲"作"历"。郐姞鬲"鬲"字作鬲，与此略同。

商　说文："𡂑，古文商。𠼻，籀文商。"鲁士商䵼敦作𠼻，师田父敦"赏"字从𠼻，并与此似。

甸　说文有"佃"、"甸"二字。此古文作"佃"，篆文作"甸"。按：春秋左氏传"衷甸"，说文引作"中佃"，则古多用"佃"字也。

事　与说文古文同。

畏　说文由部："畏，古文畏。"殷虚卜辞作𤕼，从鬼，持支。盂鼎作𤕼，作𤕼，毛公鼎作𤕼，皆从鬼，从卜。此作𤕼，虽已失其形，较之说文篆、古二形，犹为近之。

祇　此字不知所从。

春秋

刺　此字讹舛，当以篆文为正。

已　与说文古文同。殷周古文皆作己。

巳　此字以篆文为正。

晋　此字讹舛，亦以篆文为正。

侯　与说文古文同。

师　说文币部："𠂤，古文师。"与此小异。此以"𠂤"字横列在上。平安君鼎"官"作𰀀，亦以"𠂤"字横列。盖六国时有此作法。汗简、古文四声韵引石经与此略同。

败　说文刀部："則，古文则。"又攴部："敗，籀文败。"此误以"则"为"败"。古文四声韵引石经与此同。

绩　此即"迹"之籀文徳字。师袁敦作徳，此讹。

得　此字从又贝，得之意也。殷虚古文略同。说文作"䙷"，上从见，失之。

丑　此字以篆文为正。

会　说文亼部："𠓛，古文会如此。"且子鼎"王命且子𰀀西方于相"，"会"作"𰀀"，与说文辵部训"遝"之字同。是古"会"、"佮"、"逭"三字为一字。汗简、古文四声韵引石经与此同。敦煌本未改字尚书作"佮"，则"佮"之讹也。

公　此〔字以篆文为正。〕[五]古钵"公"字多如是作。

蔡　说文杀部："𣪠，古文杀。"以"杀"为"蔡"者，尚书"窜三苗于三危"，孟子引作"杀三苗"。"杀"者，"窜"之假音。窜，古读七外反。左氏昭元年、定四年传两言"周公杀管叔，而蔡蔡叔"。又以"蔡"为"窜"。释文："蔡，说文作'槃'。"今说文虽无此语，可知"杀"、"蔡"二字同音，可相通假矣。

如　此以"女"为"如"。

咺　说文土部："𤲞，籀文垣。"此假"垣"为"咺"，其右作𢎘者，讹也。隶释所载魏石经"葬蔡桓侯"之"桓"，亦作𣙙。

冬　此字从日，从𠘧。石经"春"、"夏"、"冬"三字皆从日。

秦　此字省廾。古、金文皆不省，古钵"秦"字多如是作。

温　此字右从邑，左不知所从。汗简邑部有𨙩字，释"温"云："出王庶子碑。"盖王庶子碑即据石经书之。郭恕先于石经未见此石，故但引王碑也。

狩　古"兽"、"狩"一字。诗小雅"搏兽于敖"，后汉书安帝纪注引作"薄狩于敖"，宰圃敦"王兽于豆麓"，皆以"兽"为"狩"。

归　此所从"𠂤"字横列，与"师"字同。

京　案：彝器多𠦪字，盖亦"京"之古文。说文："𡧈，籀文就。"即从此。

襄　与说文古文同，下从女，上不知所从。

复　此即说文"𢕈"字。说文："复，往来也。""𢕈，重也。"此云"复归"，以"重"为义，宜用此字。

介　说文又部："叕，楚人谓卜问吉凶曰叕。从又持祟，祟亦声。读若赘。"案：古从祟之字，亦或从柰。如"隶"字，篆文作𣜩，古文作隶；款，或作歀，或作欶。知"叕"、"叙"亦一字也。殷虚卜辞有"叙"字。"叙"、"介"古音同部，故以为"介"字。

葛　此字不知所从。

卢　古"肤"、"胪"一字。此以"肤"为"卢"，而作法稍讹。

来　说文无此字。玉篇有"徕"字，即从此字出。

春　此字从日，屯声。敦煌本尚书释文及书古文训乃讹作"𣆔"。

狄　此字从𠂤，从卒，于六书无可说。疑"裼"字之讹。古"狄"、"易"同声，故"逖"之古文作"逷"。史记殷本纪"简狄"，旧本作

"简易"，汉书古今人表作"简遏"。山海经、竹书之"有易"，楚辞天问作"有狄"。此盖假"狢"为"狄"。然古自有"狄"字。曾伯霁簠作狄，从亦不省。鞍狄钟作狄，从亦省。

　　瑕　从𣪊，与说文篆、古二体并小异。曾伯霁簠"叚"作叚。

　　郑　案：古、金文"郑"字皆不从邑。

　　宰　此字从肉，殆以宰肉为义。说文"脟"为"凶"之或字。集韵有"脟"字，以为"夆"、"肺"之异文。

　　济　此字左从水，右不知所从。古文四声韵"齐"、"济"二字下均有字，云"出李商隐字略"，盖"沸"字之讹。

　　免　说文无此字。其篆体作，似从弁之或体省。

　　迁　说文"罨"之古文作，与此小异。

　　丘　说文"丘"之古文作，从土。

　　捷　此即说文邑部之"戠"字，戈上从木，当是从才之讹。以"戠"为"捷"，盖由双声通假。

　　卯　此与说文古文同。

　　重　此以"童"为"重"。

　　父　此字讹舛。

　　聘　此字不知所从。

　　毅　同上。

　　娄　说文"娄"之古文作，盖有脱画。秦会稽刻石文"数动甲兵"之"数"作，从，与此古文甚相近。

　　癸　此字殷周古文并作，无如是作者。

　　葬　案：说文："葬，藏也。从死在茻中。一，其中所以荐之。"此字则从茻，从牂，从一。殷虚卜辞有"牂"字。书契后编下第二十页。说文茻部："，古文庄。"亦即此字。疑"牂"、"牂"二字，从爿，在丬旁、兀上，本是"葬"字，后乃加艸。此上从竹，亦讹。

〔字〕 此从古文𠂤。

〔字〕位 此"立"字仅存上半。郑氏周礼注所谓古文春秋经"公即位"，为"公即立"也。

〔字〕叔 古、金文皆作〔字〕，此讹。

〔字〕戚 此所从〔字〕字，不可识。殷虚卜辞有〔字〕字，书契前编卷六第一页。又有〔字〕字，卷五第二十五页。亦即此字。石经以〔字〕为"京"，则疑以〔字〕为"高"矣。书盘庚"保后胥戚"，汉石经[六]"保后胥高"，疑古本作"胥遍"，今文家读为"高"，古文家读为"戚"耳。古音"戚"在幽部，"高"在宵部，二部合音最近，故此字以"高"为声。汗简辵部有〔字〕字，注云"戚"。古文四声韵"戚"下有〔字〕、〔字〕二文，云"并古孝经"；又有〔字〕、〔字〕二文，云"并义云章"，皆此字之讹也。

〔字〕敖 说文："𩑔，嫚也。从页，从夅，夅亦声。虞书曰：'若丹朱𩑔。'读若傲。"

〔字〕战 盂鼎有〔字〕字，即此〔字〕旁之所从出。古文四声韵引王存乂切韵，"单"作〔字〕。

〔字〕震 说文："〔字〕，籀文震。"与此不同。

校勘记

〔一〕中华书局一九六三年版影印说文解字，此句作"虞书曰：鼻臯繇"。

〔二〕据手稿本改。

〔三〕据手稿本补。

〔四〕"臣民"，白虎通姓名作"民臣"。

〔五〕据手稿本补。

〔六〕手稿本"汉石经"下有"作"字。

魏石经考及后代石刻考^①

魏石经考一

汉、魏石经同立于大学，其时相接，其地又同。昔人所记，往往互误。故欲考魏石经之经数、石数，必自汉石经始矣。汉石经经数，据后汉书灵帝纪、卢植传、儒林传序、宦者传，皆云"五经"，蔡邕传、儒林传"张驯"下则云"六经"。隋书经籍志云"七经"。其目，则洛阳记后汉书蔡邕传注引。举尚书、周易、公羊传、礼记、论语五种，洛阳伽蓝

① 此部分收录的文章选自王国维《观堂集林》（卷第十六·史林八），此标题为编者拟。

记举周易、尚书、公羊、礼记四种，隋志则有周易、尚书、鲁诗、仪礼、春秋、公羊传、论语七种，据拓本。宋时存诗、书、仪礼、公羊传、论语五种。据残石。此先儒所谓五、六、七经之不同，不可得而详者也。其石数，则西征记太平御览卷五百八十九引。云"四十枚"，洛阳记云"四十六枚"，洛阳伽蓝记云"四十八碑"，水经注谷水篇复以四十八碑为魏三字石经，北齐书文宣帝纪云"五十二枚"。此亦先儒所谓不可得而详者也。余谓欲知汉石经之经数、石数，当以二者参伍定之。今用此法互相参校，则经数莫确于隋志，石数莫确于洛阳记。记云："大学在洛城南开阳门外，讲堂长十丈，广二丈。堂前石经四部，本碑四十六枚。西行，尚书、周易、公羊传十六碑存，十二碑毁；南行，礼记十五碑悉崩坏；东行，论语三碑，二碑毁。"后汉书蔡邕传注引此，但云洛阳记，而光武纪注引首三语，云"陆机洛阳记"，则全文亦当为机语。然陆机时汉石经尚未崩毁，魏志王肃传注引魏略："黄初后，扫除大学之灰炭，补旧石经之缺坏。"是汉石经虽经董卓之乱，已修补完具。自是讫晋初，洛阳初无兵火，自无崩毁之理。则所引疑非机书。考隋志载洛阳记四卷，无撰人姓名；洛阳记一卷，陆机撰；洛阳图一卷，晋怀州刺史杨佺期撰。佺期曾为龙骧将军，后书儒林传注引杨龙骧洛阳记，是佺期图亦有记称。元和郡县图志又引华延儁洛阳记，新、旧两唐书志皆有戴延之洛阳记一卷。是洛阳记共有四五种。然其记碑之方位、存毁，较水经注、洛阳伽蓝记为详，固当在郦道元、杨炫之二书之前矣。惟所记经数，则不无舛误。记于西行二十八碑中，失记鲁诗及春秋二经；又南行十五碑之礼记，实指仪礼言；皆得以诸经字数证之。汉石经，据传世宋拓本，尚书、论语大率每行七十三四字，因古本、今本字数不同，故不能决其每行若干字。他经当准之。又据洛阳记载朱超石与兄书，石经高丈许，广四尺，则纵得七十余字者，横当得三十余字。今以一碑卅五行、行七十五字计，则每碑得二千（七）〔六〕[一]百二十五字。又汉、魏石经皆表里刻字，则每碑得五千（四）〔二〕[二]百五十字，二十八碑当得十有（五万四千）〔四万七千〕[三]字。而洛阳记谓"西行，尚书、周易、公羊传十六碑存，十二碑毁"，似此二十八碑止书三经。今据唐石经字数，则周易二万四千四百三十七字，尚书二万七千一百三十四字；而汉石经无伪古文二十五篇并孔安国序，仅得一万（千八）〔八千〕[四]六百五十字。又唐石经公羊传四万四千七百四十八字，汉石经公羊传无经文并何休序，仅得二万七千五百八十三字。三经共七万六百七十字，则十（四）〔五〕[五]碑已足容之，无须二十八碑。惟加以诗四万八百四十八字、据唐石经毛诗字数。鲁诗字数未必与毛同，然当不甚相远。他经放此。春秋经一万六千五百七十二字，据宋李焘春秋古经后序所计。[六]共十有二万八千又九十字，约需二十有五[七]碑。而据隶释所载汉石经残字，则鲁诗每章之首与公羊传每年之首，皆空一格，又经后各有校记、题名，恐正需二十八碑。此西行二十八碑于易、书、公羊传外，当有诗、春秋二经之证也。记又云："南行，礼记十五碑。"魏晋以前，亦以今之仪礼为礼记，郑君诗采蘩笺引少牢馈食礼，郭璞尔雅释诂注引士相见礼，释言注引有司彻，释草注引丧服传，皆云礼记。非指小戴记之四十九篇。以经字证之，礼记九万八千九百九十九字，据唐石经。非汉石十五碑所能容。以汉石经每碑字数计，须十有九碑。惟仪礼五万七千一百一十一字，则需十一碑，其余当为校记、题名。此南行十五碑之礼记实为仪礼之证也。[八]其所云"东行，论语三碑"，原作"二碑"，顾氏石经考引改为"三碑"。以（都）〔碑〕[九]数计之，顾改是也。则与论语字数正合。然则以碑数与经文字数互校，汉石经经数，当为易、书、诗、礼、仪礼。春秋五经并公羊、论语二传，故汉时谓之五经，或谓之六经，隋志谓之七经。除论语为专经者所兼习，不特置博士外，其余皆当时博士之所教授也。其石数，当为四十六碑，而洛阳伽蓝记所举之礼记、后魏时专谓四十九篇者为礼记。隋志注之梁时郑氏尚书八卷、毛诗二卷，既非博士所业，又增此三种，则与石数不能相符，此皆可决其必无者。汉石经之经数、石数既明，然后魏石经之经数、石数，可得而考矣。

魏石经考二

魏石经所刊经数，据西征记、洛阳伽蓝记，为尚书、春秋二部。隋书经籍志所载，亦仅有三字石经尚书九卷、梁有十三卷。三字石经尚书五卷、三字石经春秋三卷。梁有十二卷。惟旧唐书经籍志乃有三字石经尚书古篆三卷、三字石经左传古篆书十三卷。唐书艺文志同。惟左传十三卷作十二卷。是于尚书、春秋二经外，又有左氏传。隶续录洛阳苏望所刊魏石经遗字，除尚书、春秋外，亦有左氏桓七年传九字、桓十七年传二十六字。然以古书所记魏石经石数参证之，则疑窦不一而足。案：魏石经石数，据水经注谷水篇，则四十八碑；据西征记，御览卷五百八十九引。则三十五碑；据洛阳伽蓝记，则二十五碑。而无论二十五碑、三十五碑、四十八碑，均不足以容尚书、春秋、左传三书字数。考唐石经，尚书二万七千一百三十四字，春秋、左氏传十九万八千九百四十五字，共得二十二万六千又七十九字。除伪古文二十五篇并孔安国序八千四百八十四字、杜预序一千六百又七字，共一万又九十一字，计得二十一万五千九百八十八字。每字三体，当得六十四万七千九百六十四字。而魏石经每石字数仅四千有奇，余就黄县丁氏所藏魏石经残石，此石光绪间出洛阳，潍县估人范某得之洛阳某村路旁茶肆，其面已遭椎击。范估见其似有字迹而不存笔画，摸索石背，则字迹显然，乃以五千钱购归，售诸黄县丁氏。此范估亲为罗叔言参事言者。以经文排比之，则每行得六十字，更以此行款排比隶续所录魏石经尚书、春秋残字，亦无一不合，知每石皆每行六十字。又量其字之长短，则每八字当汉建初尺一尺弱，六十字当得建初尺七尺有半。碑之上下当有余地，则与西征记及水经注所云"石长八尺"者合矣。水经注复云:"石长八尺,广四尺。"八尺之长,除上下余地,得六十字,则四尺之广不止容三十字,以各石相接,故左右不须有空处。当得三十四五字。今以每碑三十五行、行六十字计之,则每碑得二千一百字,加以表里刻字,洛阳伽蓝记所云如是。今丁氏残石虽仅存一面,然其他面尚隐隐有字迹。则得四千二百字。故尚书、春秋、左传三经字数,须一百五十五石乃能容之。此不独与古书所记石数无一相合,亦恐非正始数年中所能办。且考之隋以前纪载,未尝及左传;核之石数,又不能容三经,疑当时所刊左传,实未得全书十之二三。隶续所录左传文,乃桓公末年事。案左氏隐、桓二公传,共九千三百三十九字,加以尚书一万八千六百五十字、春秋一万六千五百七十二字,篇题字未计。共四万四千五百六十一字。每字三体,得十有三万三千六百八十三字。今依西征记三十五碑字数计之,得十有四万七千字,盖所刊左氏传当至庄公中叶而止。若如洛阳伽蓝记所云二十五碑,则尚不足容尚书、春秋二经字数。如上所计,以二十五碑字数校二经字数之三倍,尚不足六百六十六字。而水经注之四十八碑,实为汉石经石数。故魏石经石数,当以西征记为最确也。其经数,则尚书、春秋外,左传本未刊成,故六朝及唐初人纪载均未之及。唐宋以后,搜求残石及遗拓始及之,而新、旧二志十二卷或十三卷之数,殆兼春秋经言之,且未必遽为全卷,固非可据以难上文所论述也。

魏石经考三

汉一字石经,为周易、尚书、诗、仪礼、春秋、公羊传、论语七种,除论语不在经数、不立博士外,余皆立于学官之经,博士之所讲授者也。且汉石经后各有校记,盖尽列学官所立诸家异同。隶释谓石经有一段二十余字,零落不成文,惟有"叔于田一章"及"女曰鸡"八字可读,其间有"齐"、"韩"字，盖叙二家异同之说。是汉石经用鲁诗本，而兼存齐、韩二家异字也。又隶释所录公羊哀十四年传，后有三行，皆有"颜氏有"、"无"语，是汉石经公羊用严氏本，而兼存颜氏异字也。论语后有"包"、"周"及"盍、毛、包、周"字，是论语亦用某本，而兼存盍、毛、包、周诸本异字也。以上诗之鲁、齐、韩，公羊之严、颜，皆立于学官之书。石经以一本为主，而复著他本异同于后，则当时学官所立诸家经本，已悉具于碑。是蔡邕等是正六经文字之本旨，而后儒所以咸取正于是者也。由是推之，汉石经易、书、礼三经，其校记虽不存一字，然后汉博士，易有施、孟、梁丘、京氏四家，书有欧阳、大小夏侯三家，礼有大小戴二家，石经本亦必以一家为主，而于后著诸家之异同，如鲁诗、公羊传例，盖可断也。盖汉自石渠、虎观二议，已立讲五经同异之帜。嗣是章帝令贾逵撰欧阳、大小夏侯尚书与古文同异，又撰齐、鲁、韩诗与毛氏异同，马融亦著三传异同。郑玄注周官，存故书字，又著"杜子春读为某，郑大夫、郑司农读为某"，是亦著杜、郑二家之异同；注礼经，则著古今文之异同；注论语，则存鲁读。当时学风，已可概见。况石经之刊，为万世定本，既不能尽刊诸家，又不可专据一家，则用一家之本，而于后复列学官所立诸家之异同，固其所也。然汉学官所立皆今文，无古文，故石经但列今文诸经之异同，至今文与古文之异同，则未及也。而自后汉以来，民间古文学渐盛，至与官学抗行。逮魏初复立大学，暨于正始，古文诸经盖已尽立于学官。此事史传虽无明文，然可得而（微）〔徵〕[一〇]证也。考魏略言"黄初中，太学初立，有博士十余人"，**后汉书儒林传注及魏志杜畿传注引。**魏志文帝纪言："黄初五年夏四月，立大学，制五经课试之法，置春秋谷梁博士。"似魏初博士之数与后汉略同，但增置春秋谷梁一家。然考其实际，则魏学官所立诸经，乃与后汉绝异。齐王芳纪："正始六年十二月辛亥，诏故司徒王朗所作易传，令学者得以课试。"**即博士课试五经所用。**王肃传："肃为尚书、诗、论语、三礼、左氏解，及撰定父朗所作易传，皆立于学官。"又高贵乡公纪载其幸太学之问，所问之易，则郑玄注也；所讲之书，则马融、郑玄、王肃之注也；所讲之礼，则小戴记，盖亦郑玄、王肃注也。是魏时学官所立诸经，已为贾、马、郑、王之学；其时博士可考者，亦多古文家，且或为郑氏弟子也。详见余汉魏博士考。当时学官所立者既为古学，而太学旧立石经，犹是汉代今文之学，故刊古文经传以补之。隋志载梁有三字石经尚书十三卷、三字石经春秋十二卷，此盖魏石经二经足本。十三卷者，后来伪孔传之卷数，与马融、王肃注本之十一卷、郑玄注本之九卷，分卷略同；而与欧阳、大小夏侯之二十九卷或三十一卷，及壁中书之五十八篇为四十六卷者绝异，乃汉魏间分卷之法。其春秋十二卷，则犹是汉志春秋古经之篇数，亦即贾逵三家经本训诂之卷数，贾以左氏经为底本。与汉志公、谷二家经各十一卷者不同。盖汉魏以前，左氏所传春秋经皆如是也。魏时学官所立尚书既为马、王、郑三家，则石经亦当用三家之本。三家虽同为古文尚书，然其本已改今字。陆氏释文所引马、郑本经文，绝非壁中书，王肃本亦然。敦煌本未改字尚书释文云："此篇既是王注，应作今文，相承以续孔传，故亦为古字。"今本为宋时陈鄂辈删去。是王肃本亦作今字。而此具古、篆、隶三体者：壁中本古文尚书，后汉时尚在秘府，许慎见之，郑玄亦见之。中更董卓之乱，虽未必存，然当时未必无传写之本。隋志谓："晋世秘府所存，有古文尚书经文。"尚书正义引束皙云："盘庚序'将治亳殷'，孔子壁中书作'将始宅殷'。"皙所据壁中书，盖即晋秘府之古文尚书，虽未必为壁中原书，亦当自壁中本出矣。且汉魏间除秘府本外，尚有民间传写之本。卫恒四体书势谓其祖"敬侯即卫觊。尝写邯郸淳尚书以示淳，而淳不别"。案：淳虽以传古文书法名，然书法与书体亦不能疆别。且魏略言"淳于黄初中为博士"，是淳盖亦传古文尚书而为书博士者，其本宜有所受之。是魏时尚书古文固有秘府本及民间本矣。至古文春秋经及左氏传，至魏时尚存否虽不可考，然周礼小宗伯注引古文春秋经"公即位"为"公即立"，是郑君犹及见之。正始距郑君之卒，不过数十年，或当时尚有传写之本矣。且汉魏之间，字指之学大兴，魏时博士如邯郸淳，如苏林，如张揖，皆通古今字指者也。王粲传注引魏略："邯郸淳，善苍、雅、虫篆、许氏字指。"又刘劭传注引魏略："苏林通古今字指。"隋志张揖有古今字诂三卷。字指，旧唐志作"字旨"，或谓"字义之学"。然隋志有杂字指一卷，后汉太子中庶子郭显卿撰。又字指二卷，晋朝议大夫李彤撰。汗简多引郭显卿字指、李彤集字，其字皆古文。是"字指"殆谓古今字之学，其体例当如汉志之八体六技及卫宏古文官书也。又魏略儒宗传序谓"太和、青龙中，太学课试，台阁举格太高，加不念统其大义，而问字指、墨法、点注之间"，是课试诸生亦用字指。魏之石经古文，果壁中本若其子本，抑用当时字指学家自定之本，均不可知。然即令出于字指学家之手，而字指学家之所据，亦不外壁中古文，因汉时除壁中书及张苍所传春秋左氏传外，别无古文故也。说文序虽言"郡国山川所出彝器，与古文相似"，然实未引一字。今就魏石经遗字中古文观之，多与说文所载壁中古文及篆文合，说文篆文中本多古文。且有与殷周古文谓殷虚书契文字及古金文。至壁中书，则多先秦文字也。合而为许书所未载者。然则谓魏石经古文出于壁中本，或其三写、四写之本，当无大误。即谓出于当时字指学家之手，然虽非壁中之本，犹当用壁中之字，固不能以杜撰讥之矣。至其与壁中本相异者，亦可得而言。壁中尚书五十八篇，为四十六卷，而魏石经据隋志注仅十三卷，且壁中本尚有逸书十六篇，建武时亡武成一篇，为十五篇。而魏石经若数逸篇，则三十五碑不能刊至左传桓、庄间。是其篇数当与马、郑本同，是卷数、篇数均异于壁中本也。又石经尚书十三卷，虽若与梅赜本卷数同，然无梅本所增之二十五篇，此亦可以石数、字数证之。又梅本书序分冠各篇之首，而石经残字中，吕刑与文侯之命相接处，除文侯之命篇题外，无容书序之余地。故知石经书序亦自为一卷，与马、郑本同，而与梅本绝异也。要之，汉、魏石经皆取立于学官者刊之。汉博士所授者皆今文，故刊今文经。魏学官所立尚书为马、郑、王三家，故但刊三家所注之三十四篇。其逸篇绝无师说，又不立学官，且当时亦未必存，故不复刊。亦犹尚书、逸礼、春秋左氏传同为古文，逸礼绝无师说，又不立学官，故仅刊古文尚书及春秋左氏传也。其刊此三经者，以汉世所未刊；其不刊逸书及逸礼者，以学官所不立。至费氏易、毛诗、周官、礼记、谷梁春秋，魏时亦已立学官，而石经无之者，盖礼记、谷梁传均为今学，费易、毛诗虽为古学，或已无古文之本，而魏石经必具三体，故未之及；或欲刊而未果，与左传之未毕工者同。隋志"一字石经鲁诗六卷"下注："梁有毛诗二卷，亡。"案：汉时毛诗未立学官，决无刊毛诗之理。如果有毛诗，或出魏时所刊。后人以用一字，与汉石经同，遂附之鲁诗下耳。然则汉、魏石经皆刊当时立于学官之经，为最显著之事实矣。

魏石经考四

拓石之事，未识始于何时，然拓本之始见于纪载者，实自石经始。后汉书蔡邕传："碑始立，其观视及摹写者，车乘日千余两。"晋书赵至传："至游太学，遇嵇康于学写石经。"石季龙载记："遣国子博士诣洛阳写石经。"是自汉至晋之中叶，尚无拓墨之法。隋志注载"梁有一字石经"、"三字石经"，其为拓本或写本，盖无可考。惟隋志著录之二种石经，确为拓本，志与封氏闻见记均明言之。观其所存卷数，梁时所有魏石经尚书、春秋，均系完帙，当是后魏初年之物。唐初所藏，则为迁邺前后之物矣。隋志所录魏石经拓本，为尚书九卷，又五卷，即九卷中之复本。春秋三卷。旧唐书经籍志又有三字石经尚书古篆三卷，三字石经左传古篆书十三卷。新志作十二卷。既云"三字石经"，复云"古篆书，疑唐人就三字石经拓本中专录其古、篆二体，未必即是拓本。且左传有十三卷之多，非六朝人所记魏石经碑数所能容，其中当有春秋而误视为左传者。犹宋苏望所刊尚书、春秋残字，自臧氏琳以前均谓之左传遗字也。又唐初春秋拓本仅存三卷，不应中叶以后并春秋、左传乃得十三卷。然则唐志所录，殆不能视为拓本也。大唐六典："国子监书学博士掌教国子，以石经、说文、字林为业。石经三体，三年业成；说文二年，字林一年。"石经业成年限，多于说文、字林，则存字当必不少。然六朝旧拓，唐中叶后盖已无存，偶有残拓，珍重与钟、王真迹等，则书学博士所用以教授者，亦当为写本而非拓本。且唐初修隋志时现存之拓本，至中、睿以后颇已散佚，徐浩古迹记载："中宗时，以内府真迹赐安乐公主、太平公主，下至宰相、驸马等。自此内库真迹散入诸家。"隋志所录石经拓本之散佚，亦当在此时。至开元时仅得十三纸。郭忠恕汗简略叙目录云："开元时得三字石经春秋，臣仪缝，案：缝上当有押字。石经面题云：'臣钟绍京一十三纸。'又有开元字印、翰林院印，后有许公苏颋、梁公姚崇、昭文学士马怀素、崇文学士褚无量、左金吾长史魏哲、左骁卫兵曹陆元悌、左司御录事刘怀信、直秘书监王昭远、陪戎副尉张善装。墨池编卷（十）四[一一]庐元卿跋尾记载齐高帝书一卷，后有开元五年十一月五日诸臣列名，与此同，惟多宋璟一人。其诸臣列名次弟，首张善，终宋璟，与此适相反。又"张善"作"张善庆"，"王昭远"作"王知逸"，"魏哲"作"魏晢"。魏、陆、刘、王四人名下皆有"监"字。至建中二年，知书楼直官贺幽奇、刘逸已等检校，内侍伯宋游瑰、掖庭令茹兰芳跋状尾焉。其真本即太子宾客致仕马胤孙家藏之。周显德中，嗣太子借其本传写在焉。"句中正三字孝经序见墨池编。所记略同。窦臮述书赋注云："今见三字石经打本四纸，石既寻毁，其本最希。"唐中叶后，魏石经拓本见于纪载者，惟此而已。宋皇祐癸巳，洛阳苏望得拓本于故相王文康家，刊以行世。欧阳棐集古录目谓其"莫辨真伪"，余疑其即开元内府之十三纸。何则？隶续所录苏氏刊本，今详加分析，则尚书六段、春秋七段、左传一段，共十四段，与开元之十三纸止差一纸，其中当有两段在一纸上者。且开元十三纸，后周时尚在马胤孙家，至宋初尚存，郭忠恕见之，句中正亦见之。中正三字孝经序云："永泰中，相国马胤孙藏得拓本数纸。今所书文字，悉准之。"王文康家之本，当即马本，苏氏刊之而遗其跋尾，遂使人昧其所出耳。厥后胡宗愈复据苏本刊之锦官西楼，洪适于会稽蓬莱阁亦刊数十字。今苏、胡、洪三刻皆不可见，惟隶续所录者尚无恙。然则魏石经拓本，自开元以后，迄于有宋之初，除窦臮所见四纸外，只此十三纸。郭忠恕汗简引魏石经一百二十二字，其见于苏刻者七十四字；夏竦古文四声韵引一百十四字，其见于苏刻者六十三字，余皆出汗简，其在苏刻及汗简外者仅十二字。而郭、夏二书中苏刻所无之字，颇有苏刻所遗者，苏跋谓"取其完者刻之"，则十三纸中，磨泐及不完之字，苏未尝刊。郭、夏二氏或能辨而录之也。亦有尚书、春秋、左传三书中本无此字者，则亦未必尽出石经。郭、夏所见，未必遽多于此矣。宋以后苏、胡诸刻尽亡，魏石经一线之传惟存于隶续，若存若亡者又六百年。今幸周书残石出于洛阳，我辈始得见正始原刻，固足傲欧、洪诸君于千载之上矣。

魏石经考五

孔壁、汲冢古文之书法，吾不得而见之矣。说文中古文，其作法皆本壁中书。其书法，在唐代写本，与篆文体势无别；雍、熙刊板，则古、篆迥异。案：宋初校刊说文，篆文当出徐铉手，古、籀二体当出句中正与王惟恭二人之手。宋史（儒林）〔文苑〕传[一二]："句中正与徐铉重校定说文。"摹印说文后，附进书表，亦并列王惟恭、葛湍、句中正、徐铉四人名。中正有三字孝经，惟恭有黄庭经，亦以古文书之。夏竦进古文四声韵表云："翰林少府监丞王惟恭，写读古文，笔力尤善。"是句、王皆以古文名。说文中古、籀二体，必句、二人所书明矣。此种书体，在唐以前不能征之。自宋以后，则郭忠恕之汗简，夏竦之古文四声韵，吕大临、王楚、王俅、薛尚功辈所摹之三代彝器，皆其一系。洎近世古器大出，拓本流行，然后知三代文字决无此体。惟吴县潘氏藏不知名古铜器一，笔意近之，而结体复异，乃六国时物也。今溯此体之源，当自三字石经始矣。卫恒四体书势，谓"魏初传古文者，出于邯郸淳。至正始中，立三字石经，转失淳法。因科斗之名，遂效其形。"然则魏石经残字之丰中锐末或丰上锐下者，乃依傍"科斗"之名而为之，前无此也。自此以后，所谓古文者，殆专用此体。郭忠恕辈之所集，决非其所自创，而当为六朝以来相传之旧体也。自宋以后，句中正辈用以书说文古文，吕大临辈用以摹古彝器；至国朝西清古鉴等书所摹古款识，犹用是体，盖行于世者几二千年。源其体势，不得不以魏石经为滥觞矣。

刘平国治□谷关颂跋

刘平国治□谷关颂刻石，在新疆温宿州拜城县东北百八十里山中。其文曰："龟兹左将军刘平国以七月廿六日发家丨从秦人孟伯山、狄虎贲、赵当卑、万□羌、丨石当卑、程阿羌等六人共来作下阙三四字。丨上阙三字。谷关。八月一日始断山石作孔至七日丨□坚固万岁人民喜，长寿亿年宜丨子孙。永寿四年八月甲戌朔十二日丨丁酉直建纪此。东乌累关城丨□□将军所作也。佐披丨京兆长安丨淳于伯□丨作此诵丨"云云。案："龟兹左将军"者，汉书西域传：龟兹有"左右将、左右都尉"；后汉书班超传："超击莎车，龟兹王遣左将军发温宿、姑墨、尉头合五万人救之。"是"左将军"者，龟兹官也，刘平国亦龟兹人。龟兹在前汉已慕汉俗，故其王姓白氏，其臣亦用汉姓名。"秦人"，谓汉人。史记·大宛列传言："宛城中新得秦人，知穿井。"汉书·匈奴传言："卫律为单于谋'穿井筑城，治楼以藏谷，与秦人守之'。"西域传言："匈奴缚马前后足，置城下，驰言'秦人，我（匈）〔匄〕[一三]若马'。"是匈奴、西域皆谓汉人为"秦人"。孟伯山等六人称秦人，知刘平国非秦人矣。□谷关"谷"上数字磨灭不可读，遂不能知所作关城之名。至下云"东乌累关城□□将军所作也"云云，则又别记一事，盖治关之诵，本至"纪此"二字而止，"东乌累"以下，因作此关而旁记前作他关事，非此关又名"东乌累"也。"乌累"即"乌垒"，本前汉都护治所。后汉罢都护官，而乌垒一地复为龟兹所有，后汉书西域传：莎车王贤"分龟兹为乌垒国"是也。乌垒在龟兹东三百五十里，而此关在龟兹西北，自此关言之，则乌垒在东，故曰东乌累关城。"城"下所阙，当是"亦左"或"并左"二字，盖云"东乌累关城亦左将军所作也"，以同为左将军作，故并记之。或云此关即名"东乌累"，则何以前有"□谷关"之称？且乌垒城在此关东，即令两地皆名乌累，此亦宜名"西乌累"，不得云"东乌累"。曩亦抱此疑，今定其句读，乃始豁然。后人读此，可无疑于汉书西域传所记方位之确实矣。

魏（毋）〔毌〕丘俭丸都山纪功石刻跋

　　魏（毋）〔毌〕丘俭丸都山纪功残石，光绪丙午，署奉天辑安县事吴大令光国于县西北九十里之板石岭开道得之，石藏吴君所。石存左方一角五十字，隶书，其文曰："正始三年，高句骊反，下阙。｜督七牙门讨句骊五下阙。｜复遗寇。六年五月，旋下阙。｜讨寇将军、魏乌丸单于下阙。｜威寇将军都亭侯下阙。｜行裨将军领玄下阙。｜□裨将军下阙。｜"云云。案：魏志（毋）〔毌〕丘俭传："正始中，俭以高句骊数侵叛，督诸军步骑万人出玄菟，从诸道讨之。句骊王宫将步骑二万人，进军沸流水上，大战梁口，原注：梁音渴。宫连破走。遂束马县车，以登丸都，屠句骊所都，斩获首虏以千数。宫将妻子逃窜，俭引兵还。六年，复征之，（俭）〔宫〕[一四]遂奔买沟。俭遣玄菟太守王颀追之，过沃沮千有余里，至肃慎氏南界，刻石纪功，刊丸都之山，铭不耐之城。"又北史高丽传："正始三年，高丽位宫寇辽西安平。当作"辽东西安平"。西安平，县名，属辽东郡。五年，幽州刺史（毋）〔毌〕丘俭将万人出玄菟，讨位宫，大战于沸流。败走，俭追至赥岘，县车束马，屠其所都。位宫单将妻息远窜。六年，俭复讨之，位宫轻将诸加奔沃沮。俭使将军王颀追之，绝沃沮千余里，到肃慎南，刻石纪功，又刊丸都山，铭不耐城而还。"此二书所纪，互有详略。北史所纪岁月较详，当本之鱼豢魏略。据此二书，则（毋）〔毌〕丘俭刻石凡三处：一、肃慎南界；二、不耐城；三、丸都山也。肃慎南界，在今朝鲜、吉林之境；不耐城，在今朝鲜东海岸；丸都山，无可考。曩见吴大令跋此刻，谓"此刻出土之板石岭高六百余丈，车马不通"，疑即古之丸都山。案：魏志、北史皆言俭征句骊，兵出玄菟。魏玄菟郡治，治高句骊县。在今铁岭左右。自是而东南，有小辽水，今浑河。盖即魏志之"沸流水"；又东南，则有大梁水，今太子河。即魏志之"梁口"；又东，则至今辑安县境。吴氏以辑安西北之板石岭为丸都，以此刻为丸都之铭，其说近是。而北史以俭县车处为亲赥岘者，盖丸都为辑安以东诸山之大名，而赥岘则其支岭也。魏志高句骊传谓"高句骊都于丸都之下"，盖谓山之东麓，俭传及北史高丽传所纪甚明。而丸都之山、句骊之都，胥待此刻始得知之，可谓人间瑰宝矣。

　　（毋）〔毌〕丘俭征句骊岁月，传闻异辞。魏书少帝纪："正始七年春二月，幽州刺史（毋）〔毌〕丘俭讨高句骊，夏五月讨濊貊，皆破之。"高句骊传则云："正始三年，宫寇西安平。其五年，为幽州刺史（毋）〔毌〕丘俭所破。"俭传则于俭初讨句骊但浑言"正始中"，而于复讨，则云"六年"。北史则以初讨在"五年"，复讨在"六年"。今据此残刻，则弟一行云"正始三年，高句骊反"，以下当阙（毋）〔毌〕丘俭衔名；弟二行"督七牙门讨句骊（六）〔五〕[一五]"，"（六）〔五〕[一六]"下所阙当是"年"字；弟三行"复遗寇。六年五月旋"，"复"上所阙当是"无"字，此字在上行末。"旋"下所阙当是"师"字。据此，则俭伐句骊，实以四年会师，五年出兵，六年旋师。而"无复遗寇"之文系于五年，则魏志高句骊传所纪，独得其实。少帝纪系之"正始七年二月"，俭传及北史以为"六年复伐"，皆失之。残石弟四行以下，皆诸将题名，首"讨寇将军、魏乌丸单于"者，即右北平乌丸单于寇娄敦。（毋）〔毌〕丘俭传："青龙中，俭为幽州刺史，右北平乌丸单于寇娄敦降。""讨寇将军"者，其所受魏官。后汉以来，常与外夷以中国位号。后汉书西域传：光武帝建武中，"赐莎车王贤以汉大将军印绶"；顺帝永建二年，"拜疏勒王臣磐为汉大都尉"；魏略西戎传："魏赐车师后部王壹多杂守魏侍中，号大都尉，受魏王印。"又晋时鄯善、焉耆、龟兹、疏勒、于阗诸王，皆称"晋守侍中、大都尉"流沙坠简补遗。是也。汉时匈奴单于印无"汉"字，诸王以下乃有"汉"字。此"乌丸单于"上冠以"魏"字者，寇娄敦降虏，又弱小，非匈奴比也。其名在诸将首者，（毋）〔毌〕丘俭之东征，盖即以寇娄自副也。俭名不列诸将首者，以俭为主将，其名当已见前，毋庸再出也。弟六行"威寇将军都亭侯"，不知何人；弟六行"行裨将军领玄"，"玄"下所阙，当是"菟大守"三字。"行裨将军领玄菟大守"，乃王颀结衔。魏志称"玄菟大守王颀"，北史称"将军王颀"，其证也。据魏志濊传：乐浪太守刘茂、带方太守弓遵亦与是役，弟七行以下，或有其衔名，然残阙不可考矣。

高昌宁朔将军麴斌造寺碑跋

　　高昌宁朔将军麴斌造寺记，新出土鲁番，为考高昌麴氏事者弟一史料，既详见于上虞罗叔言参事跋矣。碑阴高昌王麴宝茂结衔中，有"希□寺多浮[一七]跌无亥希利发"十一字；高昌令尹麴乾固结衔中，有"多波鍮屯发"五字，皆著夷语。参事疑为高昌尊号以施之国中者。余谓此皆突厥官号也。周书突厥传言突厥"有叶护，次设，次特勒，次俟利发，次吐屯发"。隋书突厥传文同。此"希利发"即"俟利发"，"鍮屯发"即"吐屯发"。自突厥崛起，高昌常为所役属，故其君相皆受突厥官号。唐书突厥传谓统叶护可汗"徙庭石国之千泉，遂霸西域诸国，悉授以颉利发"。按："颉利发"，即"俟利发"。旧唐书突厥传："其大官有屈律啜，次阿波，次颉利发，次吐屯，次俟斤。""颉利发"班次正当周、隋二书之"俟利发"，盖一语之异译。新书载突厥官有"俟利发"，又有"颉利发"，盖失之。征之此碑，则突厥先世已用此制，不自西突厥始。故唐初诸外国酋长，多称"颉利发"或"俟利发"。如回纥首领，称"活颉利发菩萨"及"胡禄俟利发吐迷度"；拔野古首领，称"大俟利发屈利失"；仆骨首领，称"娑匐俟利发歌滥拔延"；同罗首领，称"俟利发时健"；啜浑首领，称"俟利发阿贪支大俟利发浑汪"；黠戛斯首领，称"俟利发失钵屈阿栈"。即龟兹王诃黎伐失毕，"诃黎伐"亦"俟利发"或"颉利发"之音变也。凡此诸王或首领皆有"俟利发"或"颉利发"号，盖突厥于其所属之国，皆授其王或首领以己国官职。故唐灭东、西突厥，即于其故地及属国置羁縻州，并命其王为都督、刺史，盖即用突厥旧制也。然"俟利发"一语，疑本出蠕蠕。突厥主称"可汗"，后称"可贺敦"，皆袭蠕蠕旧号，"俟利发"亦然。魏书蠕蠕传：阿那瑰族兄有"俟力发示发"，从父兄有"俟力发婆罗门"。突厥后起，故沿以为官号。其上冠以"希□寺多浮趺无亥"八字者，则官号上所加之美称，如"某某可汗"、"某某可敦"之类。日本大谷伯爵藏高昌延昌卅年所写大品般若经，其跋尾高昌王结衔为"使持节缺。跋弥磴伊离地缺四、五字。陁豆缺三、四字。利发"。"伊离"即"伊利"，"陁豆"即"达头"之异译，皆突厥可汗之美名也。北方种族，于君长名称上，率加以美名。唐代诸帝之有尊号，亦当为对外族而设也。"鏄屯发"，高昌所写大品般若经径作"吐屯发"，则本监察之义。唐书突厥传："统叶护可汗悉授西域诸国以颉利发，而命一吐屯监统以督赋入。"是"吐屯"本监统之官。太平广记二百五十引唐御史台记，谓"突厥谓御史为'吐屯'"。是"吐屯"职掌与唐御史略同，御史亦以监察为职者也。惟唐时突厥命其国人为吐屯，以监统属国；此则以高昌国相为之。其上所冠"多波"二字，亦美名也。至此碑立于麹宝茂建昌元年，碑中所云"与突厥同盟结婚"，盖犹其先世事，其后二国世为婚姻。隋书·高昌传言"麹伯雅大母，本突厥可汗女"；慈恩三藏法师传言"西突厥叶护可汗长子呾度设，是高昌王麹文泰妹婿"，盖终高昌之亡，常附庸于突厥。隋书称其"臣属铁勒"，盖属一时之事矣。己未九月。

九姓回鹘可汗碑跋

　　和林九姓回鹘可汗碑，自来金石家皆未著录。光绪中叶，俄人始访得之。拉特禄夫蒙古图志中始揭其影本。光绪十九年，俄使喀西尼以拉氏书送总理各国事务衙门，属为考释。时嘉兴沈乙庵先生方在译署，作阙特勤碑、苾伽可汗碑及此碑三跋，以覆俄使，俄人译以行世。西人书中屡引其说，所谓总理衙门书者也。时志文贞锐方为乌里雅苏台将军，亦拓阙特勤碑以遗宗室伯羲祭酒昱。祭酒跋之，沈先生复书其后，于是世人始知有阙特勤碑，尚未知有他碑也。顺德李仲约侍郎文田始录拉氏书中各碑之文为和林金石录，元和江建霞编修标刊之长沙。由是世知有回鹘碑，然终无由致拓本。光、宣之间，此碑数段[一八]为俄国某大佐窃去，致之圣彼得堡博物馆，故近来拓本乃少五、六两段。已未夏日，偶读法国伯希和教授所撰摩尼教考，见所引此碑文三行，与李录殊异，乃假沈先生所藏拉氏原书以校李录。李录此碑分为五段，实则此碑共碎为八段，前三段拉氏书中已联合为一，李录从之。其后德人休列额尔、法人沙畹并考此碑，德人牟列尔又通碑阴所刊窣利文之读。伯氏所引，盖用诸氏厘定之本。余据伯氏所引，联合四、五两段，则全碑文义皆可贯通。又自以行款、文义定第六段之位置。四、五两段，即李录之弟三、弟四两片，第六段则李录之弟五片。又第七、第八两段，｜"内宰相"以下两行十二字，｜"罗教迭忆"两行四字。李录失载，以行款求之，当在首二行；然文字太少，迄不能定其在此二行之第几格矣。又新拓本别一段，亦此碑之文，则并其在何行亦不可知，兹别附于后。余既为碑图，以明全碑之形状及碑文之次序，于是碑文略可通读。前沈先生跋此碑时，仅据前三段及第七、八段，今得通读全碑，自有前跋所不能尽者。先生因命书其后。凡前跋所已详者，兹不赘焉。

　　碑题之"爱登里啰汨没蜜施合毗伽可汗"，此两唐书之"保义可汗"也。旧书·宪宗纪："元和三年五月丙午，正衙册九姓回纥可汗为'登里啰汨蜜施合毗伽保义可汗'。"回纥传作"蔼德里禄没弭施合蜜毗迦可汗"，新书·回鹘传作"爱登里啰汨蜜施合毗伽保义可汗"。校以此碑，则旧纪夺"爱"字，旧传夺"汨"字，衍"蜜"字；新传夺"没"字。此碑无"保义"二字者，中国封号不行于其国中故也。保义可汗立于宪宗元和三年，卒于穆宗长庆元年，在位凡十四年，为回鹘极盛之世。此碑之立，盖在其卒后矣。碑题下列"内宰相颉于伽思"等若干人，盖如汉碑阴侧之题名。"颉于伽思"，新书作"颉干伽斯"，于贞元二年已主兵事，旋执国柄，至是已三十六年。又武宗会昌时，亦有大臣颉于伽思，首尾五六十年，恐非一人。"伊难主"，新、旧书均作"伊难珠"。与考回鹘有内宰相六人、外宰相三人，此二行题名之人，或均宰相矣。碑首云"□国于北方之隅，建都于嗢昆之野"，此指回鹘开国者言。新、旧书记回鹘事，自时健俟斤始。此碑以下文所记二世事推之，盖亦指时建。下云"子□□□□嗣位"，又云"□□□汗在位者"，此二世盖指菩萨与吐迷度。新书回鹘传：时健俟斤长子曰菩萨，菩萨死，其酋曰胡禄俟利发吐迷度。知如是者，碑云"□史郍[一九]革命，数岁之间复我旧国"，案："史郍"上所阙，当为"阿"字。"阿史那"者，突厥姓也。新书言："突厥已亡，惟回纥与薛延陀为最雄强。及吐迷度与诸部攻薛延陀，残之，并有其地。"考自突厥之亡至薛延陀之亡，才十六年。薛延陀建牙郁督军山，去嗢昆河不远，至是为回纥所并，所谓"阿史郍革命，数岁之间复我旧国"者也。史称吐迷度虽归唐，拜为怀化大将军、瀚海都督，然私自号"可汗"，官吏一似突厥。下云"九姓回鹘、卌姓拔悉蜜、三姓□□诸异姓金曰"云云，当为上可汗尊号之事。"三姓"下所阙二字，当是"葛禄"。新书称葛逻禄有三族：一谋禄，或为谋剌；二炽俟，或为婆匐；三踏实力。故其酋亦号"三姓叶护"。又回鹘于九姓外，兼有拔悉蜜、葛逻禄，"总十一姓，并置都督，号十一部落"，故知所阙二字为"葛禄"也。"阙毗伽可汗"者，吐迷度之七世孙，名骨力裴罗，天宝三年，"自称骨咄禄毗伽阙可汗，天子以为奉义王，后拜为骨咄禄毗伽阙怀仁可汗"者也。此下四世，具如沈先生说。"汩咄禄毗伽可汗"者，新书之"阿啜"，唐册为"奉诚可汗"者；"登里啰羽录没蜜施合汩咄禄胡禄毗伽可汗"者，则新书之"骨咄禄"，唐册为"爱滕里啰羽录没蜜施合胡禄毗伽怀信可汗"者也。第十二行之"□合毗伽可汗"，则"保义可汗"，即碑题之"爱登里啰汩没蜜施合毗伽可汗"。自怀仁可汗以下，至此凡九世，中间惟阙怀信可汗子"滕里野合俱禄毗伽可汗"一世。此可汗以永贞元年立，元和三年卒，在位仅四年，殆保义可汗兄弟行。岂以享国不久，故阙而不书，抑其名在碑下截断处，而今亡之欤？保义可汗，史不纪为何人之子，当怀信时，盖已为宰相，碑所谓"当龙潜之时，于诸王中最长"，又所谓"□□汗宰衡之时，与诸相殊异"者也。回鹘可汗多自宰相出，如顿莫贺、达干、骨咄禄皆是也。其记"破坚昆"事，上有"初"字，盖犹在怀信之世。"坚昆"者，即"黠戛斯"。新书："黠戛斯，古坚昆国也。"保义可汗破黠戛斯、杀其可汗，诸书皆不载，惟见此碑。云"复葛禄与吐蕃连□"者，德宗以后，葛禄时离回鹘而与吐蕃连和，吐蕃之取北庭、陷安西，皆由葛禄为之掎角。此碑所记"匀曷户之战"史既失记，地亦不详。至云"□□庭半收半围之次，天可汗亲统大军讨灭元凶，却复城邑"者，"庭"上所阙，当是"北"字。自贞元六年吐蕃攻陷北庭后，至是始为回鹘所复。碑云"天可汗亲统大军"，则在保义嗣位以后矣。云"遂□□□□媚碛"者，碛名上阙数字。宋初王延德使高昌记，谓"高昌纳职城，在大患鬼魅碛之东南"，此"大患鬼魅碛"，即唐初人所谓"莫贺延碛"。"魅"与"媚"音同，是"□□□媚碛"或即"大患鬼魅碛"矣。盖吐蕃陷北庭后，此碛实为吐蕃、北庭间之通道。及回鹘既复北庭，碛北无吐蕃踪迹，此道遂开，故下云"凡诸行人及于畜产□□□□"，盖回鹘至此得自由往来天山南北路矣。云"复吐蕃大军攻围龟兹，天可汗领兵救援，吐蕃□□奔入于术"者，"于术"，地名。新书·地理志："自焉耆西五十里过铁门关，又（五）〔二〕十里[二〇]至于术守捉城"，自是西至安西都护府**即龟兹**。凡五百六十里。盖吐蕃之兵自龟兹退至于术，为回鹘所围也。云"□□百姓与狂寇合从，有亏职贡"者，"百姓"亦西北种族，如三姓、九姓、十姓、卅姓、卌姓之比，惜上有阙字，不能知为何族矣。云"追奔逐北至真珠河"者，"真珠河"即今之那林河，其下流为叶叶河，又一支流为药杀水。新书地理志："度拔达岭，五十里至顿多城，乌孙所治赤山城也。又三十里渡真珠河。"又西域传：石国"西南有药杀水，入中国谓之真珠河"。是皆以此河之上游为真珠河。新书西域传："宁远都真珠河之北。"杜环经营行记："石国中有二水，一名真珠河，一名质河。"则并其下流亦谓之真珠河也。云"□厢沓实力"者，"沓实力"者，三姓葛禄之一也。云"攻伐葛禄、吐蕃，搴旗斩馘，迫奔逐北，西至拔贺郱国"者，新书谓："至德后，葛逻禄浸盛，徙十姓可汗故地，尽有碎叶、怛罗斯诸城。""拔贺那国"，即新书之"判汗怖悍"，及宁远都真珠河之北，与葛禄为邻，故假道于此国。云"叶护为不受教令，离其土壤"，此"叶护"即谓拔贺郱王。自突厥西徙以后，西域诸国王多称"叶护"者。下云"册真珠智惠叶□□王"，当因前王不受教令，故别立一人。此时回鹘南破吐蕃，北服葛禄，兵力直至葱领以西，而其事史皆不书。异时回鹘西徙之事，惟由此碑始得解之。既厘正其文，复考释之如左。因书以质沈先生，庶匡其不逮焉。

书虞道园高昌王世勋碑后

道园撰此碑，自云据高昌王世家，盖畏吾儿旧谱谍也。所纪回鹘源流，可与唐书回鹘传相发明。碑云："畏吾而之地有和林山，二水出焉：曰秃忽刺，曰薛灵哥。""秃忽刺"即唐书回鹘传之独乐水，地理志谓之独逻河。志云："嗢昆河、独逻河皆屈曲东北流，至回鹘衙帐北五百里合流。"案：嗢昆河下流虽入独逻河，然出和林山者，实嗢昆而非独逻。碑独言"秃忽刺"者，举委以该其源也。"薛灵哥"即回鹘传之娑陵水，地理志谓之仙娥河，所谓"回鹘牙帐北六七百里至仙娥河"是也。嗢昆、仙娥二河，均出杭爱山，唐人谓之乌德鞬山或郁督军山，此碑云"和林山"，则以地名名之也。碑纪回鹘始祖曰"卜古可罕"，元史巴尔术阿而忒的斤传引作"不可罕"，欧阳玄高昌偰氏家传作"普鞠可汗"，则两唐书所未载。以世次计之，尚在六朝之初，不能求其人以实之矣。碑又言："卜古可罕传三十余君，至玉伦的斤，数与唐人相攻战，久之乃议和亲。

于是唐以金莲公主妻玉伦之子葛励的斤。"案："玉伦"即唐书之"护
输"。唐书回鹘传："回鹘承宗立，凉州都督王君㚟诬暴其罪，流死瀼州。
族子瀚海府司马护输乘众怨，共杀君㚟，梗绝安西诸国贡道。久之，奔
突厥，死。子骨力裴罗立。"案："护"，"玉"声之转；"输"，"轮"字
之误。"护输"殆本作"护轮"，转为"玉伦"。其子"葛励的斤"，即骨
力裴罗，"葛励"亦"骨力"之声转也。"金莲公主"，即宁国公主，以
唐乾元元年嫁骨力裴罗，时骨力嗣位已久，不得如碑所云，在玉伦的斤
之世也。碑又云："唐嫁公主，取福山石，后七日而玉伦的斤薨。自是国
多灾异，民弗安居，传位者数亡，乃迁诸交州而居焉。"交州，今火
（者）〔州〕[二一]也。此事全与史不合，盖回鹘西徙以后，已不能纪远，其
所记，多荒忽不足信，不如两唐书之得事实矣。

于阗公主供养地藏菩萨画象跋

南林蒋氏藏敦煌千佛洞所出古画一，上画菩萨象，题曰"南无地藏
菩萨"，下有四小字，曰"忌日画施"。菩萨旁，立武士一、僧一，题曰
"五道将军"，曰"道明和尚"。下层画一女子，盛服持香炉，作顶礼状，
题曰"故大朝大于阗金玉国天公主李氏供养"。余谓此于阗国王李圣天之
女若女孙嫁为敦煌曹氏妇者所作也。于阗为唐安西四镇之一，宋史又谓
李圣天自称唐之宗属，则此画所云"故大朝"者，当指唐朝。"大于阗金
玉国"，则李氏王于阗后所自名。五代史四裔附录："晋天福三年，册李
圣天为大宝于阗国王。"盖即以"宝"字代"金玉"二字，亦仍其自名，
非后世"大宝法王"之比也。"天公主"者，本外国称唐公主之词。五
代史谓"回鹘可汗之妻号'天公主'"，盖回鹘盛时，每取唐公主为可
敦，后虽不娶于唐，犹号其可敦为"天公主"。因之其旁小国之女亦号
"天公主"。此"大于阗金玉国天公主李氏"，即圣天之女，或其女孙。

其所造画象出于敦煌者，此公主嫁敦煌曹氏故也。法国伯希和教授所得敦煌杂文书中，有曹夫人赞，其述夫人将死时事云："辞天公主，嘱托偏照于孤遗。别男司空，何世再逢于玉眷。"又云："辞天公主，偏照孤孀。执司空手，永别威光。"此曹夫人即归义军节度使曹元忠之妻，延恭、延禄等之母。续资治通鉴长编载："太平兴国五年闰三月，归义军节度使曹元忠卒，其子延禄自称留后，遣使修贡。四月，诏赠元忠敦煌郡王，授延禄归义军节度使。"宋史及文献通考同。然据英国伦敦博物馆藏开宝八年归义军节度使曹延恭施舍疏，则元忠、延禄之间，尚有延恭一世，且元忠卒于开宝以前，非太平兴国中也。又据乾德六年曹氏绘观音菩萨功德记，有"慈母娘子"，有"男司空"，有"小娘子阴氏"。"慈母娘子"，即曹夫人；"男司空"，即延恭；"小娘子阴氏"，即延恭妻。盖阴氏卒后，乃娶于阗公主。后延恭卒，其母亦旋卒。时延禄嗣为留后，亦称司空。故曹夫人赞曰："辞天公主，偏照孤孀；执司空手，永别威光。""天公主"即此于阗公主，因延恭已卒，故曰"孤孀"；"司空"则延禄也。先诀已寡之冢妇，而次诀其嗣统之次子，于事宜然，是此公主既嫁而寡。此画云"忌日画施"，盖公主于延恭忌日，施以为功德者也。又考延禄之妻亦姓李氏，亦于阗公主。[二二]续资治通鉴长编载："太平兴国五年，封延禄妻为陇西郡夫人。"陇西者，李氏望也。伯希和君言，见千佛洞造象记，延禄为于阗王婿，或疑延禄即用突厥、回鹘故俗，以叔收嫂。然于阗公主又岂止一人，此固不能臆定矣。[二三]

　　于阗李氏有国始末，史无可考。当唐之初叶，尉迟氏世王于阗。贞观末，入朝于唐，改其国为毗沙都督府，即以其王兼都督。及至德初，安（乐）〔禄〕山[二四]反，于阗王尉迟胜率兵赴难，以其弟曜摄国事。后胜请留宿卫，乃以曜为王。德宗时，吐蕃攻陷安西四镇，与唐隔绝，终唐之世，遂不复知于阗事。北梦琐言："裴相国休每发愿世世为国王弘护佛法。后于阗国王生一子，手文有相国姓字。闻于中朝，其子弟欲迎之彼国，敕旨不允也。"案：裴休卒于咸通初，是咸通后唐与于阗有交通之迹。然迄未入贡，故其王姓氏不详。李氏代尉迟氏王于阗，不知始于何时，考高居诲使于阗在晋天福三年，以七年归，其所记李圣天年号，为"同庆二十九年"。是圣天嗣位，尚在后梁之初。又圣天至宋建隆三年尚遣使入贡，则在位几六十年，必以冲龄即位，当非开国之主。李氏有国，自在唐之季世矣。尔时回鹘实雄长西域，东自甘州，西讫龟兹，皆为其部落所据，而沙州西、于阗东之仲云族，其官有宰相、都督等，亦与回鹘同俗。疑李氏得国，本借回鹘之助，且疑圣天亦回鹘人。圣天之名，本出译语。册府元龟九百七十九载："开元二年，突厥可汗遣使上表求婚，自称曰"乾和永清大驸马天上得果报天男突厥圣天骨咄禄可汗'。"唐贤力毗伽公主、阿史那公主墓志纪突厥默啜之号亦同。突厥、回鹘言语略同，则李圣天之名，必回鹘语之汉译也。故圣天虽奉佛教，亦兼事摩尼。宋史记建隆三年，圣天遣使贡圭一、玉枕一，本国摩尼师贡玻璃瓶二、胡锦一段，国中摩尼得与国王并自通于中国，全用回鹘故事。又大中祥符以后，于阗入贡时，皆称"黑汗王"或"黑韩王"，皆"可汗"之异译，其贡使亦皆回鹘。疑李氏本出回鹘，特以于阗佛教根柢至深，又自尉迟氏以来，世效忠于唐室，故称唐族、奉象教以安集其国。百年之间，国基既定，仍复其故俗。然则李氏殆回鹘之别欤，抑李氏得于阗后，旋为回鹘所并，宋史所称"黑韩王"、"黑汗王"者，非李氏之后欤？此亦不能质言之矣。

曹夫人绘观音菩萨象跋

　　南林蒋氏藏敦煌千佛洞所出古画，上层画观世音菩萨象。下层中央写绘象功德记。左绘男子一，幞头黑衣，署曰"节度行军司马中缺。校司空兼中缺。曹延"；下缺。女子一，署曰"女小娘子□□持花一心供养"。记右绘女子二，一署曰"慈母娘子□氏一心供养"，一署曰"小娘子阴氏一心供养"。记末署"乾德六年岁次戊辰五月癸未朔十五日丁酉题记"。按：乾德六年即开宝元年，是岁以十一月癸卯冬至改元，故五月尚称乾德六年。据记文，此象乃"慈母娘子"为"男司空新妇小娘子难月"而作。"难月"盖谓产难之月。"慈母娘子"为归义军节度使曹元忠之妻，"男司空"则延恭也。时元忠已卒，延恭以节度行军司马知留后事，故其结衔中有"校司空"字样。司空，三公之初阶。自曹义金以检校司空为归义军节度使，元忠加至检校太传。时元忠初卒，延恭知留后事，未受朝命，所称"检校司空"，实自署也。后延禄知留后时，亦假此官。宋史、续资治通监长编均谓元忠卒于太平兴国五年。上虞罗叔言参事作沙州曹氏年表，始据英伦所藏开宝八年归义军节度使曹延恭施物疏，谓元忠已先卒。今观此画，知开宝元年延恭已知留后事。又记中于"慈母娘子"、"男司空"外，兼及"小娘子"、"女小娘子"、"郎君"等，而无一语及元忠，知元忠已卒矣。又日本西本愿寺藏大般若波罗蜜经，卷二百七十四末有写经记，署"乾德四年五月"，乃元忠子延晟所造。记中有"大王遐寿，宝位坚于邱山"等语。"大王"亦指元忠，是此时元忠尚存。然则元忠之卒，当在乾德四年五月之后、六年五月之前，或在乾德五年矣。元忠卒年与延恭嗣位之岁，均得由此画定之。上虞罗叔言参事作瓜沙曹氏年表，未得元忠卒年，当由此画补之矣。

校勘记

[一]"七"，后王国维自作正误，改作"六"，遗书本从之。

[二]"四"，后王国维自作正误，改作"二"，遗书本从之。

[三]"五万四千"，后王国维自作正误，改作"四万七千"，遗书本从之。

[四]"千八"，据遗书本校改作"八千"。

[五]"十四"，后王国维自作正误，改作"十五"，遗书本从之。

[六] 王国维后于本段文字下加如下眉批："癸亥季冬，雒阳新出汉石经春秋僖公、昭公经，足证余说之不谬。"遗书本将此眉批作为小字注，附于小字注"后序所计"之下。

[七] "五"，遗书本作"六"。

[八] 王国维后于此段文字上加如下眉批："礼记经文仅需十一碑，加以校记，亦不过十二碑。而有十五碑者，疑他二碑皆表奏之属。后汉书注引陆机洛阳记，云礼记碑上有马日碑、蔡邕名。今洛阳所出残石，有一石有刘宽堂溪典诸人名，其里面又有诸经博士、郎中姓名。其文甚长，或非一碑所能容，当在十五碑中也。"遗书本将此眉批作为小字注，附于"仪礼之证也"之下，并以"又案仪礼"四字替换起首"礼记"二字，"皆"作"乃"。

[九] "都"，据遗书本改作"碑"。

[一〇] "微"，当为"徵"之误，据遗书本改。

[一一] "十四"，底本及遗书本同，据文渊阁四库全书本墨池编改作"四"。

[一二] "儒林"，底本及遗书本同，据宋史改作"文苑"。

[一三] "匃"，王国维后自作正误，改作"匄"，遗书本从之。

[一四] "俭"为"官"之误，据三国志及遗书本改。

[一五] "六"，底本及遗书本同，据前录铭文和后文所述，改作"五"。

[一六] "六"，据本文所述改为"五"。

[一七] "浮"，遗书本作"净"。

[一八] "数段"，遗书本作"两段"。

[一九] "邨"，遗书本作"那"，下文皆同。依后文，似以遗书本为正。

[二〇] "五十里"，据新唐书改作"二十里"。

[二一] "火者"，据遗书本改作"火州"。

[二二] 王国维后于本段文字上加如下眉批："千佛洞壁画题字，有'大朝大于阗国天册皇帝第三女天公主为新受太傅曹延禄姬供养'云云，见斯坦因博士第□册。"又："又有一画像，旁题'大朝大宝于阗国大圣大明天子'十三字。"遗书本将前一段眉批增入"亦于阗公主"之下，并改"受"为"授"，且删"见斯坦因"等九字。

　　［二三］自"伯希和君言"以下，至"此固不能臆定矣"三行文字，不见于遗书本。

　　［二四］"安乐山"，据遗书本改作"安禄山"。